Ein mörderischer Plan

Commander Hemmings ermittelt

Ein London Krimi

Amelie und Hendrik Blomberg

Schweitzerhaus Verlag
Schrift * Wort * Ton
Karin Schweitzer

Frangenberg 21 * 51789 Lindlar * Telefon 02266 47 98 211
eMail: mail@schweitzerhaus.de

Coverbild Clipdealer A11085621
Satzlayout und Umschlaggestaltung: Karin Schweitzer, Lindlar

Besuchen Sie uns im Internet: www.schweitzerhaus.de
Auflage 2018
ISBN: 978-3-86332-050-8

Inhaltsverzeichnis

Prolog

Der Himmel hing grau über London und Daniel beeilte sich, endlich nach dem langen Arbeitstag in der Bank, nach Hause zu kommen.

Er liebte seine Arbeit und er liebte seine Bank, die seit Jahrzehnten zu den nobelsten Privatbanken im Londoner Bankenviertel gehörte. Auf seinem Weg hatte er noch fürstlich eingekauft. Dieses Wochenende konnte seine Verlobte zwar nicht kommen, aber er wollte sich etwas Gutes gönnen und hatte sich eine Entenkeule, die er in den Backofen schieben wollte, und einen französischen Weißwein gekauft.

Mit Schwung öffnete er die schwere Eingangstüre zum Haus, die sich knarzend öffnete. Schnell eilte er die Treppen zu seiner kleinen Wohnung hinauf, öffnete die Wohnungstür und knipste das Licht an. Er freute sich darauf, sein Abendessen zuzubereiten und ein Glas Wein zu genießen, denn er wollte seinen Entschluss feiern. Er bereute es, das schnelle Geld machen zu wollen. Er deponierte die Flasche auf den Tisch, ein Erbstück seiner Großmutter, und erstarrte.

Auf seinem bequemen Lehnstuhl in der dunklen Ecke saß regungslos ein schwarz gekleideter Mann, der seine Füße auf seinem wertvollen Tisch abgelegt hatte. Dass er dort saß, hatte nichts mit Daniels Erstarrung zu tun, sondern mehr die große Pistole mit dem ungewöhnlich langen Lauf, die auf seine Brust gerichtet war.

«Was wollen Sie?»

Der Mann schwieg und taxierte sein Opfer. Endlose Minuten verstrichen. Es war unglaublich still, nur die Wanduhr ließ ein leises stetes Ticken hören.

«Um Himmels Willen, was wollen Sie von mir?» Daniel war einer Ohnmacht nahe und merkte, dass er hysterisch wurde. '*Ruhig bleiben, es wird sich alles aufklären! Tief durchatmen! Ruhig bleiben!*', sagte er sich.

Mit diesen Gedanken versuchte sich Daniel zu entspannen. Er atmete tief ein und unternahm noch einen Versuch, seinen mysteriösen Besucher zum Reden zu bewegen.

«Bitte sagen Sie mir, warum Sie hier in meiner Wohnung sitzen und mich mit einer Pistole bedrohen? Wie sind Sie überhaupt hier rein gekommen?»

Der Mann schwieg.

«Wenn Sie Geld wollen, dann finden wir eine Lösung. Ich arbeite bei einer Bank.»

«Kein Geld!» Kam es lapidar von dem Mann, dessen Gesicht kaum zu erkennen war.

Daniel wurde es unheimlich.

«Was wollen Sie dann?»

Wieder verstrichen Sekunden, in denen es in Daniels Kopf ratterte. '*Was habe ich getan, um den Zorn eines Menschen auf sich mich ziehen, der wohl bereit war, mich zu töten? Ist er geschickt worden? War das ein Auftragskiller? Hatte es etwas mit meiner Entscheidung zu tun? Aber wie konnten «die» das denn jetzt schon wissen?*'

Zu Niemandem hatte er auch nur ein Wort gesagt. Zu ungeheuerlich waren die Pläne seines Chefs und an dem Unglück anderer Menschen wollte er nicht beteiligt werden, auch wenn es um viel Geld, sehr viel Geld, ging. Die kleineren Aktiendeals mit den geklauten Aktien hatte er ohne schlechtes Gewissen getätigt, ein Gefühl als wäre er Robin Hood. Er nahm das Geld eines Reichen und verschenkte es an die Armen. Damit fühlte er sich großartig und die Menschen hatten ihm fast die Füße geküsst. Aber mit dem *«Ganz großen Geschäft»* bekam er kalte Füße und wollte aussteigen. Als er bemerkt hatte, dass im Hintergrund noch andere, unbekannte und undurchsichtige Männer mitmischten, bekam er Angst. Wollte er doch ein ganz normales Leben führen. Er hatte es seinem Chef vorsichtig angedeutet, dass es vielleicht besser sei, wenn er ihn nicht damit hineinzöge.

«Sind Sie geschickt worden, mich zum Schweigen zu bringen? Ich verspreche: Ich werde zu niemandem ein Wort sagen!»

Angstschweiß brach ihm aus allen Poren und eine kalte Schicht legte sich auf seine Stirn. Mit einem Mal wurde ihm klar, '*Sie lassen nicht mit sich spaßen und wollen mich mundtot machen*'. Er dachte an den Brief, den er heute an seine Verlobte abgeschickt hatte. Vielleicht seine Rückversicherung? '*Soll ich andeuten, dass ich eine Information an jemanden geschickt habe? Könnte das meine Rettung sein?*'

Der Gedanke machte ihn mutig.

«Haben Sie nicht Lust mit mir zu essen und wir trinken ein Glas Wein miteinander? Und dann reden wir über alles? Ich habe Ihnen einen Vorschlag zu machen.»

Der Mann auf dem Sessel regte sich immer noch nicht und Daniel wusste nicht mehr, was er machen sollte.

Er hörte noch ein leises *Plopp,* bevor er schlagartig das Bewusstsein verlor und auf den Boden geschleudert wurde.

Der Mann stand auf, schlug seinen Mantelkragen hoch und zog den Hut tief ins Gesicht. Er nahm die Aktentasche in die Hand, in die er, als er noch allein gewesen war, alle Unterlagen des kleinen Schreibtisches geworfen hatte und ging an der Leiche vorbei zur Türe. Vorsichtig öffnete er sie einen spaltbreit, schaute, ob er das Treppenhaus für sich hatte und ging dann zügig hinunter.

A&M Bank London
Lord John Ashton

John Fitzgerald Ashton, Generaldirektor und Mehrheitsaktionär des Bankhauses Ashton & Mortimer saß an seinem Schreibtisch im vierten Stock seines Bankhauses und starrte auf ein leeres Blatt Papier.

Eine original Bankerlampe mit dem typischen grünen Lampenschirm und dem schweren, verzierten Messingfuß leuchtete auf das Blatt. Es war draußen wieder einer der typischen dunklen, wolkenverhangenen Tage in London.

Der längliche Lampenschirm kam aus einer namhaften Glashütte in Leeds und war noch in alter Tradition in Originalformen mundgeblasen. Zum Ein- und Ausschalten diente ein Zugkettchen aus Messingperlen und die Leuchte war mit dem klassischen Textilkabel versehen.

Sein Schreibtisch aus Mahagoni-Massivholz war mit wunderschönen, geschnitzten Verzierungen ausgestattet, georgianische Epoche und ihm gegenüber hing an der holzvertäfelten Wand das Gemälde einer Seeschlacht zwischen britischen und französischen Segelschiffen.

Ashton hatte sich vorgenommen, heute einen Entwurf für den Geschäftsbericht zur Aktionärsversammlung aufzusetzen. Er wollte es nicht seiner Sekretärin diktieren, da er sicher war, dass er etliche Passagen immer wieder ändern oder umstellen würde.

Er begann zu schreiben:

Zweiundfünfzigster Geschäftsbericht des Bankhauses
Ashton & Mortimer
London
für das Geschäftsjahr 1934

Zweiundfünfzigste ordentliche Generalversammlung der Aktionäre
am Montag, 28nd. Mai 1935
Er strich das Datum wieder durch. Den Termin musste er erst noch genauer absprechen.

Tagesordnung:

1. Geschäftsbericht des Direktoriums, sowie Vorlegung der Bilanz nebst Gewinn- und Verlust-Rechnung.
2. Bericht des Supervisory Board über die Prüfung der Bilanz, der Gewinn- und Verlust-Rechnung

3. Beschlussfassung über die Genehmigung der Bilanz und die Entlastung des Direktoriums und des Supervisory Boards, sowie über die Verteilung des Reingewinns.
4. Wahlen der Aufsichtsratsmitglieder in den Supervisory Board

Direktorium:

- Mr John Ashton, General Director.
- Jacob Jack Jefferson, Vice-Direktor, Gold-Trading,
- Jules Rosenberger, Vice-Director, A&M Aquiring and Merges,
- Charles Sobernheim, Vive-Director, Stock Market and Shares.

Board of Supervisors:

- Lionel Nathan de Rothschild
- Amandus de la Roy, Société Générale S.A
- Harry Gordon Selfridge
- Marcus Samuel, M. Samuels
- William Brown, Brown Bros. & Co.
- Julius Baer, Bankhaus J.Baer & Co.

Das war die Einleitung und John war damit schon Mal zufrieden. Er strich sich über seine grauen Haare und massierte mit der Hand seinen Nacken. Voller Energie hatte er diese neue Woche mit dem Willen begonnen, diese sich alljährlich wiederholende mehr oder weniger langweilig lästige Arbeit anzugehen. Trotzdem freute er sich auf das Zusammentreffen mit den Aufsichtsräten und der Versammlungstag wurde immer mit einem Festakt in seinem Haus beendet, der damit der eigentliche Höhepunkt des Tages war.

Aber der Bericht ist nun mal Pflicht, sagte er sich und konnte weiterschreiben.

Unter der kraftvollen Wirtschaftsführung der Regierung seiner Majestät, des Königs George V. und der zielbewussten Aufbauarbeit, hat die britische Wirtschaft eine weitere starke Belebung erfahren. Während sich die Maßnahmen im Jahre 1933 zum Teil noch darauf beschränken mussten, die Schäden der Vergangenheit zu heilen, brachte das Jahr 1934 eine Festigung des neu Geschaffenen und dessen planvollem Ausbau. Getragen vom allgemeinen Vertrauen in die Stabilität der Verhältnisse, konnte die im Berichtsjahr vorbereitete Zinssenkung der festverzinslichen Werte im neuen Jahre mit beispiellosem Erfolge durchgeführt werden. Der Aufschwung der Wirtschaft findet in dem weiteren Rückgang der Arbeitslosigkeit, der starken Belebung der Gütererzeugung und der Wiederherstellung der Rentabilität vieler Unternehmungen sichtbaren Ausdruck. Die Zahl der Arbeitslosen, die bereits im Jahre 1933 eine Senkung um etwa ein Drittel erfahren hatte, ging weiter auf zwei Komma sechs Millionen und damit auf etwa 45 Prozent des Standes vom Jahresbeginn 1933 zurück. Der Index der gewerblichen Gütererzeugung, der im Jahre 1932 noch 61,2 betragen hatte, stieg von 69 auf 85,8; er ist damit von der Grundzahl 100 des Jahres 1928 vor dem großen Banken Crash nicht mehr allzu weit entfernt. Die große Depression scheint überwunden zu sein.

Das unter dem fünften Dezember verabschiedete Gesetz der Regierung ihrer Majestät über das Kreditwesen ist für alle Banken von besonderer Bedeutung. Es bestätigt dem Bankgewerbe den Fortbestand der privaten Initiative als der zweckmäßigsten Form für den Aufbau des Bankwesens unter Hervorkehrung der persönlichen Verantwortung der Bankleiter.

Wie das gesamte Bankgewerbe hat Ashton & Mortimer es als seine oberste Pflicht betrachtet, die Anstrengungen der Regierung nach besten Kräften zu unterstützen und den berechtigten Kreditwünschen aller

Wirtschaftskreise Rechnung zu tragen.

Ashton war guter Stimmung und seine Formulierungen gefielen ihm.

Trotz der angespannten wirtschaftlichen Situation gelang es der Bank, ihre Bilanz bis 1934 auf 382 Millionen Britische Pfund zu erhöhen. Sie hat jetzt 289 Angestellte. Unser *Family Office,* das Anlagevermögen ab 5000 Pfund betreut, hat die Zahl der Bankkunden 1934 im Vergleich zum Vorjahr von 1.807 auf 2.183 gesteigert.

Der Bestand an eigenen Wertpapieren ist um etwa 19 Millionen Britische Pfund gestiegen, davon entfallen rund sechs Millionen Pfund auf die Übernahme von Schuldverschreibungen der Regierung. Der Rest des Zuwachses setzt sich aus erstklassigen Wertpapieren zum Zwecke vorübergehender Geldanlage zusammen. Der Bestand an eigenen Aktien beträgt am Bilanzstichtag nominell 12.891.730 Pfund, die mit 68,80 Prozent zu Buche stehen.

In der Gewinn- und Verlust-Rechnung weisen die Erträge des Zinsen-, Devisen-, Wertpapier- und Sortenkontos eine Mehreinnahme von 1,8 Millionen Pfund, die Erträge aus Provisionen und sonstigem eine Steigerung von 550.000 Britischen Pfund.

Die Gewinn- und Verlust-Rechnung schließt mit einem Betriebsgewinn von 14 390 090,79 Pfund ab. Davon haben wir 6.000.000 Pfund zur Stärkung der Rückstellungen, während 8.390.090,79 Pfund verbleiben, die wir zur Auszahlung an unsere Aktionäre vorschlagen. Dies entspricht einer Rendite von zwölf Prozent pro Aktie.

Mehrmals strich John einzelne Passagen und schrieb sie neu.

John ergriff den Hörer seines neuen Telefons auf seinen Schreibtisch und wählte mit der Drehscheibe die Nummer 0. Er war von diesem neuen Gerät begeistert, den Typ *Post Office Telephone No. 162.* Noch letztes Jahr musste er immer mit einem von der Drehscheibe getrennten Mikrofon das *Switch Board* rufen und die Dame in der Operationszentrale bitten, ihn mit einer externen Nummer zu verbinden.

Seine Sekretärin meldete sich: «Ja, Sir?»

«Barbara. Bringen Sie mir bitte einen Tee.»

«Sofort, Sir. Verzeihung, Mr. Selfridge bittet um einen Rückruf.»

«Ach, der? Was will der denn?»

«Es war seine Sekretärin, Sir.»

«Nun. Jetzt nicht. Ich schreibe gerade am Bericht für die Aktionärsversammlung. Ich möchte nicht gestört werden.»

«Ja. Sir.»

«Ach, Barbara. Sagen Sie Elisabeth, ich benötige für den Bericht noch die Daten von Jeffersons Goldhandel der Trading Abteilung.»

«Sehr wohl, Sir.»

Es dauerte einige Minuten, bis Johns Sekretärin die dampfende, frisch aufgegossene Tasse Tee mit einem kleinen Schuss Milch brachte. John, ganz in Gedanken bei seinem Bericht, wurde mit dem ersten vollmundigen Schluck des würzigen gehaltvollen Aromas in die Welt des Tees zurückgeholt und genoss es. Dieser schwarze Ceylon Blackwood Tee, den er wöchentlich von Fortnum & Mason beziehen ließ, stammte aus Bogowantalwa Valley in der Dimbulla Region im Westen Ceylons. Allein das gleichmäßige, dunkle bis rostbraune Blatt von kurzer, drahtiger Länge ergab die kupferfarbene Tasse, die John so liebte.

Gestärkt wandte er sich wieder seinem Berichtsentwurf zu. Jetzt wurde es einfacher, da er mit nüchternen Zahlen berichten konnte.

Im Geschäftsjahr 1934 wirkte die Bank bei folgenden Geschäften mit:

a) Anleihen:

- Emittieren von vier Britischen Staatsanleihen,
- zwei Schatzanweisungen der Bank of England,
- Schatzanweisungen der Britischen Admiralität zur Fusion der Reedereien Cunard und WhiteStar,
- Schatzanweisungen der Bank of South Africa, Capetown.

Im vergangenen Oktober beteiligten wir uns unter Führung der Chase National Bank bei der Emittierung einer Anleihe über 30 Millionen Dollar mit einer Laufzeit von zehn Jahren. Sie ist bis jetzt zu 80 Prozent gezeichnet. Dadurch erhält die Bank neue Mittel für Kredite an ihre Kundschaft aus der mittleren Industrie.

b) Börseneinführungen:

Die dem Bankgewerbe obliegenden vielseitigen Aufgaben stellten an die Arbeitsleistung unserer Gefolgschaft große Anforderungen. Wir dürfen mit Genugtuung feststellen, dass sie diesen in vollem Umfange gerecht geworden ist und allein die Aktien der Sussex Electric Company, der Langton Maschine Tools Company, der Reederei Morrison Steamship Company, Newcastle mit einem

Gesamtvolumen von 55 Millionen Pfund am Markt platzieren konnte. Daneben wurden sechs weitere kleine mittelständische Companies von uns auf dem Weg an die Börse im Gesamtwert von zehn Millionen Pfund begleitet.

c) Kreditvergabe

Wir führen insgesamt 4 975 Kreditkonten. Diese Kredite haben wir im Rahmen unserer Möglichkeiten allen Provinzteilen und Wirtschaftsschichten, insbesondere auch dem Mittelgewerbe und Reedereien, zugute kommen lassen, von dem Bestreben geleitet, den örtlichen Bedürfnissen unserer einzelnen Arbeitsgebiete und den Interessen aller zu dienen. Wir waren dabei bemüht, die traditionelle Verbundenheit unseres Bankhauses mit ihrer Kundschaft durch geeignete organisatorische Maßnahmen und Einrichtungen zu pflegen. Fast die Hälfte der vergebenen Kreditbeträge lag zwischen 2000 und 100 000 Pfund.

d) Beteiligungen

Unsere Beteiligungen bei anderen Banken und Bankfirmen werden mit sechs Komma eins Millionen Britische Pfund gegen fünf Komma sechs Millionen Pfund im Vorjahr ausgewiesen. Sie verteilen sich im wesentlichen wie folgt:

- The London Merchant Bank Ltd., London, fünf Prozent Dividende;
- die N. V. Hugo Kaufmann Bank, Amsterdam, weist befriedigende Ergebnisse aus, welche die Verteilung einer Dividende von acht Prozent ermöglichen.
- The London and Hanseatic Bank, Ltd., brachte sechs Prozent Dividende

Von Beteiligungen an anderen Gesellschaften, die teilweise unter Konsortialbeteiligungen, teilweise unter eigenen Wertpapieren ausgewiesen sind, nennen wir:

- Schweizer-Bank-Verein, Zürich
- Bank Julius Baer, Zürich
- Royal Mail Line (RML), London
- Royal P&O Nedlloyd Court Line / Haldin & Philipps, London
- Bolton Steam Shipping Co Ltd, London
- Reederei Hunting & Son, Newcastle
- Reederei Britain Steamship Company
- Watts, Watts & Co, die jetzt mit 20

Frachtschiffen im Atlantikdienst auf dem Stand von vor dem Weltkrieg sind

- Die Cunard Steamship Company, Ltd , die durch das britische Schatzamt mit einem Projekt von vier Komma fünf Millionen Pfund Sterling gestützt wurde, unter der Bedingung, dass Cunard und White Star fusionieren. 1935 soll die Fusion vollzogen sein und Cunard-White Star, Oceanic Steam Navigation Company entstehen

e) Eigene Investitionen

Für unser zentrales Bankgebäude Lombard Street wurde letztes Jahr eine neue modernste Telefonanlage für 12 000 Pfund der Siemens Brothers & Co, Ltd London, in Auftrag gegeben, deren Installation nahezu abgeschlossen ist. Die Bank verfügt damit über eines der schnellsten Kommunikationsmittel in London, die auch direkte Dienste zum Kontinent und nach Amerika ermöglicht.

Elisabeth Barron erschien in Johns Büro.

«Guten Morgen, John. Hier hast du die Daten von Jefferson. Aber es ist nicht vollständig. Ich wollte Daniel Williams fragen, aber da sagte man mir, er ist heute den zweiten Tag abwesend. Sie wissen nicht, was los ist.»

«Ärgerlich. Jetzt habe ich gerade mal Zeit, mich dem Bericht für die Aktionärsversammlung zu widmen. Hab schon viel zu Papier gebracht. Ich würde es gerne fertigstellen, damit Barbara es tippen kann. Wir müssen es auch drucken lassen. Schick meinen Fahrer Gates zu ihm nach Hause. Er soll nachsehen, ob er krank ist und vielleicht doch kommen kann.»

«Gut. John.»

John schüttelte den Kopf und fluchte, als Elli sein Büro verließ. '*Dauernd neue Schwierigkeiten. Kann man nicht mal einen Bericht in Ruhe schreiben?*'

Er nahm sich die Papiere vor, die Elisabeth gebracht hatte und las sie genau durch. Dann schrieb er weiter:

f) Gold Handel

Die tragende Säule unseres Bankhauses ist der Goldhandel.

Nachdem das Vereinigte Königreich im September 1931 den Gold Standard verlassen hatte, ist das Britische Pfund 1934 auf den höchsten Wert seit der Weltwirtschaftskrise von 1929 gestiegen, mit dem Wert von einem Pfund zu 3,69 US$.

Am fünften April 1933 unterzeichnete US-Präsident Franklin D. Roosevelt die Executive Order 6102, wonach der private Goldbesitz ab dem ersten Mai 1933 in den USA verboten wurde. Im Zuge des Gold Reserve Act vom 31. Januar 1934 wurde der Exchange Stabilization Fund (ESF) gegründet und der Goldpreis auf 35,00 US-Dollar pro Unze angehoben.

Der Preis für die Unze Gold kletterte am London Markt von Pfund 6.24, 1933, auf Pfund 6.88, 1934. Aktuell steht er bei 6,99.

So stiegen die Kurse der amerikanischen Homestake Mining Company zwischen 1929 und 1933 an der New York Stock-Exchange um 537 Prozent. Außerdem zahlte die Gesellschaft in diesem Zeitraum Dividenden in Höhe von 171 Dollar, was mehr als doppelt so hoch war, wie der Aktienkurs von 1929. Die Aktien der kanadischen Dome Mines Limited gewannen 721 Prozent an Wert. Die Aktien der südafrikanischen Randfontein Estates Gold Mining Company Transvaal, an der A & M über die Rothschild Bank mit fünf Prozent beteiligt ist, gewannen 591Prozent.

Das Verbot des privaten Goldbesitzes in den USA bescherte uns im vergangenen Jahr eine Rekord Nachfrage nach physischem Gold, das amerikanische Kunden in unseren Tresorräumen, die vor zwei Jahren vergrößert wurden, kostengünstig lagern können.

A & M bietet erfolgreich Privatanlegern *«Good-Delivery-Barren»* Standardgoldbarren mit 995‰ Feingehalt von nominell 400 Feinunzen. Des Weiteren bieten wir in Zusammenarbeit mit der London Royal Mint Refinery (RMR) am RoseOlivia Lane Tower Hill durch Umschmelzen 100, 10, und 1 Unzen Barren an. Die Feinheit, die Marke des Herstellers und die Barrennummer sind auf den Barren eingestanzt. Die Barrennummer dient zur Identifikation jedes Barrens und wird von der Raffinerie und von uns in einem Verzeichnis eingetragen. Unsere Barren mit Good-Delivery-Status werden weltweit akzeptiert und gehandelt. Das internationale Gütesiegel *«Good-Delivery»* garantiert die aufgeprägten oder eingestanzten Merkmale wie Feinheit und Gewicht sowie die ständige, ununterbrochene Aufbewahrung in unseren vor zwei Jahren neu gebauten und auf den neuesten Stand der Sicherheit gebrachten und besonders bewachten Lagerräumen.

A & M ist Mitglied des London Bullion Market, LBMA, der London Bullion Market Association. Der gesamte Goldhandel wird von dem London Bullion Market, koordiniert. Dies ist der wichtigste Handelsplatz für Gold und Silber des global bedeutenden

Rohstoffhandelsplatz in der *City of London*. Hier wird seit 1919 der Weltmarktpreis für Gold und seit 1897 der Weltmarktpreis für Silber festgestellt.

Unser Erfolg als Privatbankhaus beruht auf dem Vertrauen unserer Kunden. Insbesondere beim Goldhandel. Das macht das Thema Werte zum Grundkapital, auf dem unser gesamtes Fortkommen fußt. Integrität, Loyalität, Individualität, Beständigkeit und Leistung - diese fünf Werte haben wir als Eckpfeiler unseres Selbstverständnisses identifiziert. Unter ihnen ist ein Grund, der die anderen vier festhält: die Beständigkeit - und auch deshalb hat Ashton & Mortimer seit über fünfzig Jahren den Status als eines der zwölf Mitglieder des ehrwürdigen *Accepting Houses.*

Dies war John ein wichtiges Anliegen zu erwähnen, war es doch nach Außen ein Zeichen der Seriosität. Er machte eine Pause und schaute auf.

Das *Accepting Houses* war die exklusive britische Institution, die sich auf die Annahme und die Garantie von Wechseln spezialisierte und dadurch die Kreditvergabe erleichterte. Mitglieder waren so honorige Banken, wie die Hambros Bank, Hill Samuel,

Morgan Grenfell, Rothschild, J. Henry Schroder Wagg, Arbuthnot Latham, Seligman Brothers and S. G. Warburg.

Darüber hinaus hatte das *Accepting Houses* in der Londoner City eine Vertretung in Westminster, das *Accepting Houses Committee*, das die politische Koordination zwischen ihnen, dem britischen Finanzministerium und der *Bank of England* sicherstellte. Von Mitgliedern des Ausschusses gebilligte Rechnungen waren für einen Rediskont bei der Bank von England zugelassen.

John schaute auf die Uhr. Es war kurz vor Mittag und er entschied, eine Pause zu machen und Selfridge anzurufen.

Er zog sich das Telefon heran und lehnte sich entspannt in die Lehne zurück.

Selfridge war es vor Jahren gelungen, vom General Post Office das Privileg zu erhalten, die Nummer *1* als seine eigene Telefonnummer zu haben. Ihm gehörte das größte und bekannteste Londoner Kaufhaus, mit über 1000 Angestellten. John wunderte sich noch jetzt darüber und wählte die Eins.

Die freundliche Stimmer einer Frau meldete sich und John sagte: « Hier John Ashton, Mr. Selfridge erwartet meinen Rückruf.»

Während er verbunden wurde, dachte er über Harry Gordon Selfridge nach, der in der Londoner Oxford Street sein jetzt weltbekanntes Kaufhaus aufgebaut hatte und mit dem er eng befreundet war.

Nach dem Tod seiner Frau begann Sefridge, Geld mit vollen Händen auszugeben, lebte ausschweifend, spielte, hatte diverse Liebesbeziehungen, unter anderem mit den Dolly Sisters, und erwarb neben seinem Haus am Berkeley Square in London ein Anwesen in Hampshire, Highcliffe Castle. John schüttelte den Kopf, als er daran dachte. Schon 1930 wurde Selfridges Privatbankrott gerade noch mit seiner Hilfe abgewehrt, und die folgenden Jahre der Rezession gingen auch an Selfridge nicht spurlos vorbei. Er tat sich schwer, den eingeräumten Kredit auf das im letzten Jahr vereinbarte Limit zurückzuführen.

«Hallo John», meldete sich Selfrigde. «Danke, dass du zurückrufst. Wie geht's?»

«Gut. Wie geht es dir, Harry?»

«Nicht schlecht. Es geht wieder aufwärts. Ich glaube, die schweren Jahre sind vorbei.»

«Ja, das hoffen wir alle. Was willst du?»

«Ach, John. Nicht Wichtiges. Ich wollte Jefferson sprechen und nur hören, wie weit die Sache mit der Goldmine fortgeschritten ist. Dabei habe ich jetzt gehört, dass er auf dem Kontinent ist.»

«Ja, er ist auf Dienstreise. Aber er hält alles am Laufen. Er wird Ende der Woche wieder zurück erwartet, dann kann er berichten.»

«Prima, John. Ich danke dir. Ich melde mich nächste Woche.»

«Gut, Harry. See you!»

John kratzte sich am Kopf. '*Was war das denn?*', fragte er sich. *Jeffersons Sache mit der Goldmine? Was hat Jefferson denn da gesagt? Hatte Warburg gestern, als er von mir angerufen wurde, nicht auch nach dem Stand von Jeffersons Goldanleihe gefragt? Und ich Warburg keine Antwort geben konnte, sondern ihn nur ausweichend beschwichtigt hatte?*

John wurde von einer inneren Unruhe erfasst, griff zum Telefonhörer und wählte die interne Nummer von Elisabeth.

Elli, wie er sie nannte, war seine Cousine zweiten Grades und die Leiterin der Revisionsabteilung. Als sie sich meldete, sagte er ihr nur: «Elli, bring mir bitte alle Unterlagen bezüglich Selfridge und Warburg, alle, die du hast, auch die von Jefferson. Ich brauche sie, dringend.»

John studierte aufmerksam die Unterlagen, die Elisabeth, die vor seinem Schreibtisch saß, ihm gereicht hatte.

«Was ist das?», fragte er, die Stirne runzelnd.

«Ich habe es eben erst gesehen, John. Ich weiß auch nicht, was Jefferson da gemacht.»

«Selfridge hat ein Kreditlimit von 400.000. Stimmst?»

«Ja. Bis letzte Woche hatte er es heruntergeführt auf 300.000. In den vergangenen Monaten kamen regelmäßige Zahlungen.»

«Es war vereinbart worden, dass er den Kredit Stück für Stück auf 200.000 zurückfährt.»

«Jefferson muss den Kredit wieder auf 400.000 hochgesetzt haben, als er ihn mit 100.000 neu belastet hat.»

«Was ist mit dem Geld geschehen?»

«Es ist, wie ich sehen kann, bar ausgezahlt worden.»

«Was? Bar? An wen?»

«An Jefferson! Das kann ich mir auch nicht erklären, John.»

«Seltsam. Eine solche Summer bar? Hatte er einen Goldankauf von Rothschild vor?»

«Nein, John. Darüber kann ich nichts finden.»

«Seltsam. Und was gibt es bei Warburg?»

«Wie du sehen kannst, nichts Außergewöhnliches. Normale Transaktionen für kleinere Abwicklungen.»

«Dumm, dass Daniel nicht da ist.»

«Ich habe Gates geschickt. Ich habe ihm gesagt, er soll ihn in jeden Fall holen.»

«Danke, Elli.»

*

Eine halbe Stunde später stand Johns Fahrer in Begleitung eines fremden Mannes in der Türe zu seinem Büro.

«Aha, Gates. Was ist mit Daniel los?»

«Äh. Sir», Gates war blass. «Darf ich vorstellen? Das ist Detective Chief Inspector Jack Caffrey von Scotland Yard.»

«Von Scotland Yard?» John war aufgestanden und mit seiner imposanten Körpergröße von sechs Zoll und zwei Inch überragte er den Inspektor um eine Kopflänge und reichte ihm die Hand.

«Guten Tag, Mr. Caffrey.»

«Sir, ich danke Ihnen, dass ich Sie so schnell sprechen kann. Daniel Williams ist ein Mitarbeiter Ihrer Bank?»

«Ja. Er ist Assistent in der Abteilung Gold-Trading. Was ist los mit ihm?»

«Sir», begann der Inspector. «Daniel Williams ist ermordet worden. Wir haben gestern spät Abends seine Leiche in seiner Wohnung gefunden.»

«Was?» John umrundete seinen Schreibtisch und ließ sich in seinen Sessel fallen.

«Sir. Es war gut, dass Sie Ihren Fahrer zum Nachsehen geschickt hatten. Er hat die Leiche eindeutig identifiziert und uns die Information gegeben, dass dieser Williams Angestellter in Ihrer Bank ist.»

«Was ist da passiert? Schrecklich.»

«Sir. Die Vermieterin von Williams hatte gestern Abend einen Constable gerufen, weil sie ihn seit zwei Tagen nicht gesehen hatte, beziehungsweise, er nicht aus seinem Zimmer herausgekommen war.»

«Ja», antwortete John. «Er ist seit zwei Tagen nicht zur Arbeit erschienen. Bitte, Inspektor, nehmen Sie doch Platz.»

«Der Constable hat dann auf Weisung der Vermieterin die Türe eingedrückt. Dort haben sie dann die Leiche mit einem Loch in der Stirn auf dem Boden liegend vorgefunden und wir wurden zum Tatort gerufen. Nach ersten Ermittlungen ist Daniel Williams aus nächster Nähe erschossen worden.»

Ungläubig schüttelte John den Kopf.

«Sir», wandte sich der Inspector an John. «Ich habe da ein paar Fragen.»

«Ja, natürlich.»

«Ist Ihnen in letzter Zeit etwas aufgefallen in Bezug auf Daniel Williams?»

«Nein. Wissen Sie, ich sehe ihn auch nicht jeden Tag. Er arbeitet in der Abteilung unseres Vice-Directors Jefferson.»

«Könnte ich den Vice-Direktor sprechen?»

«Zu meinem Bedauern muss ich Ihnen sagen, dass Mr. Jefferson zurzeit auf Dienstreise in Paris ist. Wir werden versuchen ihn zu erreichen. Aber, es gibt eine andere Person, die vielleicht etwas weiß. Gates, bitte holen Sie Elisabeth! Mrs. Elisabeth Barron leitet die Revisionsabteilung und hat täglich mit Jefferson und Williams zu tun.»

«Danke, Sir. Wie wir von der Vermieterin erfahren haben, war Daniel Williams sehr eng mit einer gewissen Shirley Farlane befreundet. Sie sollen sogar Heiratsabsichten gehabt haben. Wissen Sie etwas davon?»

«Nein. Vielleicht Elisabeth. Da kommt sie! Darf ich vorstellen, Mrs. Elisabeth Barron. Elli, das ist Inspector Caffrey von Scotland Yard. Daniel Williams ist ermordet worden.»

Elisabeth wurde aschfahl im Gesicht.

«Gates!», rief John. «Holen Sie einen Stuhl. Elli, setz dich zum Inspector.»

«Mein Gott», stöhnte Elisabeth, als sie sich setzte. «Daniel! Das kann ich nicht verstehen. Ermordet?»

«Mrs. Barron, ja, es tut mir leid, das zu sagen. Haben Sie in letzter Zeit irgendetwas Ungewöhnliches an Daniel Williams bemerkt?»

«Nein, Inspector. Überhaupt nicht. Ich habe noch letzten Donnerstag mit ihm an einer Geschäftssache gearbeitet.»

«Sagt Ihnen der Name Shirley Farlane etwas?»

«Shirley. Ja. Vor etwa einem Monat hat er mir im Pub gestanden, dass er sie in einem halben Jahr heiraten möchte.»

«Wissen Sie etwas über diese Frau?»

«Nein. Er hatte mir nur gesagt, dass er sehr verliebt und sie eine wundervolle Frau sei.»

«Diese Mrs. Farlane wohnt und arbeitet als Gouvernante in einem Haushalt in Chelsea. Wir haben die Adresse von der Vermieterin. Ich habe zwei Beamte hingeschickt, die sie zu einer Befragung holen sollen. Tja, Lord Ashton, Mrs. Barron. Ich danke Ihnen für Ihre Kooperation. Ich werde Sie kontaktieren, wenn wir mehr wissen oder weitere Fragen haben.»

John nickte mit dem Kopf. «Bitte. Lassen Sie uns alles wissen. Wir danken Ihnen für Ihre Mühen.»

*

Nachdem der Inspector sich verabschiedet hatte, meinte John zu Elisabeth: «Sag mal, Elli. Jefferson wollte doch als Erstes nach

Paris. Zur Société Générale, nicht wahr?»

«Ja, das habe ich auch in Erinnerung.»

John ging zur Türe und rief laut: «Barbara, verbinden Sie mich mit Amandus de la Roy, von der Société Générale. Dringend!»

Nach wenigen Minuten war die Verbindung nach Paris hergestellt und er hatte Amandus am Apparat. Das Gespräch war schnell beendet, als Amandus erklärte, dass er nichts von einem Termin mit Jefferson wisse und ihn auch nicht gesehen habe.

John ließ Barbara danach das Grand Hotel an der Pariser Oper anrufen. Dort kannte der Manager Jefferson, da Jefferson die letzten Jahre immer im Grand Hotel logierte, wenn er in Paris weilte. Aber zu seinem Bedauern teilte der Manager mit, das Mr. Jefferson nicht im Hotel eingecheckt hätte, obwohl eine Reservierung vorgelegen hatte.

John schaute Elisabeth fragend an und die schüttelte ungläubig den Kopf. Er ließ Barbara bei der N. V. Hugo Kaufmann Bank in Amsterdam anrufen, mit denen A&M gute Geschäftsverbindungen unterhielt.

Barbara schaute zur Bürotüre herein. «Sir. Bei Kaufmann Amsterdam ist Jefferson bis jetzt nicht aufgetaucht und man hätte auch keinen Termin vereinbart. Aber man warte auf weitere Informationen von Jefferson, die er versprochen hätte.»

«Was für Versprechungen?»

«Das wollte mir Mr. Van der Mooren nicht sagen. Jefferson wüsste Bescheid.»

«Seltsam. Mehr als seltsam!»

*

Nach der Mittagspause rief er Jules Rosenberger, Charles Sobernheim und Elisabeth zu einer außerordentlichen Vorstandssitzung zusammen. Als sie im getäfelten Konferenzzimmer zusammen saßen, fasste John noch einmal zusammen, was sich zugetragen hatte und informierte die Anwesenden, dass Jefferson irgendetwas mit einer Goldmine geplant haben muss, aber leider nicht auffindbar sei.

Da erschien Johns Sekretärin: «Mr. Ashton, Max Warburg aus Hamburg ist am Telefon.

John ließ sich verbinden. «Hallo Max? Was kann ich tun?»

«John, was ist bei euch los? Wir haben eben erfahren, dass hier in Hamburg, aber auch in Frankfurt an der Börse einige Analysten eure Aktien auf sofortige Verkaufsempfehlung gestuft haben!»

«Was sagst du da? Das kann ich nicht verstehen. Charles Sobernheim sitzt gerade bei mir. Charles, was tut sich an der Börse in

Bezug auf unsere Aktien?»

«Nicht Besonderes. Heute Vormittag gab es eine große Kauforder von der National Chase Manhatten über 200.000 Pfund. Der Kurs war stabil.»

«Hast du gehört? Max?»

«John. Sobernheim soll sich mal umhören. Wie wir gehört haben, sollen Gerüchte aus Frankreich der Grund sein.»

«Danke, Max. Wir werden uns darum kümmern. Ich ruf dich zurück.»

«Mach's gut, John.»

«Was ist das denn für ein Tag heute?» Er wandte sich an Sobernheim, der die Abteilung Stock Market and Shares leitete, und damit für die Börse zuständig war. «Charles, lass deine Verbindungen spielen. Hör dich um und gib mir Bescheid. Jetzt, sofort!»

Als Sobernheim den Raum verlassen hatte, meinte John: «Da ist irgend etwas Großes im Gang. Ich habe ein ganz ungutes Gefühl. Elisabeth, Jules, ihr beiden setzt euch in Jefferson's Büro und versucht herauszufinden, an was er gearbeitet hat. Lasst alle andere Arbeit liegen. Das ist wichtiger.»

*

Sekretärin Barbara meldete John eine Stunde später, dass Inspector Caffrey ihn sprechen möchte.

«Lassen Sie ihn herein! Bringen Sie zwei Tassen Tee.»

Caffrey klopfte an der Tür, als er eintrat.

«Danke, Lord Ashton, dass Sie mich direkt empfangen.»

«Mr. Caffrey, das ist doch selbstverständlich. Haben Sie noch Fragen? Wenn wir helfen können, dann tun wir das.»

«Danke, Sir. Aber das ist nicht das, worum es geht. Ich muss Ihnen etwas zeigen. Lassen Sie mich zuvor erklären. Wir hatten heute Morgen Mrs. Farlane, die Freundin des Ermordeten in den Yard kommen lassen. Sie ist, als wir ihr die Tatsache eröffneten, zusammengebrochen. Es hat gedauert, bis wir sie mit ärztlicher Hilfe stabilisieren konnten. Dann hat sie uns bereitwillig erzählt, dass ihr Freund ihr zum letzten Wochenende einen Brief zugeschickt hat, mit der Bitte, dass sie, falls ihm etwas zustoßen sollte, damit zur Bank gehen sollte. Sie habe gedacht, dass sich darin irgendetwas befindet, das sie finanziell absichern sollte. Jedenfalls hat sie es so aufgefasst. Sie hatte den Brief dabei und wir haben ihn mit ihrem Einverständnis geöffnet. Aber er enthält etwas Seltsames, was wir nicht verstehen. Hier, bitte, sehen Sie sich das an.»

Erstaunt nahm John den großen Briefumschlag entgegen und fischte ein gefaltetes Papier heraus.

«Das ist ja unglaublich!», stieß er aus, als er es auffaltete. «Barbara!», schrie er. «Holen Sie sofort Elisabeth!»

«Sie wissen, was das ist? Sir?», fragte der Inspector.

«Ich kann es nicht glauben. Das ist eine blanko Expertise. Mit der Unterschrift von mir und Elisabeth. Ich habe in meinem Leben noch nie ein Blanko-Zertifikat unterschrieben!»

«Sie meinen, die Unterschriften sind gefälscht?»

«Anders ist es nicht erklärbar.»

«Ist das was wert?»

«Allein nichts. Diese Expertisen erstellen wir als Prüf-Zertifizierung für eine Anleihe, um sie an unsere Kunden weiterzugeben. In Verbindung mit einem Anleihezertifikat, wenn die Anleihe eingetragen wird, bestätigen sie den Wert der Anleihe. Unter Umständen kann das sehr viel wert sein.»

«Sir! Ich möchte Sie auch auf die abgeknickte Rückseite hinweisen. Da steht etwas mit Bleistift handschriftlich geschrieben. Mrs. Farlane meinte, es könne Williams Schrift sein.»

Elisabeth trat ein. «Elli! Schau dir das an! Blanko, mit unser beider Unterschriften. Hast du das schon mal gesehen?»

Als sie es ansah, rief sie erstaunt aus. «Großer Gott! Deine und meine Unterschrift! Nein, noch nie!»

«Mr. Caffrey. Elisabeth erarbeitet die Expertisen und Beurkundungen zu einer Anleihe, dann stellt sie das Zertifikat aus und legt es zur Unterschrift vor, die wir dann beide gemeinsam vollziehen.»

«Sir. Kann jeder an diese Urkunden heran?»

«Nein», antwortete Elisabeth. «Die Urkunden befinden sich im Tresorraum und ich hole mir Exemplare, wenn ich sie benötige. Sie werden dann von mir direkt bearbeitet.»

Erst jetzt las John die Bleistiftkritzelei laut vor: «Whitewater Minen Projekt, Randfontein. Hast du das schon mal gehört? Elli?»

«Nein! Randfontein in Südafrika?»

«Hmm. Danke. Mr. Caffrey, wir werden dem nachgehen und Sie umgehend informieren. Sagen Sie. Wo befindet sich die Freundin jetzt?»

«Sie sitzt unten im geparkten Wagen. Ich wollte sie zurückbringen und mich nochmal mit ihr unterhalten.»

«Elli, gehen Sie mit dem Inspector hinunter und sagen Sie Mrs. Farlane, dass wir ihr helfen werden und die Kosten für das Wiederherstellen oder die Auflösung der Wohnung übernehmen. Und, Elli! Bringen Sie in Erfahrung, wo die Eltern von Williams wohnen.»

*

Schweigend saß John eine ganze Weile am Schreibtisch. Dann griff er zum Telefon.

«Hallo, Rachel. Hier spricht John Ashton. Kann ich Lionel sprechen?»

«Sir. Hallo. Ich werde sehen, ob es möglich ist. Er ist gerade in einer Konferenz.»

Lionel Nathan de Rothschild war mit seinem Bruder Anthony Mitglied des Vorstandes des Bankhauses N-M. Rothschild & Sons. Seit Jahren waren John und Lionel nicht nur geschäftlich, sondern auch privat eng befreundet. Als 32-jähriger hatte John 1912 die damals 22-jährige Charlotte Thérèse de Rothschild, Nachkomme des französischen Zweigs der Rothschild Familie, in Frankreich kennengelernt und geheiratet. Tochter Olivia-Thérèse kam im selben Jahr zur Welt. Seine Frau, war vor zwei Jahren mit 42 durch eine Influenza verstorben, was ihn schwer getroffen hatte.

John kannte Rachel, die Sekretärin, gut, da er ihr fast jeden Tag beim Goldfixing begegnete.

Das sogenannte Goldfixing war ein institutionalisiertes Ritual der Mitglieder des London Bullion Market, das jeden Vormittag um zehn Uhr dreißig im Konferenzraum der Rothschild Bank stattfand, die dort in Gemeinsamkeit den Goldpreis für den Tag fixierten und anschließend bekannt gaben. Abwechselnd nahmen John, Sobernheim oder Jefferson als Vertreter des Bankhauses A&M teil.

«Sir?», meldete sich die Sekretärin. «Mr. Rothschild lässt sich entschuldigen. Es geht gerade wirklich nicht. Aber er sagte, er sei wie jeden Mittwoch im Club um 18 Uhr.»

«Danke, Rachel. Sagen Sie ihm, ich werde da sein. Es ist wichtig.»

Das Londoner Bankhaus N-M. Rothschild & Sons war allein letztes Jahr an der Emittierung von 14 verschiedenen Staatspapieren beteiligt. Das Nominalvolumen der aufgelegten Wertpapiere entsprach 43 Millionen britischen Pfund und damit mehr als fünfzig Prozent aller Wertpapiere, die in London aufgelegt wurden. Britische Staatspapiere spielten dabei eine große Rolle.

Aber auch die Regierungen von Frankreich, Deutschland, Österreich, Italien, Belgien und Brasilien nahmen die Dienste des Bankhauses in Anspruch. In der Regel kauften die Rothschilds die gesamte Tranche von einer Regierung auf. Sie trugen allerdings das Vermarktungsrisiko nicht, denn die Regierung, die die Anleihe herausgab, erhielt den Kaufbetrag nur dann in vollständiger Höhe, wenn das Papier vollständig platziert werden konnte. Die Rothschilds waren aufgrund ihres engmaschigen Netzwerkes in der Lage, die Papiere in ganz Europa abzusetzen. Im Unterschied zu einer großen Anzahl ihrer Konkurrenten konnte das Bankhaus Rothschild regelmäßig durchsetzen, dass der Nominalbetrag des Papiers auf britischen Pfund basierte. Der Papierinhaber konnte seine Forderung nicht nur in London einlösen, sondern erhielt Zinszahlungen auch in anderen Ländern, in denen die Rothschilds Niederlassungen unterhielten. Durch die gute Zusammenarbeit, erhielt A&M von Rothschild die Möglichkeit, immer einen kleinen Teil der Staatspapiere selbst an private Anleger zu verkaufen. Dabei konnten Zertifikate zu einem Nominalwert zwischen 10.000 und 100.000 Pfund erworben werden. Darüber hinaus waren beide Bankhäuser über den Goldhandel eng miteinander verbunden. A&M stückelte Rothschilds Goldanleihen südafrikanischer Minen in handliche Anleihenanteile und verkaufte sie erfolgreich ebenfalls an Privatanleger und über den London *Bullion Market* kauften sie koordiniert physisches Gold.

'*Lionel muss informiert werden. Vielleicht hat er eine Ahnung, was Jefferson vorhat und kann mir einen Rat geben*', dachte John. ‚*Schlimm genug, dass ich nicht weiß, was in meiner Bank vor sich geht. Ich muss mit Jefferson ein ernstes Wort reden.*'

*

Der Turf Club war London's typischster Gentlemen's Club. Gegründet 1861, war er wahrscheinlich der höchst exklusive Club in London, zu dem ausschließlich adlige Männer oder hochrangige Diplomaten und Militärs als Mitglieder Zutritt erhielten. Schon Johns Vater war Mitglied in diesem Club gewesen, der ein imposantes Gebäude an der Ecke Piccadilly und Clarges Street, besaß.

Neben einem eleganten Restaurant mit ausgezeichneter Küche, gab es verschiedene Salons. Einen Lese-Salon mit überwältigender Bibliothek, einen Scotch-Salon als Hausbar mit Bartresen und einen Zigarren-Salon mit begehbarem Humidor. Überall dunkle Holztäfelung, warme Lichter, klassische Gemälde mit verzierten goldenen Rahmen, und feinste Kristall-Kronleuchter, die Geschichten erzählten, mondän und mit maskulinem Charme. Britische Bibliothekslampen, opulente Ohrensessel und Chesterfield-Möbel aus hochwertigem geknöpften Leder-Polsterungen rundeten das Bild des vornehmen Clubs ab.

John fühlte sich hier seit dem Tod seiner Frau wie in einem zweiten Zuhause. Jeden Mittwoch und Freitagabend war er hier zu finden und nahm das Dinner mit Freunden im Restaurant.

John sah Lionel Rothschild an der Bar stehen.

«Hallo, Lionel.»

«Hoh, John. Fein, dich zu sehen. Wie geht es?»

«Ich habe ein Problem und deshalb möchte ich dich sprechen. Komm, lass uns da hinten zu der Sitzecke gehen.»

«Möchtest du einen Scotch?»

«Ja, den brauch ich. Nimm du dir einen neuen. Den brauchst du auch, wenn du hörst, was ich dir erzähle.»

Ausführlich berichtete John Lionel über die Ereignisse des heutigen Tages in seiner Bank.

«Mein Gott. Da brauche ich wirklich einen Drink», meine Lionel, als John geendet hatte.

«Zum Wohl. Bloody Dei Todei», ahmte John den australischen Slang nach.

«Und du meinst wirklich, da versucht jemand den Kurs zu manipulieren?»

«Es sieht so aus. In Paris sind wir vor Börsenschluss angeblich um fünf Prozent abgesackt. Das wahre Ausmaß wird sich morgen zeigen.»

«Meinst du, das hängt mit dem Mord an Daniel und dem Verschwinden von Jefferson zusammen?»

«Lionel. Ich habe da so ein unbestimmtes Gefühl. Außerdem, die Sache mit der Goldmine, das ist obskur. Ich weiß nicht, was Jefferson dazu getrieben hat. Mir gegenüber hat er nichts erwähnt. Ich wäre auch sofort misstrauisch geworden.»

«Hmm. Ich kenne keine Whitewater Mine. Von Minengesellschaften in Südafrika gibt es im Moment keine neuen Anleihen. Obskur ist der richtige Ausdruck. Sollte es möglich sein, dass Jefferson da nebenbei selbstständig handelt? Da musst du was unternehmen! John!»

«Ja, aber was?»

Rothschild überlegte lange, dann sagte er: «Komm mit! Wir gehen rüber in den

Rauch-Salon. Ich glaube, wir beide müssen aktiv werden. Ich habe vielleicht eine Lösung.»

John schaute ihn ungläubig an, stand aber auf und folgte ihm.

Lionel steuerte auf einen Mann in einer dunkelblauen Uniform zu, der Zigarre rauchend mit anderen Männern zusammensaß.

Er beugte sich zu ihm hinunter und flüsterte: «Hugh. Können wir dich sprechen? Ich glaube, es ist wichtig.»

Der Uniformierte stand auf und folgte ihnen zu einer entfernten Sitzgruppe.

«Hugh, das ist Lord Ashton, Inhaber des Bankhauses Ashton & Mortimer. Hör dir bitte an, was er zu erzählen hat.»

John wunderte sich zwar, dass ihm der Mann nicht vorgestellt wurde, aber an den Rangabzeichen mutmaßte er, dass es sich um einen hohen Offizier handelte.

«John, erzähl ihm, was du mir eben erzählt hast.»

Neben dem Offizier sitzend, erzählte John nochmals die Abläufe des heutigen Tages, die, wie er sehen konnte, den Offizier sehr nachdenklich machten.

Als John endete, stellte sich der Mann, der wortlos zugehört hatte, vor und reichte John die Hand.

«Mein Name ist Hugh Sinclair. Ich danke

Ihnen für Ihr Vertrauen.»

Er kam sofort zur Sache. «Wer gab Ihnen die Informationen über die Aktienkurse?»

«Max Warburg. Ihm gehört die Warburgbank in Hamburg. Wir sind seit Jahren befreundet und unsere Bankhäuser arbeiten eng zusammen. Er ist absolut vertrauenswürdig.»

«Mit wem arbeiten Sie in Frankreich?»

«Mit der Société Générale. Amandus de la Roy ist einer der Direktoren, mit dem ich auch schon seit Jahren befreundet bin. Von ihm kann das nicht kommen. Das kann ich mir nicht vorstellen.»

«War die Presse in der Fleet Street von dem Mord informiert worden?»

«Das weiß ich nicht, Mr. Sinclair. Wie gesagt, Scotland Yard ermittelt. Ob die etwas an die Presse geben, entzieht sich meiner Kenntnis.»

«Ist das ungewöhnlich, dass sich ihr Direktor nicht meldet?»

«Absolut. Unverständlich ist vor allen Dingen, dass es keinen Hinweis auf seinen Verbleib gibt. Das Hotel in Paris, in dem er eigentlich immer logiert, hat mir heute mitgeteilt, dass zwar eine Reservierung ab letzten Freitag für Jefferson vorlag, er aber nicht erschienen ist und die Buchung auch nicht storniert hatte.»

«Sie wissen, wer ich bin?»

«Nein, Sir», rutschte es John heraus. «Verzeihen Sie. Aber ich kenne mich mit militärischen Rangabzeichen nicht aus.»

Der Mann lachte. «Ich bin Admiral der Navy. Ich bin Chef des Special Intelligence Service. Sagt Ihnen das was?»

«Nein, Admiral.»

«Nennen Sie mich Hugh», erwiderte er geistesabwesend.

Nach einer langen Pause fragte der Admiral: «Sagt Ihnen das Wort 'Kamarow' etwas?»

«Nein. In welchen Zusammenhang?»

«Nun, sagen wir, wenn es um Geld geht.»

«Nein. Nie gehört!»

«Auch nie gelesen?»

John wurde die Fragerei unbehaglich. «Nein, auch nie gelesen. Ganz sicher.»

«Gut. Vergessen Sie dieses Wort und erwähnen Sie es in Zukunft niemanden gegenüber. Geht das?»

«Natürlich. Admiral.»

Der Admiral nahm ein Streichholz, zündete seine Zigarre wieder an und lehnte sich zurück.

Nach langen Minuten des Schweigens fragte Rothschild: «Was hältst du davon?»

Der Admiral paffte an seiner Zigarre, bevor er antwortete: «Interessant. Sehr interessant.» Und nach weiteren Zügen: «Ich denke nach. Ich habe so etwas erwartet.»

Er legte seine Zigarre schließlich in den Aschenbecher. «John Ashton, hören Sie mir genau zu. Ich werde jetzt mit Ihnen besprechen, was wir tun können. Kein Wort nach draußen. Zu niemandem. Das Gespräch hier hat nie stattgefunden.»

John war über die Erläuterungen des Admirals erstaunt und überrascht. Er fühlte sich plötzlich in geborgenen Händen und nickte mehrmals zustimmend mit dem Kopf.

«Machen wir das so?», fragte Sinclair und hielt ihm die Hand hin.

«Admiral! Das machen wir. Sie können sich auf mich verlassen.»

Zum ersten Mal am heutigen Tag entspannte sich John, als er sich zufrieden zu seinem Fahrer Gates in den Wagen setzte und sich vom Club nach Hause fahren ließ.

Alan Hemmings

Das Küstenstädtchen Brighton hatte die Geschichte der britischen Badekultur von Anfang an geprägt. Im 18. Jahrhundert hatten Ärzte, Baden im Meer als gesund empfohlen; davor waren nur Seeleute und Fischer mit dem Wasser in Kontakt gekommen, wenn es sich nicht vermeiden ließ. Aber nun strömten plötzlich die Mitglieder der feinen Londoner Gesellschaft – nur sie konnten sich Urlaub leisten – Richtung Küste. Selbst Prinzregent George, der jetzige König George IV., der sich weder mit seinen Eltern noch mit seiner Ehefrau vertrug, zog sich gern nach Brighton zurück. Er baute dort ein Ferienhaus der Superlative: den '*Royal Pavilion*' im indischen Stil, das spektakulärste Gebäude der Stadt und jetzt die Hauptattraktion.

Ein weiteres Wahrzeichen war der bekannte West Pier, ein gewaltiges auf hölzernen Bohlen ins Meer getriebene Pier mit zwei riesigen Pavillons. Ein idealer Ort, um in dem Café, einen französischen Cognac zu einem Kaffee zu trinken. Das galt für diejenigen, die sich nicht der traditionellen britischen Teatime in gesellschaftlich vorgeschriebener Kleidung unterwerfen wollten, die im großen hinteren Pavillon zelebriert wurde.

Alan bevorzugte, neben dem Café, das Restaurant, das höchste französische Küche bot. Aber nicht das allein war ein Grund für Alan, dort gerne zu verweilen. Insbesondere junge selbstbewusste Frauen wohlhabender Familien aus London kamen nach Brighton zum Urlaub, auch um alkoholische Getränke und Zigaretten zu genießen. Der neue Ausdruck der modernen Zeit. Die Zeit des Swing und der neuen Boleros - kurze, vorn rundgeschnittene Jäckchen, die von den modebewussten jungen Damen zu einer weiten Hose oder einem Rock getragen wurden, hatte begonnen.

Die Androgynität der Nachkriegsjahre wurde abgelegt und Mädchenhaftigkeit lag wieder im Trend. Dabei war das Schönheitsideal jedoch noch immer rank und schlank - und vor allem groß. Fließende Stoffe betonten die Weiblichkeit dezent und die geschnürte Taille vermittelte endlos lange Beine.

Alan genoss es, dort Bekanntschaften zu machen. Am Abend wurde es im vorderen Bereich der Damen etwas legerer, man zeigte Dekolletés. Ein enganliegender Ärmel zeichnete den schlanken Oberarm nach und bestimmte den Gesamteindruck einer figurbetonten Mode. Der Bubikopf war *«in»*, die Augenbrauen rasiert und anschließend nachgezeichnet. Schulterpolster zogen in die

Mode der Damenwelt ein und schafften somit Ecken und Kanten. Das alles hatte Alan die Jahre in Ägypten vermisst und er hatte sich vorgenommen, diese Zeit nachzuholen. Heute Nachmittag würde er sich wieder auf den Weg zum Pier machen, um vielleicht eine neue aufregende junge Dame kennenzulernen.

Mit diesen Gedanken im Kopf begann er mit der Heckenschere die lange westliche Fuchsbaumhecke zu stutzen, die bei den Winterstürmen guten Schutz für den Garten bot, der bis an das steil abfallende Ufer zur See lag.

Das Hemmings Cottage lag an einer einsamen Uferstraße oberhalb des Cliffs im östlichen Ende des Stadtteils Seaford mit fünf Häusern an der Esplanade Road, nicht weit von der Innenstadt Brightons. Ein kleines Cottage, eineinhalbgeschossig, Reetdach, ein Esszimmer, eine große Küche und ein Wohnzimmer mit einem wunderbaren Kachelofen mit grünen Kacheln und dem Ausblick auf das Meer durch ein übergroßes Fenster im Erdgeschoss. Zwei Schlafzimmer, ein Bad und ein schmaler Arbeitsraum im Obergeschoss mit schrägen Holzdecken. Alan hatte es geerbt, als sein Vater vor drei Jahren verstorben war und er es zutiefst bereute, dass er von Ägypten nicht zur Beerdigung kommen konnte.

Alan hörte eine Klingel. Die Fahrradklingel des Postboten.

«Ich bin hier!», rief er laut in Richtung des Hauses.

«Wie geht es, Alan?», rief der Bote ihm entgegen, als er um das Haus herum kam. «Ich habe ein Telegramm für dich!»

«Was! Ein Telegramm? Wie geht's, George? Wer schickt mir denn ein Telegramm?»

Alan öffnete das Kuvert und las: 'Banker, Stop, Sofort kommen, Stop, C.'

«Großer Gott!»

«Schlechte Nachrichten?», fragte der Postbote teilnahmsvoll.

«Schon gut, George. Danke. Nein, nichts Schlimmes!»

«Na gut. Wir sehen uns!»

Stirnrunzelnd war Alan ins Haus gegangen und murmelte «C», *C persönlich schickt mir ein Telegramm. Unfassbar. Was mag denn da los sein?'*

Er las es nochmals. '*Banker!* Das war sein Codename beim Circus. *Das bedeutet, ich muss sofort los. Sofort nach London.*'

Der schnellste Dampfzug von Brighton, die Brighton Limited Line, benötigte 55 Minuten bis London Victoria Station, aber wann fuhr er? Alan hatte keine Lust in der zugigen Bahnhofshalle zu warten. Also das Auto!

Wie automatisch gesteuert ging er hoch ins Schlafzimmer und packte ein paar Sachen in seinen Seesack. Rasierzeug, Seife, Handtücher, Wäsche, zwei Hemden, eine Armee-Hose, die doppelt verstärkte schwere lederne Pilotenjacke der Royal Air Force, hohe Strümpfe, feste Stiefel. Aus einem unteren Fach des Kleiderschranks holte er seine lederne Einsatztasche und prüfte kurz den Inhalt. Sein Sonderausweis als Banker im Circus, sein Ausweis als Mitglied des diplomatischen Corps seiner Majestät des Königs, seine metallene Identitätsplakette, Sturmmütze und Sturmhaube, Lederkoppel, Taschenlampe, Ambulanzset und die Browing neun Millimeter in der Pistolentasche.

Er nahm die Waffe, drückte den Knopf zum Auswurf des Magazins, prüfte, ob alle zwölf Patronen darin waren, zog den Lauf einmal durch, um den Hahn zu spannen und drückte ab.

Klick!

Zufrieden führte er das Magazin wieder ein.

«Auf geht's. Wer weiß wohin!», sprach er zu sich selbst. Dann zog er einen weißen Navy Rollkragenpullover an, seine dunkelblaue Marine-Uniform und betrachtet sich im Spiegel. Lieutenant Commander LtCdr, Royal Navy. Alan nickte mit dem Kopf und lachte. '*Mal sehen, wer was an meiner Kleidung zu meckern hat. C hat nicht geschrieben, dass ich in Schlips und Kragen erscheinen soll.*'

Nachdem er seine Sachen in seinem Wagen geworfen hatte, ging er die hundert Yard die Straße entlang zu seiner Nachbarin, die ihm zugleich als Aufwartefrau diente und klopfte an ihrer Türe.

«Oh, Mister Hemmings!»

«Mrs. Hampton, ich fahre für ein paar Tage nach London. Hier sind die Schlüssel. Passen Sie gut auf!»

«Sir! Sie können sich auf mich verlassen.»

«Ach ja. Liebste Mrs. Hampton! Ich musste mich sehr plötzlich aufmachen und hatte keine Zeit, aufzuräumen.»

«Sir! Das ist doch selbstverständlich. Ich werde mich darum kümmern.»

«Danke. Ich melde mich, wenn ich zurück bin.»

«Alles Gute, Mr. Hemmings!»

Alan saß in seinem Ford Tudor Sedan, Baujahr 1930, den er vor vier Wochen für sage und schreibe nur 210 Pfund kaufen konnte. Ein luxuriöser Viertürer, das sogenannte «*Town Car*», das neu 570 Pfund gekostet hätte.

Seit einer halben Stunde befand er sich auf der neuen Straße durch das hügelige Gelände des South Sussex und brachte seinen Wagen ab und zu auf 38 Meilen pro Stunde. Während er dann durch die enge London Road die Clayton Hills hoch, durch das Dorf Clayton bis Hassocks fuhr, waren seine Gedanken bei dem Telegramm.

'*C! Die 54 Meilen bis London könnte ich gut in drei Stunden schaffen. Was C wohl will? Persönlich von ihm, unterschrieben einfach mit C. Unglaublich. Der große und höchste Boss des Circus. Ein Telegramm von ihm. Alle zittern, wenn sie den Buchstaben C hören oder sehen. Komisch. Ich zittere gar nicht.*'

Alan erinnerte sich daran, was er mal gehört hatte. Mansfield Cumming, der Gründer und Leiter des Circus nach dem Krieg hinterließ ein Vermächtnis, das heute noch existierte. Er nannte Geheimberichte "*CX-Berichte*" – ein Name, der immer noch vom Dienst verwendet wurde. Er etablierte den Circus als einen wirklich weltweiten Service. Er soll seine Briefe schon damals nach dem

Krieg in grüner Tinte geschrieben haben - eine Praxis, die bis heute andauerte. Und seitdem unterschreibt und heißt der neue Chef des Circus C, vielleicht am bemerkenswertesten, er war nur bekannt als "C", es war ein Titel, der seitdem jedem Chef verliehen wurde.

Jetzt war Admiral Sir Hugh Francis Sinclair, KCB, wie er offiziell hieß, Chef des Dienstes. KCB stand dabei für Knight Commander of the Bath. Der ehrenwerteste britische Orden, der 1399 von König Heinrich IV. gestiftet wurde und jeweils vom König verliehen wird.

Alan hatte C erst zweimal persönlich kennengelernt, ganz kurz bei der Besprechung für den Einsatz in Ägypten und als er vor knapp sechs Wochen zurückgekehrt war und von ihm für den Erfolg beglückwünscht wurde.

Über Haywards Heath und Balcombe ging es auf der alten London Road an Crawley vorbei nach Redhill. Alan dachte an seine Zeit der Ausbildung. Nicht weit von Redhill war Camp 14. Mercers Farm, das Trainings Camp gewesen, wo sie ihn geschlaucht und gedrillt hatten. Zwanzig Meilen nördlich ist Latchmere House, eine viktorianische Villa am Ham Common in Surrey. Sie diente als geheimes Verhörzentrum mit dem Codenamen Camp 020. Dort war er eine Woche nach dem Einsatz in Istanbul gewesen und sie hatten ihn auseinandergenommen.

Alan verschwendete keine Gedanken an die Opfer in Istanbul. '*Wir haben aufgeräumt. Und zwar gründlich. Das war der Auftrag.*'

Immer wieder wurde Alan durch bäuerliche Pferdegespanne mit hölzernen Wagen gezwungen, die Fahrt zu verlangsamen und öfter überholte er waghalsig weiter auf der Brighton Road nach Croydon.

Aber dann ging es flott über die neue London Road nach Brixton und durch Southwark in die Londoner City. Er dauerte eine Weile, bis er vor dem Einfahrtstor des Circus stand. Ein Pförtner kam heraus, Alan zeigte seinen Ausweis und der Mann öffnete das Tor zum Hinterhof.

Der Circus, wie er intern von allen bezeichnet wurde, befand sich in dem fünfstöckigen, ehrwürdigen victorianischen Gebäude in der Charing Cross Road No. 90, unmittelbar nördlich des Cambridge Circus. Dort befand sich die Zentrale des SIS, Special Intelligence Service des Military Intelligence Service, Section 6, MI 6.

Alan lachte vor sich hin. '*Einerseits hatte die Zentrale den Namen des Platzes mit dem Kreisverkehr auf der Cambridge Street, anderer-*

seits war der ganze Haufen manchmal wirklich ein richtiger Zirkus.'

Ein junger Leutnant lief auf seinem Wagen zu und hielt ihm die Türe offen.

«Sir! Ich führe Sie zum Admiral.»

Alan kannte das nüchtern eingerichtete Büro des Admirals im zweiten Stock, das lediglich durch die zwei Flaggen, die rot weiße Admiralität Flagge und der blau, weiß und rote Union Jack, die im Hintergrund standen, aufgelockert wurde.

Admiral Sinclair erhob sich aus einer Sesselgruppe an der Bücherwand, als Alan eintrat und salutierte.

«Sir! Commander Alan Hemmings meldet sich zum Dienst!»

«Hemmings! Das ist ja toll, dass Sie schon da sind. Wie geht es?»

«Danke, Sir. Mir geht es gut.»

«Wie konnten Sie so schnell hier sein?»

«Sir. Ich bin mit meinem Wagen gekommen. Keine drei Stunden!»

«Ist wohl ein neuer Rekord?»

«Ich glaube, ich könnte das *London Brighton Race* gewinnen.»

Der Admiral lachte und deutete auf den uniformierten Mann, der ihm im Sessel gegenüber gesessen hatte und jetzt zu Alan trat.

«Darf ich bekannt machen? Das ist Rear

Admiral Schrivers, Ihr neuer Führungsoffizier.»

Alan salutierte kurz, gab ihm die Hand und beide nahmen gegenüber des Admirals Platz.

«Die Ordonanz bringt gleich Tee. Ich denke, Sie müssen nach der Fahrt richtigen Durst haben.»

«Es geht. Ich hatte eine Flasche Wasser dabei.»

Die Atmosphäre wurde angenehmer, als ein junger Soldat den Tee brachte und einschenkte. Sie sprachen eine Weile über moderne private Autos, die schon fast 100 Meilen pro Stunde erreichen konnten. Der Admiral fragte Alan auch nach seiner Ruhezeit seit seinem Einsatz aus und ob er sich in Brighton gut erholen konnte. Alan erzählte, dass er das Haus seines verstorbenen Vaters gründlich renoviert hatte und sich dort sehr wohlfühlte. Er war erstaunt, dass der Admiral, der allseits gefürchtete 'C', sich so konziliant für seine persönlichen Verhältnisse interessierte und fühlte sich geehrt.

«Hemmings!» C wurde ernst. «Ich will Sie nicht lange auf die Folter spannen. Wir haben ein Problem! Unsere Vermutung: eine ausländische Gruppe versucht eine unserer führenden Privat Banken hier in London zu infiltrieren und für feindliche Aktivitäten zu nutzen. Es ist damit von nationaler Wichtigkeit. Wir brauchen Sie! Können wir mit Ihnen rechnen?»

«Jawohl, Sir! Stets zu Ihren Diensten.»

«Das höre ich gerne! Das sagt ein Mann, auf den sich die Krone verlassen kann. Ich danke Ihnen, Hemmings. Schrivers wird Ihnen gleich die Einzelheiten erklären. Sie erhalten alle Vollmachten! Ich habe es heute Vormittag mit Shrivers detailliert besprochen.»

Alle drei griffen zu den Tassen und nahmen einen Schluck Tee. «Noch etwas Wichtiges, Hemmings. Es ist *top secret,* und das meine ich ernst. Kein Wort über das, was ich Ihnen jetzt sage. Es würde unsere Quelle gefährden. Achten Sie auf den Namen Kamarow Bank, Petersburg, Petrograd, jetzt Leningrad und achten Sie auf die Namen Leon Mantashev und Basil Zaharoff. Mehr möchte ich Ihnen nicht sagen. Wenn Ihnen das vor Augen kommt, oder Sie nur angedeutet hören, sofort Shrivers benachrichtigen. Keine aktive Nachforschung oder Nachfragen von Ihnen. Nehmen Sie die Worte nie in den Mund. Verstanden?»

«Sehr wohl, Admiral.»

«Letztes Jahr wurde der Leningrader Parteichef Sergei Kirow in seinem Büro ermordet und der ehemalige Vorsitzende des Petrograder Sowjets Grigori Sinowjew in einem Schauprozess zum Tode verurteilt.»

Alan konnte sich denken, was das bedeutete. Beide Männer haben wohl für den SIS gearbeitet und waren aufgeflogen. Deshalb sollte er auch nicht nachfragen.

«Gut, Hemmings», C reichte ihm die Hand. «Sie sind unser Spezialist für Banken. Halten Sie die Augen offen. Ich wünsche Ihnen viel Glück. Schrivers! Nehmen Sie ihn mit!»

In Schrivers Büro nahmen sie Platz.

«C ist immer noch ganz der Alte, nicht wahr?», äußerste sich Alan vorsichtig.

«Ganz und gar. Die Bolschewisten sind sein Steckenpferd. In ihnen sieht er die größte Herausforderung für unser Königreich, mehr noch als in den National Sozialisten in Deutschland. Er ist eben vorausschauend. Ein Mann mit Voraussicht.»

«Gehört diese neue Sache auch dazu?»

Schrivers begann umständlich. «Seltsame Geschichte. Noch weiß keiner, was dahinter steckt – und überhaupt, ob jemand dahinter steckt. Einer der wichtigsten Direktoren des Bankhauses Ashton & Mortimer ist mit einer größeren Menge Bargeld untergetaucht oder verschwunden. Ein Mitarbeiter seiner Abteilung ist ermordet worden. Könnte ein Auftragsmord gewesen sein. Außerdem gibt es unbekannte Transaktionen, die sich der Inhaber der Bank nicht erklären kann. Ihre Aufgabe ist es, das herauszufinden und gegebenenfalls für Abhilfe zu sorgen. Sie bekommen einen neuen Ausweis, als Mitglied des Direktoriums der Bank, eine Wohnung von uns in der Nähe der Bank und einen direkten Kontaktmann vor Ort, Agent Nad Cromburg, den Sie für alle notwendigen Handlungen einsetzen können. Nad wird in der Nähe ein Zimmer beziehen und rund um die Uhr zur Verfügung stehen. Sie stellen sich morgen früh bei Lord Ashton, dem Inhaber, Vorstand und Bankier des Bankhauses Ashton & Mortimer vor. Er wird Sie in die mysteriösen Geschehnisse einführen.»

«Haben Sie einen Verdacht? Sir!»

«Ja, wie soll ich sagen. Wir vermuten etwas aus dem Osten. Wahrscheinlich Russland. C hat Ihnen eben drei Namen genannt, die der Bank und zwei Männern, Kamarow, Leon Mantashev, Basil Zaharoff. Merken Sie sich diese Namen. Ich werde sie nicht aufschreiben. Wir haben geheimdienstliche Hinweise, dass die irgendetwas in Großbritannien planen. Wenn das stimmt, haben wir es mit einem ernsthaften Gegner zu tun, der enge Beziehungen zum russischen Geheimdienst der Bolschewiken, der OGPU unter

G. G. Jagoda, die Objedinjonnoje gossudarstwennoje polititscheskoje uprawlenije, die Vereinigte staatliche politische Verwaltung, wie es jetzt heißt, unterhält.»

«Oh. Das wäre ein Ding!»

«Well. Darf ich Sie auf den Schrecken zu einem Scotch einladen?»

«Ja, Danke. Gerne. Den brauch ich jetzt!»

«Sie kennen die Kerle vom OGPU aus ihrer Zeit in Istanbul, nicht wahr?»

«Und ob. Harte Burschen!»

«Wie viele haben Sie elemi ...? Ich meine, ausgeschaltet?»

«Fünf. Zwei persönlich. Sie wollten mich ausschalten.»

«Alle Achtung. C hat mir so eine Andeutung gemacht. Er baut auf Sie.»

«Ich werde tun, was ich kann. Wie wird mein Status sein?»

«Ich werde Sie morgen, Lord Ashton als ehemaligen Direktor und Niederlassungsleiter der Alexandria Bank vorstellen und Sie dann mit ihm allein lassen. Sie werden als angestellter Vice-Director den Platz des verschwundenen Direktors übernehmen, mit vollen Bezügen. Außer Lord Ashton erfährt niemand etwas über ihre wahre Funktion und der Verbindung zu uns.»

«Das hört sich nach einem längeren Einsatz an.»

«Sie haben die Wochenenden frei. Das ist der Vorteil an dem Job», lachte Shrivers.

«Na ja. Angestellter! Das ist doch was!»

«Wird gut bezahlt. Sie scheiden nämlich offiziell bei uns aus, damit, falls es eine undichte Stelle gibt, ihr neuer Job glaubhaft ist. Noch einen Tipp. Stellen Sie sich gut mit der Rothschild Bank. Ashton und Rothschild habe gute Verbindungen, insbesondere geschäftlich und außerdem ist C mit Rothschild eng befreundet.»

«Gut zu wissen. Ich brauche aber die entsprechende Kleidung. Ich habe nur die Einsatzkleidung und die Uniform mitgenommen.»

«Die Uniform können Sie vergessen. Geben Sie sie Nad. Falls jemand Sie in Ihrer Wohnung besucht und sie entdecken würde. Es muss niemand wissen, dass Sie Oberleutnant sind. Na ja, Ihr Marine Rollkragenpullover ist nicht das Wahre. Aber, Sie kommen ja offiziell gerade aus Ägypten. Holen Sie sich einen Tipp von Ashton. Er weiß sicherlich einen guten Schneider für die typischen Bankeranzüge, wo Sie auch den Bankershut bekommen. Krawatten sind Sie doch vom Dienst gewöhnt.»

«Nein. In Ägypten, immer offenen Hemdkragen mit Halstuch. War sonst nicht auszuhalten.»

«Tja, so wie ich das sehe, ist hier der Standard eine Eaton-, Cambridge- oder Oxford Krawatte, mit passendem Einstecktuch. Und keine braunen Schuhe, die tragen hier nur Amerikaner. "*Do not wear brown in town*". Da fällt mir ein. Sie haben eine schwere 45er Browning?»

«Ja. In der Einsatztasche.»

«Geben Sie sie mir. Sie erhalten eine eingeschossene neue Beretta M1934. Italienische Produktion. Sehr handlich, leicht. Die Patrone 9 × 17 mm ist zwar weniger stark als die Parabellum-Patrone, gleichwohl ist die Geschosswirkung für eine Selbstverteidigungswaffe ausreichend. Zudem liegt die Mündungsgeschwindigkeit von 295 Metern in der Sekunde unterhalb der Schallgeschwindigkeit, weshalb ein Schalldämpfer ohne spezielle Munition eingesetzt werden kann. Den bekommen sie mit. Lord Ashton hat irgendwo eine Smith & Wesson, hat aber keine praktische Erfahrung. Ob die beiden anderen Direktoren Waffen haben, wissen wir nicht. Die Bank hat am Eingang immer zwei bewaffnete Wachmänner, einen bewaffneten Officer vor den Tresorräumen und nochmals einen Wachhabenden, der auch der persönliche Fahrer des Lords ist, in der Vorstandsetage.»

Alan wurde nachdenklich. «Ist es wirklich anzunehmen?»

«Bis jetzt gibt es einen Toten und ein anderer ist verschwunden, wahrscheinlich auch tot. Wir gehen davon aus.»

«Hmm. Kommt ein wenig Spannung ins Leben!», murmelte Alan.

«Sie sind der Richtige. Sie haben die Erfahrung. Nad fährt Sie zu Ihrer neuen Wohnung. Ich hole Sie morgen früh um Neun ab. Ich gebe Ihnen ein paar Dossiers über A&M mit. Dann können Sie sich einlesen. Wenn Sie etwas essen wollen, gehen Sie vorher in unsere Kantine.»

«Wie halten wir Kontakt?»

«Die Nummer ist 9966. Sie brauchen nur Banker zu sagen, dann werden Sie sofort zu mir verbunden. Hier, ich gebe Ihnen eine Scotland Yard Marke mit der gleichen Nummer. Falls einer von unseren Freunden nach einem Vorfall dumme Fragen stellt.»

*

Alan war mit Nad zum Bunker des Circus gegangenen und hatte sich mit seiner Beretta eingeschossen.

Als er den Schalldämpfer aufschraubte, sagte Nad: «Ist mit dem Dämpfer nur auf fünf bis sechs Yards zielgenau. Dafür sehr leise.»

Alan zielte und drückte ab. «Plopp, Plopp, Plopp», machte es leise.

«Wow!», kam es von Nad. «Dreimal ins Schwarze. Und das auf zehn Yards. Alle Achtung.»

Alan gab noch ein paar Schuss ab, bevor er zusammenpackte und mit Nad zum späten Lunch ging.

«Wie sieht dein Einsatzbefehl aus?», fragte Alan.

«Ich soll dein Schutzengel sein.»

«Hast du auch eine Beretta?»

«Ja. Sie haben alle umgerüstet. Sie gefällt mir.»

«Was hast du vorher gemacht? Soweit du darüber reden darfst.»

«Ich war bei ein paar Einsätzen von Gibraltar aus dabei und zuletzt in Frankreich.»

«Dein Rang?»

«Sub-Lieutenant. An den drei goldenen Streifen sehe ich, dass du nicht nur Oberleutnant, sondern auch Commander bist.»

«Lieutenant-Commander. Welche Erfahrung hast du im Bankgeschäft?»

«Zur Tarnung war ich in Gibraltar bei der Lloyds TSB Bank Gibraltar angestellt. Habe dort zwei Jahre nebenbei Schalterdienst gemacht.»

«Hmm, sehr gut. Das passt. Was genau du machen wirst, werden wir sehen. Wir passen uns an, nicht wahr? Wie wir es immer machen!»

*

Die historische Fassade des Bankhauses A&M und der beeindruckende Treppenaufgang in Marmor bot den richtigen Empfang Ihrer Kunden. Die Halle im Erdgeschoss beeindruckte mit einer Deckenhöhe von 17 Yards als Lichthof. Durch das gläserne Kuppeldach flutete Licht in die Säulenschalterhalle, die sich über drei Geschosse erstreckte.

Admiral Shrives betrat mit Alan und Nad den Fahrstuhl an der Seite, der ein dekoratives Prunkstück der Bank und erst vor zwei Jahren eingebaut worden war. Reiner Jugendstil, ein goldenes Metallgitter, mit floralen Dekor-Elementen verziert, verschloss die Kabine aus hellem Birkenholz und das goldbronzene Gitter war zurückhaltend mit geschmiedeten Jugendstil-Blüten dekoriert.

Ein Liftboy empfing sie, der die Kabine in der vierten Etage anhielt und das eiserne Fahrstuhlgitter öffnete.

Ein ziviler Wachmann, der sich als Gates vorstellte, kam Ihnen entgegen und führte sie dann zu Ashtons Büro.

Anders als bei 'C', war dieses Büro fein getäfelt und hinter dem voluminösen schweren Eichenschreibtisch hing eine riesige wunderschöne Weltkarte der National Geographic von 1898 in einem goldenen Rahmen.

Lord Ashton stand von seinem ledernen Victorian Chesterfield Sessel auf, kam um den Schreibtisch herum und begrüßte nacheinander Admiral Shrivers, Alan und Nad.

Admiral Shrivers hatte das gewaltige Ölgemälde einer Seeschlacht an der gegenüberliegenden Wand zwischen den Bücherregalen entdeckt und konnte seine Begeisterung kaum verhehlen.

Ashton erkannte, was Schrivers fesselte. «Das ist ein Gemälde von William Elliott, von 1789. Es zeigt die Seeschlacht zwischen der englischen H.M.S. Quebec, unter Vice-Admiral Sir John Jervis gegen die französische Le Surveillant vor den Leeward Islands in der Karibik.»

«Sir! Ich bin begeistert!», stotterte Schrivers, tief erfasst. «Dass Sie ein solches Bild haben. Alle Achtung!»

«William Elliot war Leutnant der Royal Navy und Marine Maler. Dieses Bild hat mein Großvater der Navy abgekauft und ich werde es auch nicht mehr hergeben. Die Navy könnte es nicht bezahlen!»

«Oh, Sir! Verzeihung! Ich weiß, ich bin ein schlechter Schauspieler – aber für einen Moment hatte ich den Gedanken, dass dieses Bild sich bei uns in unseren Hallen gut machen würde.»

«Ja, das stimmt!», lachte Ashton. «Sie sollten sich nicht mit dem Gedanken an eine Schauspielkarriere anfreunden.»

«Lord Ashton! Darf ich mich vorstellen? Ich bin Rear Admiral Schrivers. Ich werde der Führungsoffizier in unserer Sache sein und die Verbindung zum Dienst halten, wie mit Admiral Sinclair besprochen. Das ist Alan Hemmings, Ihr neuer Mann für den Job des Vice Directors. Und das ist Nad Cromburg, der ein Assistent von Mr. Hemmings ist. Admiral Sinclair hat mir gesagt, dass er alles mit Ihnen besprochen hätte?»

«Ja. Sogar sehr ausführlich. Ich bin sehr dankbar für die Hilfe.»

«Sir! Hemmings wird Ihnen erklären, welche Voraussetzungen er mitbringt und was er zu tun gedenkt. Sie erklären ihm bitte seine vorübergehende Stellung hier. Ich darf mich entschuldigen. Ich muss zurück zum Dienst.»

«Wir werden das schon hinbekommen. Bestellen Sie dem Admiral viele Grüße.»

Lord Ashton lud Alan und Nad ein, in der Sitzecke Platz zu nehmen. Dann rief er seine Sekretärin und ließ Tee kommen.

«Tja, meine Herren», begann Ashton. «Bei uns ist einiges geschehen und wir haben die Befürchtung, dass noch mehr passieren kann. Ich weiß nicht, inwieweit Sie informiert sind?»

Alan hatte bis spät in die Nacht alle Dossiers aufmerksam durchgearbeitet. «Ich bin über alles informiert worden, Sir. Auch über den letzten Stand der Ermittlungsakten von Scotland Yard. Ist denn gestern auch wieder etwas Außergewöhnliches passiert?»

«Kann man so sagen. An der Börse sind unsere Aktien gestern um zehn Prozent abgesackt, aber danach haben sie sich durch Stützungskäufe von uns und einer größeren Order der National Chase wieder etwas gefangen.»

«Diese Order. Ist die außergewöhnlich? Hilft ihnen jemand?»

«Nein. Wir wissen nicht in welchem Auftrag die fremden Kauforder ergingen. Sie kamen aus Amerika.»

«Sir. Kann Mr. Cromburg irgendwo alleine telefonieren?»

«Ja, natürlich», antwortete Ashton und rief seine Sekretärin. «Barbara, führen Sie Mr. Cromburg nach nebenan in Jeffersons Büro und erklären Sie ihm das Telefon.»

Alan flüsterte zu Nad. «Ruf im Circus an, finde heraus, ob wir einen Freund in der National Chase haben.»

«Lord Ashton. Zuerst möchte ich mich für meinen Aufzug entschuldigen. Ich bin gestern aus Brighton hergerufen worden und hab nur diese zivile Kleidung dabei. Wenn Sie mir ein Geschäft empfehlen können, dann werde ich mich heute noch entsprechend dem Niveau des Bankenviertels einkleiden.»

John Ashton lachte. «Gehen Sie zu Tailor Anderson & Sheppard, 32 Old Burlington Street. Sagen Sie, ich habe Sie geschickt und dass Sie neu in unserer Bank sind. Ich werde dort vorher Ihr Kommen ankündigen. Fragen Sie nach dem *Drape Cut* oder *London Drape* Anzug, der ist hier sehr begehrt. Der Prince of Wales trägt öfter auch einen.»

«Oh ja. Das klingt gut, Sir.

«Mr. Hemmings. Dann erzählen Sie mir bitte, was Sie bisher gemacht haben.» Ashton lachte. «Es ist nämlich ungewöhnlich, dass wir einen Vice Director, einstellen, über den wir nichts wissen.»

«Ja, natürlich, Sir», schmunzelte Alan. «Ich bin 39 Jahre alt. Mein voller Name ist Alan Ailean Hemmings, 1st Baron of Alderley. Den Titel habe ich jetzt nach dem Tod meines Vaters geerbt. Der zweite Vorname ist schottisch-gälisch. Mein Vater war Schotte. Banklehre bei Barclays, Studium in Cambridge, 1917 zur Navy, Marine Offizierslaufbahn bis 1926 auf dem Zerstörer HMS Vampire. Einsätze in der Ostsee und im Mittelmeer von Malta aus. Mehrmals durch den Suez Kanal ins Rote Meer. Danach Sonderausbildung hier in England als SIS Offizier.»

«Was ist ein SIS Offizier?

«Special Intelligence Service, Sir. Mit dem Schwerpunkt Bankenwesen und internationaler Geldverkehr.»

«Dann sind Sie ja wirklich ein Spezialist. Was haben Sie da machen müssen?»

«Sir. Ich darf keine Details erzählen. Aber ich kann Ihnen sagen, dass ich 1928 zu einem zweijährigen Spezial Einsatz in die Royal Bank of Scotland-Istanbul nach Istanbul versetzt wurde. Das Besondere war die doppelte Natur der Bank, einmal als private Britische Bank und zugleich als State Bank Istanbul, bei dem es um einen Goldraub, beziehungsweise, einem fingierten Goldraubhandel von 3900 Unzen und 30000 Goldmünzen aus Beständen der Bank ging. Die einheimischen Direktoren, die daran beteiligt waren, konnten überführt und das Gold nach London gebracht werden.»

«3900 Unzen? Stattlich!»

«War insofern schwierig und eine langwierige Operation, da die türkische Regierung die Ausfuhr nicht erlaubt hatte und gewisse Kreise uns das Gold doch noch abnehmen wollten. Aber das darf ich Ihnen nicht genauer erklären. Jedenfalls wurde ich danach nach Ägypten geschickt.»

«Dort waren Sie dann Direktor einer Bank?»

«Ja, Sir. Bei der *Bank of Alexandria*. Nach Istanbul und einem Jahr in England wurde ich 1931 zur *Anglo-Egyptian Bank* nach Alexandria in Ägypten geschickt. Eine Tochter der *Colonial Bank London und Barclays Bank PLC, London*. Das ist eine der größten Banken in Ägypten und gehört zur *Barclays Dominion, Colonial and Overseas Bank*. Ausgelöst war dieser Zusammenschluss durch die Übernahme der *The Colonial Bank* in London, die von Barclay geschluckt wurde. Ich muss erklären. Ägypten erlangte am 28. Februar 1922 in der *Declaration to Egypt* formell die Unabhängigkeit und der bisherige Sultan rief sich als Fuad I. zum König aus, womit das Königreich Ägypten der britischen Herrschaft nachfolgte. Doch behielt sich die britische Regierung einige Rechte vor, insbesondere für das Militär und das mehrheitlich ausländische Bankenwesen. Sir Percy Loraine war vom August 1929 bis Dezember 1933 britischer Hochkommissar in Kairo für Ägypten und den Sudan. Unter seiner Verwaltung wurde Fuad I. als Herrscher etabliert. Durch seine enge Verbindung mit dem König war der Hochkommissar auf einige Ungereimtheiten in der *Bank of Alexandria* gestoßen. Sir Loraine forderte daraufhin einen Bankenspezialist durch den *Special Intelligence Servive* an und man schickte mich nach Ägypten. Zwei hochrangige Exponenten der Bank konnte ich überführen und sie wurden später bei einem Treffen in Beirut mit anderen Beteiligten verhaftet. Sie halfen reichen Einheimischen, nicht nur die britische Couponsteuer zu umgehen, sondern buchten Guthaben von staatlichen Behörden einfach um, zugunsten hochrangiger korrupter Regierungsmitarbeiter. Der verhaftete Bankdirektor trug eine Liste mit über 100 Kunden bei sich, mit allen Transaktionen. Darunter auch Prominente. Wir konnten mit Hilfe der britischen Armee einen großen Teil der Gelder, fast zwei Millionen Pfund, wiederbeschaffen und so den Schaden zu Gunsten der *Barclay Bank* reduzieren»

«Das ist ja eine tolle Geschichte. Unglaublich.»

«Aber wahr.»

«Möchten Sie noch Tee?»

«Ja, bitte» Alan nahm einen Schluck. «Sir,

ich habe in dem mir zur Verfügung gestellten Memo alles gelesen, was Sie zu den letzten Vorgängen ausgesagt haben. Mit wem kann oder darf ich hier in diesem Haus reden, um mehr Details herauszufinden?»

«Kommen Sie mit. Ich stelle Sie kurz vor. Ich habe nämlich einen Termin um zehn Uhr dreißig und kann dann los. Sie haben die Gelegenheit weitere Gespräche zu führen»

«Oh, das berüchtigte Goldfixing bei Rothschild?»

«Ja. A&M ist seit der Gründung 1919 Mitglied.»

John nahm Alan mit zu den Büros von Jules Rosenberger, der die Abteilung Stock Market and Shares leitete und zu Charles Sobernheim, Abteilung Merges und Aquisitions. Er erklärte den Herren, dass Mr. Hemmings in der Funktion als Vice Direktor Gold Trading, Licht in die Vorgänge bringen sollte und dass sie ihn mit aller Kraft unterstützen.

Im letzten Büro auf der Vorstandsetage saß Elisabeth.

«Elli! Ich möchte dir unseren neuen Vice-Director Gold Trading vorstellen. Das ist Alan Hemmings. Er übernimmt ab sofort Jeffersons Aufgaben und soll gleichzeitig herausfinden, was das für seltsame Vorgänge bei uns sind.»

Elisabeth gab Alan die Hand. «Mr. Hemmings, ich bin Elisabeth Barron. Ich grüße Sie.»

Alan schüttelte ihr kurz die Hand und antwortete recht kühl. «Mrs. Barron!»

«Elisabeth leitet unsere interne Revisonsabteilung», beeilte sich John zu sagen. «Mit ihrer Hilfe können Sie die fraglichen Punkte durchgehen. Sie wird Sie in vollem Maße unterstützen. Nicht wahr, Elli?»

«Selbstverständlich, Sir!»

Alan musterte die Frau. Sie machte einen sehr gepflegten Eindruck, die jugendlich modische Kleidung ließ sie sehr attraktiv erscheinen, dazu waren ihre langen dunklen Haare elegant hochgesteckt. Nach ihren feinen Gesichtszügen mit ein paar Fältchen an den Augenrändern zu urteilen, schätzte er sie aber auf zwischen 45 und 50 Jahren. «Ma'am, kann ich in einer halben Stunde zu Ihnen kommen? Ich habe einige Fragen.»

«Natürlich, Mr. Hemmings.»

John ging mit Alan den Flur zurück Richtung Fahrstuhl. Kurz davor befand sich Jeffersons Büro, an dessen Schreibtisch Nad saß.

Nachdem sie eingetreten waren, meinte Lord Ashton zu Alan: «Ich bin ein wenig überrascht, dass Sie zu Zweit erschienen sind.»

«Das war ein Vorschlag von Admiral Sinclair höchst persönlich. Nad ist ausgebildeter Personenschützer und soll eigentlich hier nur die Augen offen halten. Außerdem war er zwei Jahre bei der Lloyds Bank in Gibraltar.»

«Oh. Welche Aufgaben haben Sie dort wahrgenommen?», fragte John Nad.

«Sir. Hauptsächlich Sortenwechsel. Wir hatten dort viele Durchreisende in oder von den Maghreb Ländern.»

«Na gut. Wenn ich vom Fixing zurück bin, werden wir sehen, wo wir Sie einsetzen können.»

Als Lord Ashton gegangen war, setzte sich Alan in einen der zwei Besuchersessel. «Nad! Setz dich hinter den Schreibtisch. Ich will mir ein Bild machen.»

Nad wunderte sich nicht, sondern nahm geschäftsmäßig hinter Jeffersons Schreibtisch Platz.

Alan beobachtete ihn und den Schreibtisch genau und ließ dann seinen Blick umher schweifen.

Nach etlichen Minuten fragte Alan: «Was hast du erreicht?»

«Wir haben niemanden. Aber unsere Cousins haben jemand in der Hauptverwaltung. Sie hören sich um.»

«Toll. Das ist ja richtig erfreulich. Mal eine gute Nachricht.»

Als Cousins wurden im Circus die Mitarbeiter des *United States Bureau of Investigation* und des amerikanischen *Office of Naval Intelligence, ONI,* bezeichnet. Insbesondere das *ONI,* der Marine Geheimdienst, war seit seiner Gründung 1882 mit Hilfe des britischen *SIS* konsequent aufgebaut und unterstützt worden. Zwischen den Jahren 1914 und 1918 hatte sich dann eine enge fast brüderliche Verbindung aufgebaut. Auch Alans Einsatz in Istanbul war aufgrund von Hinweisen des *ONI* zustande gekommen.

«Was ist auffällig in diesem Büro?» Alan ließ seine Augen wandern.

Nad wedelte mit ein paar Papieren. «Ich habe seine Ablage durchgewühlt und alle Schubladen. Nichts Außergewöhnliches. Sehr aufgeräumt.»

«Der Sekretär!» Alan wechselte zu einem mannshohen Empire Sekretär in hellem Nussbaum, der in der rechten Ecke neben dem Fenster stand und betrachtete ihn. Alan schätzte das Stück auf mindestens 50 Jahre. Unten befanden sich zwei Türen, darüber die mit Intarsien verzierte Schreibklappe. Dann setzte Alan sich auf den Stuhl davor und versuchte die Schreibklappe zu öffnen, aber sie war verschlossen.

Nad war aufgesprungen und kam mit einem Bund kleiner Dietriche zu Alan. Sie probierten einige, bekamen die Klappe geöffnet und Alan zog sie hinunter.

Auf der Innenseite war die Schreibfläche mit grünem Leder bezogen, dahinter befand sich ein Interior, bestehend aus offenen Fächern und Schubladen in unterschiedlichen Formaten. Nach und nach zog Alan die Schubladen auf. In einigen befand sich Briefpapier, darüber Schreibgeräte. In einem Schubfach entdeckte er eine kleine Zigarrenkiste mit Zigarren und etliche Streichholzheftchen. Alan untersuchte die Heftchen genau, einige waren vom Kaufhaus Selfridge, andere vom Herrenausstatter. Ganz unten entdeckte er zwei von Night Clubs und steckte sie ein.

Auf der linken Seite ließ sich zuerst die unterste Schublade nicht öffnen, bis Nad mit seinen Dietrichen nachhalf.

Zu Alans Überraschung befanden sich in der Lade etliche Schlüssel.

Nad begutachtete sie ausführlich. «Die zwei großen sind zweifellos übliche Haustürschlüssel, der kleine hier könnte zu der Türe unten rechts an seinem Schreibtisch passen.»

Alan gab ihm den Schlüssel und Nad probierte ihn sofort aus.

«Bingo!», rief er, als er die Türe geöffnet hatte. «Voll mit Unterlagen!»

«Nad. Hol alles heraus und schau es

durch.» Alan steckte sich die zwei Haustürschlüssel und weitere Unbekannte in die Tasche.

Auf Jeffersons Schreibtisch hatte Nad die Unterlagen geordnet. Es waren Kontoauszüge, Reiseabrechnungen, Hotelprospekte, Fahrpläne verschiedener Eisenbahnrouten und von Fährgesellschaften über Verbindungen zwischen Dover und Calais.

«Nad! Ich schaue mir das in Ruhe an. Ich möchte, dass du zum Circus fährst und im Archiv nachsiehst, ob wir nichts über Jefferson haben. In der Eile haben sie bestimmt nicht daran gedacht. Versuch auch nochmal unsere Cousins zu erreichen.» Nach einer Pause setzte er hinzu: «Kauf dir auf den Weg dahin zwei neue Hemden und eine rotweiße Krawatte. Das passt zu deinem dunklen Anzug besser, als das karierte Hemd. Die Quittungen kannst du Shrivers geben.»

Grinsend verließ Nad das Büro.

Olivia

Olivia-Thérèse Ashton, die 23-jährige Tochter Lord Ashtons hatte mit 18 im Kollege-Internat ihren A-Level mit Auszeichnungen bestanden, obwohl sie nebenher, was möglich war, eine Banklehre absolviert hatte. Das Studium zum Bachelor hatte sie in Cambridge nach drei Jahren abgeschlossen und jetzt war sie seit knapp zwei Jahren in der Bank ihres Vaters tätig, in der Abteilung Family Office.

Auch im Bankhaus Ashton & Mortimer bezeichnete man mit dem typischen angelsächsischen Begriff *Family Office* Depositenkassen und Dienstleistungen, die sich mit der Verwaltung privater Anlage- und Großvermögen befassten. Olivia war verliebt in ihre Arbeit, gab es ihr doch die Möglichkeit, fast immer nette und interessante Leute näher kennenzulernen.

Sie war die typische Inkarnation der modernen jungen Frau, einer neuen Frauenbewegung, deren Ursprung in der Zeit nach dem großen Krieg lag. Während und nach des Krieges von 1914 bis 1918 gab es in England durch die Abwesenheit vieler Männer eine Lücke in Industrie und Wirtschaft, die von Frauen ausgefüllt wurde und ihnen eine selbstbewusstere, gegenüber dem Mann, gleichwertige Position ermöglichte. Angetrieben durch ihr neues Selbstwertgefühl, gaben sich viele Frauen in den Zwanziger Jahren nicht mehr mit ihrer alten Rolle der Ehefrau und Mutter zufrieden, die ihnen das klassische viktorianische Rollenbild auferlegt hatte. Vielmehr erklärten sie das Streben nach eigener Erwerbstätigkeit und der damit verbundenen finanziellen Unabhängigkeit zum obersten Ziel.

So wie viele junge Frauen war auch Olivia nach dem Studium in die pulsierende Metropole Londons zurückgekehrt und war dank der Anstellung in der Bank ihres Vaters ein Teil der faszinierenden Großstadt geworden.

Olivia hatte den Sprung in eine hoch angesehene Stellung geschafft und war nun als Bankkauffrau für das sogenannte *Family Office* tätig, welches ihr auch eine nicht zu vernachlässigende Bewunderung unter ihrer Freundinnen einbrachte.

Jetzt, im Jahre 1935 spiegelte sich die veränderte Selbstwahrnehmung vieler Frauen nicht nur in der Arbeitswelt, sondern auch in ihrer Einstellung zur Mode wider. Sie unterlag dem Zeitgeist der Sachlichkeit. Kleidung musste mehreren Ansprüchen gerecht werden. Sie sollte die moderne Frau schmücken, ohne sie in ihrer Bewegungsfreiheit einzuengen, und gleichzeitig die neue Dynamik und Geschäftigkeit möglichst unzensiert nach außen tragen.

So wählte auch Olivia ihre Kleidung stets passend zum Anlass. Dabei waren Schauspielerinnen wie Marlene Dietrich ihr großes Vorbild. Olivia ahmte gerne den Kleidungsstil ihrer Ikonen nach. Idole dieser neuen Bewegung waren die Hollywood Stars Louise Brooks, Gloria Swanson und Clara Bow, die Künstlerinnen Kiki de Montparnasse und Nancy Cunard, das erste Supermodel Marion Morehouse und natürlich Coco Chanel, die wie keine andere mit ihrer Mode den Frauen einen neuen Weg gewiesen hat.

Charakteristisch war ein neues androgynes Erscheinungsbild. Hosenanzüge und flaches Schuhwerk wurden nun auch für Frauen wie Olivia salonfähig und symbolisierten die neu empfundene Gleichstellung zwischen Mann und Frau – ebenso wie der *Bubikopf*. Während am Tage die weit geschnittene, maskulin anmutende Kleidung dominierte, zeigte sich bei Nacht ein anderes Bild.

Dem Zeitgeist angemessen, traf sich auch Olivia mit ihren Freundinnen nach getaner Arbeit in einem der vielen Tanzlokale, um ausgelassen zu modernen Jazz-Klängen zu feiern. Dafür schlüpften sie in einen kurzen Rock, der knapp die Knie bedeckte und viel Bein zeigte. Was einst als vulgär galt, war nun Ausdruck einer neu gelebten Weiblichkeit. Während Frauen tagsüber bewusst auf ihre weiblichen Reize verzichteten, um in der von Männern dominierten Arbeitswelt zu bestehen, kokettierten sie damit nachts umso bewusster. Auch der offene Umgang mit Sexualität gehörte zu den neuen Freiheiten. Plötzlich tauchten Avantgarde-Tänzerinnen wie Josephine Baker in Nachtlokalen auf und begeisterten ihr durchaus gemischtes Publikum mit offen gezeigten weiblichen Reizen.

Als Symbol der neuen Erotik galt auch die Zigarette. Das öffentliche Rauchen, das einst als verpönt galt, gehörte nun zum guten Ton. Die Zigarette war ein fester Bestandteil des neuen Lebensgefühls und schmeckte für viele Frauen nach Freiheit und Unabhängigkeit. Dabei entwickelte sich ein regelrechter Kult um den Glimmstengel, insbesondere in einer langen Zigarettenspitze. Aber die mit Tabak gefüllte Papiertüte war mehr als ein Symbol für Erotik, das Zigarettenrauchen symbolisierte '*die Befreiung der Frau von bürgerlichen Normen*'. Daher war es für Olivia obligatorisch, beim Bankers Treff im Pup nach der Schalterschließung eine Zigarette zu rauchen.

Obszön, freizügig und musikalisch war das Nachtleben. In keiner anderen Stadt als in London entstand Ende der Zwanziger und Anfang der Dreißiger so rasant ein Nachtleben. Tanzlokale und Bars zogen Nacht für Nacht große Mengen an. Die Hauptstadt wurde zu einem populären Ort für Nachtschwärmer aus ganz Europa. Alkohol und Zigaretten neben Black Jack und Roulette sorgten für ausgelassene Stimmung. Getanzt wurde zu Charleston, Shimmy oder Foxtrott. Musik und Tanzstil passten zur freizügigen Mode junger Frauen. Das Jazz Age begann. Die weibliche Verkörperung des Jazz Age waren das angloamerikanische Flapper Girl und die Garconne.

Das Bild der Garconne ging auf den in den Zwanzigern erschienenen Roman *La Garconne* zurück. Das Buch war vor ein paar Jahren als Pornografie zensiert, weil es Frauen beschrieb, die Karriere machten, Männerkleidung trugen und natürlich die freie Liebe lebten. Es war eines der großen Bestseller seiner Zeit und Olivia hatte natürlich ein Exemplar von einer Freundin bekommen.

Das Image der Flapper und der Garconne begründete sich in drastischen – für manche immer noch völlig schockierenden – Änderungen im Aussehen und Verhalten der

Frauen, die durch die Nächte tanzten und ausgiebig mit Männern flirteten.

Natürlich trug man als Frau Strümpfe, diese waren ab den Dreißiger aus Rayon, einer Kunstseide und zartschimmernd, was die Beine nackt und sexy wirken ließ. Olivia besaß eine ganze Schublade davon in ihrem Schlafzimmer. Hautfarben, schwarz und auch in tiefblau.

Technische Errungenschaften, die das Leben erleichterten, waren geboren. London besaß als erste Stadt der Welt eine U-Bahn. Olivia hatte für das Haus ihres Vaters zwei der großen neuen elektrischen Waschmaschinen gekauft. Sie waren unter dem Namen Thor von der Firma Hurley Machine Co aus Chicago geliefert worden und hatten 35 Pfund gekostet. Außerdem hatte sie ihren Vater überzeugt, einen Electrik cleaner für 15 Pfund, ein Radio für 25 Pfund und einen elektrischen Kühlschrank für zwölf Pfund zu kaufen.

Autos verhießen Unabhängigkeit und Frauen durften nun zu jeder Zeit fahren und reisen, wohin sie wollten. Und Autos waren bestens geeignet, dem anderen Geschlecht näherzukommen. Olivia hatte zu ihrem Abschluss in Cambridge einen 1933er Riley

Nine geschenkt bekommen. Das Auto war ein *Two-convertible,* ein Zweitürer Sportwagen mit Faltdach. Der Vierzylindermotor besaß 40 hp und brachte es auf 60 Meilen pro Stunde. Der Riley Nine war einer der erfolgreichsten Leichtsportwagen der britischen Automobilbranche, der seit 1926 von der Riley Company in Coventry, mit einer großen Auswahl an Karosserietypen hergestellt wurde. Neu kostete er 199 Pfund und Olivia war natürlich mächtig stolz und konnte nicht nur ihre Freundinnen, sondern auch ihre jungen Verehrer schwer beeindrucken. Manch junger Mann, der Olivia im Freitagnachmittag Pub anhimmelte, stöhnte, wenn er den Wagen sah, der für ihn immer unerschwinglich bleiben würde. Das Monatsgehalt eines der Kollegen von Olivia in der Bank lag zwischen 50 und 80 Pfund und dies waren gutbezahlte Jobs.

Olivia hatte sich mit dem Frühstück Zeit gelassen. Die Schalterstunden der Bank und auch die Londoner Börse öffneten erst um zehn Uhr. Um zehn Uhr dreißig fand das morgendliche Fixing des Goldpreises bei Rothschild statt und eigentlich begann erst danach die Arbeit. Also brauchte sie erst um halb Zehn in der Bank zu sein.

Olivia saß am Steuer ihres Wagens und verließ um halb neun das Ashton House in der Frias Lane in Richmond. Sie fuhr über die Sheen Road und der Upper Richmond Road bis Battersea, dort über die Chelsea Bridge an dem neuen eindrucksvollen Kraftwerk, der *Battersea Power Station*, vorbei, die Grosvenor Street an der Themse und Westminster entlang, bis in die City zur Queen Victoria Street gegenüber der Bank of England. Dort bog sie in die Lombard Street ab und hinter dem Gebäude der A&M Bank in die schmale St. Swithin's Lane bis zur Einfahrt in den Hof auf der Rückseite der Bank, wo sie ihren Wagen parken durfte. Für diese Strecke von zwölf Meilen benötigte sie meistens fast eine Stunde, da die lange Grosvenor Street immer mit Autos, Lieferwagen und Pferdegespannen überfüllt war.

Im wolkenverhangenen Morgengrauen eilte sie über die hektische Lombart Street in Londons Bankenviertel, um noch rechtzeitig in der *Old Post Office Bakery* gegenüber der *Bank of England* zwei französische Croissants zu jeweils 3 Pence zu kaufen, was absoluter Luxus war. Ihren Regenschirm hatte sie sich geschäftig unter den Arm geklemmt, der die Tüte hielt, mit der anderen Hand hielt sie ihren Hut fest, der ihren mühevoll frisierten

Bubikopf vor dem Wind schützen sollte.

Erleichtert trat sie durch den Haupteingang in die Schalterhalle und begab sich zu ihrem Schreibtisch, der am Ende des langen rechten Tresens in einer Seitennische stand. Sie begrüßte ihre Kollegin Sarah, entledigte sich ihres Mantels und hängte ihn an den Garderobenständer auf. Sie nahm hinter ihrem Schreibtisch Platz und las einige Papiere. Zweimal wurde sie an den Counter gerufen und bediente Kunden.

Kurz vor Mittag sah sie ihren Vater vom Fixing zurückkommen und stand auf. Schnell ein Blick in den hinter der Garderobe verborgenen Spiegel und die Bubi-Frisur kontrolliert, ging sie quer durch die Schalterhalle zum Fahrstuhl.

Dem Liftboy sagte sie, dass er sie in den vierten Stock bringen sollte und der betätigte gehorsam den Hebel.

Verstohlen blickte der Liftboy zu Olivia, die ihr Kleid glatt strich. Sie trug Adrians puffärmeliges Hänge-Kleid für Joan Crawford, dass der Renner der letztjährigen Saison in New York geworden war - und nun kopiert vom Modehauses Harrods in London angeboten wurde. Olivia liebte die Kleider des Modedesigners Adrian, der in Hollywood bei den MetroGoldwynMeyer Filmstudios die Damen-Kostüme für bereits mehr als 100 Filme entworfen hatte. Für die größten weiblichen Stars, wie Greta Garbo, Norma Shearer, Jeanette MacDonald, Jean Harlow, Katharine Hepburn und Joan Crawford.

Und sie war mächtig stolz, bei Harrods auf Vaters Rechnung einkaufen zu können. Schließlich war Harrods *das* Einkaufshaus für Oscar Wilde, Ellen Terry, Charlie Chaplin, Laurence Olivier und Vivien Leigh, Sigmund Freud und die gesamte königliche Familie.

Eigentlich wollte Olivia nur kurz bei ihrem Vater vorbeischauen, aber als sie an der verglasten Türe von Jeffersons Büro vorbeiging und hineinschaute, entdeckte sie plötzlich einen fremden Mann hinter dessen Schreibtisch sitzen. Ein Mann, mit einem hellen Rollkragenpullover bekleidet. Olivia stutzte und blieb stehen. Sie wusste, dass Jefferson auf Dienstreise war.

Sie sah, wie der Mann in etlichen Akten blätterte und sie anschließend auf den Boden warf.

Zutiefst erbost stürmte sie durch die Türe in das Büro und schrie: «Wer sind Sie? Was erlauben Sie sich, hier zu sitzen?»

Alan sah eine junge Mitarbeiterin, die einfach in sein Büro stürmte. Wenn er etwas nicht leiden konnte, dann das.

Er schrie zurück. «Was erlauben *Sie* sich? Ich verbitte mir, hier in mein Büro zu stürmen, ohne anzuklopfen. Wer hat Ihnen denn das erlaubt? Sind das Manieren, die in einer Bank üblich sind? Sie haben das wohl vergessen!»

Olivia wollte etwas sagen, aber Alan ließ sie nicht zu Wort kommen. Es war seine, auch von Ägypten her gewohnte Art, jeden Mitarbeiter erst mal richtig in die Senkel zu stellen, damit sie lernen, welche Konsequenzen falsches Verhalten haben kann.

«Was haben Sie hier zu suchen? Zu welcher Abteilung gehören Sie? Ich werde dafür sorgen, dass Sie das nie mehr wiederholen können. Sie sind gefeuert. Wer ist ihr Vorgesetzter? Ich habe Sie etwas gefragt! Antworten Sie!»

Verstört über diesen Ausbruch von Zurechtweisung hatte sich Olivia aber wieder im Griff: «Ich bin Olivia Ashton!», knurrte sie, drehte sich herum und verließ entsetzt das Büro.

Als Alan sich setzte, musste er grinsen. '*Ins Schwarze getroffen! Bingo! Fräulein Töchterchen. War, wie sie hereinspazierte, auch ganz nett frech. Mich anzuschreien, wer ich sei. Ungezogen. Sollte man übers Knie legen.*'

Er griff nach den nächsten Akten und studierte sie.

Wutentbrannt lief Olivia an ihres Vaters Sekretärin vorbei in dessen Büro.

«Dad, was ist das denn für ein Mann in Jeffersons Büro? In einem schäbigen Rollkragenpullover. Er hat zu mir gesagt, ich sei entlassen. Was ist das für ein Verrückter? Der schnüffelt da in den Akten. Du musst ihn hinauswerfen. Hol die Wachleute!»

John schmunzelte. «Ach, Olivia. Komm her zu mir. Gib mir einen Kuss.»

Widerwillig ging sie zu ihrem Vater und gab ihm einen liebevollen Kuss auf die Wange.

«Olivia. Das ist Alan Hemmings. Er ist ab jetzt die Vertretung für Jefferson.»

«Ein unmöglicher Mann. Er hat mich angeschrien!»

«Einfach so?»

«Ich hatte ihn zur Rede gestellt, was er dort macht.»

Jetzt musste John lauthals lachen. «Ich kenne dich. Das hat er sich nicht gefallen lassen, nicht wahr? Beruhige dich. Es ist alles in Ordnung. Geh hinunter, ich habe furchtbar viel zu tun. Wir sehen uns heute noch, dann erkläre ich es dir.»

Nachdenklich lief Olivia durch das Treppenhaus hinunter. Sie wollte nicht mehr an diesem arroganten Typ vorbei. '*Hoffentlich ist der bald wieder weg. Jefferson mag ich zwar auch nicht. Aber Rollkragen in unserer Bank. Das allein geht gar nicht.'*

*

Alan war unzufrieden. Alles, was sie bisher durchgesehen hatten, gab keine neuen Hinweise. Er hatte plötzlich einen anderen Plan. Auf dem Weg zu Mrs. Barron schaute er bei Ashton vorbei.

«Sir. Entschuldigen Sie die Störung.»

«Kommen Sie nur herein. Rothschild ist beunruhigt. Unser Kurs ist heute Vormittag weiter abgesackt.»

«Haben Sie etwas von Jefferson gehört?»

«Nein. Unauffindbar. Sonst ruft er öfter an, wenn er im Ausland ist. Verstehe ich nicht.»

«Sir. Ich möchte mich mit Mrs. Barron unterhalten und danach gehe ich in die Innenstadt und werde mich neu einkleiden.»

«Mr. Hemmings. Kommen Sie heute Abend um sechs zu mir nach Richmond hinaus. Ich möchte Sie zum Dinner einladen, dann können wir uns danach noch weiter aussprechen.»

«Danke Sir. Ich werde kommen.»

Elisabeth sprang auf, als Alan an ihrer verglasten Bürotüre anklopfte und eintrat, bevor sie «Herein» rufen konnte.

«Mrs. Barron. Ich möchte Sie kurz sprechen.»

«Ja, bitte, nehmen Sie Platz», antwortete sie und setzte sich wieder hinter ihren Schreibtisch.

«Kennen Sie die Privatadresse von Mr. Jefferson?»

«Ja. Abbotsbury Road 69 in Kensington, gegenüber dem Holland Park. Er hat auch noch eine Adresse, das Haus in dem sein Vater lebt, der ist über 70. In Notting Hill.»

«Danke.» Alan hatte sein Notizbuch hervorgeholt und schrieb sich die Adressen auf.

«Wie gut kannten Sie Mr. Jefferson?»

Elisabeth stotterte. «Er ist mein Kollege und Vorstandsmitglied.»

«Hatten Sie Kontakt mit ihm, über das Geschäftliche hinaus?»

«Nein.»

«Kannten Sie ihn privat?»

«Nein.»

«Hat er Ihnen gegenüber irgendetwas über seine Aktivitäten erwähnt? Zum Beispiel zu der Dienstreise.»

«Nein.»

«Mr. Jefferson war nicht verheiratet, wie ich weiß. Wissen Sie, ob er hier in der Bank oder draußen eine Liebschaft oder private Verbindung hatte?»

«Nein.»

«Sie prüfen die Bücher. Ist Ihnen irgendetwas Außergewöhnliches in den Handlungen und Abschlüssen von Mr. Jefferson aufgefallen?»

«Nein.»

Alan beobachte Mrs. Barron genau und ihre wortkargen Antworten bestätigten sein Gefühl, dass sie ihm nicht alles sagte.

«Wann haben Sie die Anweisung zur Barauszahlung von 100.000 Pfund entdeckt?»

«Vorgestern, als Lord Ashton mich aufforderte alle Unterlagen zu Selfridge herauszusuchen.»

«Hätten Sie da nicht schon vorher drüber informiert sein müssen?»

«Sir. Ich hatte keine Notiz dazu bekommen.»

«Ist das nicht unüblich, 100.000 bar auszuzahlen?»

«Es kann vorkommen. Im Goldhandel muss manchmal sehr schnell eine Forderung beglichen werden.»

«Hatte sich Mr. Jefferson im letzten Jahr schon einmal 100.000 oder mehr, bar auszahlen lassen?»

«Nein.»

«Dann ist es doch unüblich, oder?»

Elisabeth antwortete nichts dazu.

«Hätten Sie nicht vorher die Möglichkeit gehabt, den Barverkehr in der Abteilung Gold-Trading zu überwachen?»

«Sir! Wie soll ich das verstehen?»

«Sie hätten doch Mr. Jeffersons Aktivitäten genauer kontrollieren können. Ihre Aufgabe ist es doch, die interne Kontrolle auszuüben.»

«Sir! Mr. Jefferson ist Vorstandsmitglied.»

«Das heißt nicht, dass er von der Kontrolle durch die Revisionsabteilung befreit ist. Oder sehe ich das falsch?»

Elisabeth rutsche auf ihren Bürostuhl hin und her. «Nein, Sir. Es fand immer eine Kontrolle statt.»

«Jetzt nicht!», stellte Alan fest und Elisabeths Gesicht lief vor Wut rot an. Das spornte Alan an, weiter ins Blaue zu bohren.

«Kennen Sie Mr. Selfridge persönlich?»

«Ja. Er ist ein guter Kunde unserer Bank.»

«Ich meine, kennen Sie Mr. Selfridge privat?»

«Sir! Nein!»

«Kaufen Sie privat bei Selfridge?»

«Ja. Ab und zu.»

«Erhalten Sie da Sonderkonditionen?»

«Sir. Nein. Ich habe nichts mit Mr. Selfridge zu tun.»

«Aber eine erneute Kreditausweitung auf

400.000 hätte Sie doch misstrauisch machen müssen.»

«Davon haben weder ich noch der Vorstand gewusst.»

«Konnte Mr. Jefferson immer so selbständig an dem Vorstand vorbei entscheiden?»

«In seinem Rahmen als Leiter der Abteilung in einem gewissen Rahmen, ja.»

«Auch in dieser Größenordnung?»

Elisabeth wirkte niedergeschlagen. «Nein.»

«Was hätten Sie getan, wenn Sie es bemerkt hätten?»

«Ich hätte sofort Lord Ashton informiert, was ich ja auch getan habe.»

«Ja, das haben Sie getan. Soweit habe ich keine Fragen mehr.»

Alan war zurück in Jeffersons Büro und dachte noch einmal an das Gespräch mit Mrs. Barron. '*Sie wirkte verunsichert. Wenn sie nichts gewusst hat, dann hat sie sicherlich etwas vermutet und sich nicht getraut, nachzufragen. Ich werde sie mir nochmal vornehmen.*'

Er stand auf und ging zu Jeffersons Garderobenschrank. Er hatte ihn, als er mit Nad zusammen war, entdeckt und innen zwei Mäntel und eine Jacke vorgefunden. Schnell hatte er alle Taschen durchsucht, aber außer einem Ticket für die Underground nichts gefunden. Jetzt entnahm er der Garderobe einen langen schwarzen Mantel, einen dunklen Bankershut von der Ablage und eine leere schwarze Aktentasche.

Spurensuche

Seinen Wagen parkte Alan in der Abbotsbury Road, einhundert Meter weiter von Jeffersons Haus, No 69. Es war eine ruhige Straße, die nicht belebt war, entlang lauter kleinerer Reihenhäuser.

Alan war vorher beim Herrenausstatter Anderson & Sheppard in der Old Burlington Street gewesen. Er hatte für einen London Drape Anzug Maß nehmen lassen, den er nach dem Wochenende abholen konnte. Es war reiner Zufall, das der Schneider ihm auch einen Anzug gezeigt hatte, der vor wenigen Wochen gefertigt und nicht abgeholt worden war. Der Anzug passte auf Anhieb und zum Erstaunen des Hauses Anderson & Sheppard bestand Alan darauf, nachdem er auch noch weiße Hemden, Manschettenknöpfe und zwei Cambridge Krawatten, in den historischen Traditionsfarben Navyblau mit goldgeränderten roten Streifen, ausgesucht hatte, eines der neuen Hemden und den Anzug wieder anzuziehen, um bestens gekleidet den Tag zu beenden.

Zufrieden stellte Alan fest, dass es ein typischer Londoner dunkelgrauer dunstverhangener Tag war. Er nahm Jeffersons Hut und Mantel, stieg aus seinem Wagen und zog Hut und Mantel an. Den Kragen schlug er hoch und den Hut hielt er fest, als er die Straßenseite wechselte, um unauffällig zu Jeffersons Haus zu gelangen. In Höhe des Hauses 69 schaute er sich kurz nach rechts und links um und schritt dann geradewegs, die dunkle Aktentasche aus Jeffersons Büro in der linken Hand haltend, auf das ihm gegenüberliegende Haus zu. Drei Treppenstufen hoch und er stand vor der Haustüre, bereit den ersten Schlüssel einzuführen. Da der hakte, probierte er sofort den zweiten Schlüssel und die Türe öffnete sich. Entspannt trat Alan in die Wohnung und zog die Türe hinter sich zu.

Im Eingangbereich hingen an einer Garderobe ein Mantel und zwei Jacken. Entsprechend seiner Gewohnheit, untersuchte Alan alle Taschen und fand in der Tweedjacke ein Zündholzheft mit der Aufschrift *The Gaslight Gentlemens Club*. Er zog seinen Mantel aus, hängte ihn auf und steckte das Heft in seine Jackentasche.

Auf seinem Weg ins Innere schaute er kurz in eine aufgeräumte Küche, bevor er sich im Wohnzimmer in einen Sessel fallen ließ.

Minutenlang ließ Alan seine Blicke streifen, bis er etwas entdeckte, das seine Aufmerksamkeit in Anspruch nahm. Es war ein Fotoapparat, der in einem Regal gegenüber neben Büchern lag.

Alan erhob sich und nahm die Kamera in die Hand. Er kannte diese Kamera, eine schwarz emaillierte Rangefinder Camera der Firma Leitz, eine moderne Leica III, die mit einem Rollfilm 36 Bilder aufnehmen konnte. Für Freunde der Photographie, wie auch bei seiner Dienststelle, hatte diese Kamera eine helle Freude ausgelöst, da sie seit zwei Jahren für nur 25 Pfund zu bekommen war und das qualitativ hochwertigste Objektiv besaß.

Aber in Alan kam sofort der viel wichtigere Gedanke hoch. '*Wo eine Kamera, da sind auch Fotos.*'

Alan durchsuchte daraufhin alle Schubladen an einer Anrichte, in einem Schrank und an dem Bücherregal. Er fand etliche Umschläge eines Photoentwicklungsdienstes an der Euston Station, bedruckt mit der Aufschrift Euston Pictures. Die meisten Umschläge enthielten aber nichtssagende Fotos gesellschaftlicher Ereignisse, Urlaubstage an der Südküste, mit den Klippen von Dover und einem alten Mann, vermutlich Jefferson's Vater in einem Garten und im Wohnzimmer sitzend. Alan stürmte die Treppe hoch ins Schlafzimmer, untersuchte die Nachttische und dann den Schrank. In einem Fach, unter etlichen Lagen von Hemden fand er weitere Umschläge von Euston Pictures. Nur kurz schaute er bei einigen hinein und fand, was er erwartet hatte. Fotos von Frauen. Er schaute sich noch einmal um, durchsuchte weitere Ablagen und ging dann wieder zurück zum Wohnzimmer, wo er seine Aktentasche abgestellt hatte und warf alle Umschläge, auch die er vorher im Wohnzimmer gefunden hatte, hinein. Da Alan keinerlei Papiere der Bank entdeckt hatte, wollte er gerade gehen, als ein Bild seine Aufmerksamkeit erregte. Es hing ein klein wenig schief zwischen zwei Bücherregalen, die bis an die Decke reichten und besaß einen übergroßen dicken Rahmen. Alan schob es zur Seite. Dahinter entdeckte er einen kleinen Wandtresor mit einem Schlüsselloch für einen Doppelbartschlüssel. Rasch holte er aus seiner Jackentasche den Umschlag mit den Schlüsseln, die er in Jefferson's Sekretär gefunden hatte. Er hatte sich erinnert, dass er einen solchen Schlüssel gesehen hatte.

Der Schlüssel passte und Alan konnte den Tresor öffnen. Innen war er gefüllt mit Papieren. Nach erster Durchsicht, stellte Alan fest, dass es ausschließlich Unterlagen und Papiere aus der Bank waren. Da er sie nicht in Jeffersons Haus durcharbeiten wollte, räumte er den Tresor komplett leer und stopfte alles in seine Aktentasche.

'Wenn Jefferson nicht mehr zurückkommt, werde ich nochmal mit Nad herkommen und das Haus von oben bis unten durchsuchen.'

*

Zufrieden machte sich Alan auf den Weg zu Lord Ashtons Haus. Es dauerte eine Weile, bis er die versteckte Straße gefunden hatte und durch eine Einfahrt in den Park des Hauses hineinfahren konnte.

Das Ashton House war eines der schönsten klassischen Herrenhäuser in Richmond und direkt an der Themse gelegen. Zweigeschossig, mit einer Front aus weißem Marmor, beiderseits durch massige Halbrundtürme geziert, strahlte es Alan entgegen.

Alan parkte seinen Wagen neben den Rolls-Royce des Lords vor dem Eingang, an dem Gates stand und die Scheinwerfer polierte.

«Hallo, Mr. Hemmings», wurde er begrüßt. «Gehen Sie nur hinein. Er erwartet Sie.»

«Danke, Gates.»

Alan gelangte in den eindrucksvollen Eingangsbereich, der ihn mit seinem edlen Marmorboden, einen gemauerten breiten Kamin und einer steinernen Treppe empfing, die sich an der Seite schwungvoll zum nächsten Stockwerk erhob.

Ein Butler eilte herbei. «Sir. Darf ich Ihren Mantel abnehmen? Lord Ashton erwartet Sie im Drawingroom. Bitte folgen Sie mir.»

Als Alan in den großen Gesellschaftsraum eintrat, der mit seinen Fenstern einen Blick über die gepflegte Gartenanlage bis hinunter zur Themse ermöglichte, erhob sich Lord Ashton aus einem Sessel. «Hemmings. Kommen Sie her. Setzen Sie sich zu mir. Trinken Sie einen Sherry vor dem Essen mit?»

«Hallo, Lord Ashton. Ja, gerne. Danke.»

«Ein wunderschöner Garten», lobte Alan, als er, bevor er sich setzte, noch einmal die Aussicht genoss.

«Viel Arbeit und bei diesem Wetter macht es keine Freude.»

«Ja, Sir, das glaube ich.»

«Ich sehe, Sie haben etwas Passendes gefunden.»

«Oh ja. Vielen Dank für den Tipp, Sir. Ein sehr guter Laden und sie waren dort alle sehr hilfsbereit.»

«Haben Sie ihn gut gefunden?»

«Er war nicht zu übersehen. Sehr gute Auswahl und ein hilfsbereiter Schneider.»

«Cheers», Ashton erhob sein Glas. «Auf unsere Zusammenarbeit.»

«Cheers, Sir.»

«Heute Nachmittag war es extrem ruhig an der Börse, aber nach wie vor machen wir uns große Sorgen. Rothschild auch. Er hat mittlerweile gehört, dass in Frankreich Gerüchte gestreut wurden.»

«Ich habe über Nad ein paar Leute gebeten, uns bei der Aufklärung zu helfen. Auch was Jefferson betrifft. Ich denke, ich werde morgen mehr wissen.»

«Sie scheinen gute Verbindungen zu haben.»

«Das war schon immer wichtig für unsere Arbeit», lachte Alan.

«Sir, ich habe da eine Frage. Wie oft fährt Jefferson auf den Kontinent?»

«Zwei- oder dreimal im Jahr, oder auch öfter. Hauptsächlich nach Frankreich, Paris, aber auch nach Brüssel und Madrid. Wir hatten uns das in den letzten Jahren aufgeteilt. Ich habe meistens unsere Kooperationspartner in Amsterdam, in Hamburg und Berlin, Wien und Banken in Zürich besucht.»

«Haben Sie Partner in den Vereinigten Staaten?»

«Nein. Geschäfte mit dortigen Kunden wickeln wir über unsere Partnerbank Rothschild in New York ab.»

«Haben Sie Geschäftsbeziehungen zu

osteuropäischen Banken?»

«Kaum. Einzelne Geschäftsabschlüsse mit Banken in der Republik Polen, mit einer in Ungarn über unsere Partnerbank in Wien. Keine regelmäßigen Transaktionen. Alan, Sie gestatten mir, dass ich Sie Alan nenne?»

«Natürlich, Sir.»

«Nennen Sie mich John. Also, ich will es dir erklären. Wir konzentrieren uns auf unser Kerngeschäft und das war bisher immer hilfreich. So hatte unser Bankhaus vor dem Krieg nur eine einzige ausländische Verbindung, zum Bankhaus Warburg in Hamburg. Als Warburg nach dem Krieg und erst recht während deren Inflation um 1920 in ernsthafte Schwierigkeiten kam, konnten wir ihnen mit einem Büro hier in London helfen und für sie Handlungen vornehmen. Das hatte sich für beide Seiten bezahlt gemacht und daraus ist eine enge Freundschaft entstanden.»

«Aber hattest du mir nicht gesagt, dass neben dem Gespräch mit Selfridge, auch ein Gespräch mit Warburg dich zum Nachdenken gebracht hatte?»

«Ja, da hast du recht. Daran habe ich gar nicht mehr gedacht. Warburg hatte nur so eine Andeutung gemacht. Jefferson muss ihm etwas über eine Mine gesagt haben. Ich muss ihn genau fragen, was Jefferson gesagt hat.»

«Ja, Sir. Äh, John. Das solltest du machen.»

John wurde nachdenklich. «Es ist richtig gut, dass dir solche Kleinigkeiten auffallen. Ja, ich werde Max sofort morgen früh anrufen.»

Der Butler kam. «Sir. Es ist angerichtet.»

«Gut, James. Wir kommen.»

Ashton erhob sich und machte Alan ein Zeichen, ihn zu begleiten. Durch eine Tür gelangten sie in das Esszimmer. Es war sehr klassisch eingerichtet, ein großer, an den Kopfseiten abgerundeter Tisch stand in der Mitte vor einem offenen Kamin, in dem ein kleines Feuer brannte und war festlich eingedeckt. Der Raum war drapiert mit edlen Vorhängen, die zu der roten Tapete passten und an den Wänden hingen unzählige kleine Gemälde und auch gerahmte Photographien.

Ashton nahm an der Kopfseite Platz und wies Alan den Stuhl rechts neben sich an der Längsseite des Tisches zu.

«Wo bleibt denn Olivia?», rief John.

Nach zwei Minuten Wartezeit, in der Ashton ungeduldig mit dem Finger auf den Tisch klopfte, erschien seine Tochter und entschuldigte sich.

Alan war zur Begrüßung wieder aufgestanden.

«Olivia, das ist Alan Hemmings.»

«Nett, Sie zu treffen», antwortete sie

kurz angebunden. Dabei kam sie nicht zu Hemmings, sondern blieb hinter ihrem Stuhl gegenüber Alan stehen.

«Ganz meinerseits», entgegnete Alan und setzte sich. Er fand Ashtons Tochter, in ihrem rosa Plissee Kleid, auf einmal recht bezaubernd.

«Du bist Mr. Hemmings ja schon begegnet. Er ist unser zukünftiger Vice Director und nimmt den Platz von Jefferson ein.»

«Ich hatte das Vergnügen», kam es von Olivia spitz, als sie sich setzte.

Ein Hausmädchen servierte die Suppe. Der Butler erklärte: «Eine Consommé de boeuf à la Royale. Guten Appetit.»

«Ja, wünsche ich euch auch. James bringen Sie bitte den Sherry. Alan, du musst zu der Consommé diesen Sherry probieren.»

Olivia war höchst erstaunt, dass ihr Vater diesen Mann, der ihr heute Vormittag unangenehm aufgefallen war, duzte. Andererseits musste sie sich innerlich eingestehen, dass dieser Hemmings ihr jetzt als ein äußerst attraktiver Mann erschien. *Er sieht verflucht gut aus,* dachte sie. Sein dunkelblauer London Drape Anzug saß perfekt, das hellblaue Hemd unterstrich seine Augenfarbe und die blaue Cambridge Krawatte harmonierte. So hatte sie ihn nicht in Erinnerung gehabt.

Nachdem der Butler Olivia, John und

Alan ein Glas gereicht hatte, prostete John den beiden zu.

«Es ist ein *Lustau Almacenista Anada* aus dem Jahr 1930. Nur ganz geringe Mengen werden von diesem einzigartigen Wein abgefüllt. Auf den Etiketten jeder dieser äußerst seltenen Jahrgangs-Flaschen sind sowohl der Name des Almacenistas, als auch die Anzahl der jeweiligen Fässer, die abgefüllt werden konnten, angegeben, ein gaumenerhabener Wein, unglaublich und absolut exklusiv.»

«Ja», bestätigte Alan, nachdem er einen Schluck genommen hatte. «Außergewöhnlich. Sehr gut.»

Als die Suppenteller abgeräumt wurde, meinte John: «So etwas gab es in Ägypten wahrscheinlich nicht?»

Alan lachte. «Nein. Es gab zwar italienischen und griechischen Wein aus Armeebeständen, aber ansonsten war unser Nahrungsangebot sehr einseitig.»

«Sie waren bei der Armee?», traute sich Olivia zu fragen.

«Nein. Ich war bei der Navy.»

«Was macht man bei der Navy in Ägypten?»

«Ich habe dort eine Bank geleitet.»

«Oh. Interessant. Die Armee hat eine Bank?»

«Nein. Es war eine Tochtergesellschaft

der Barclays Bank.»

«Aber Sie sagten doch, dass Sie nur aus Armeebeständen gelebt haben.»

Alan musste schmunzeln. «Ja. Aber ich war von der Navy abkommandiert worden. Die Armee stand uns immer hilfreich beiseite.»

«Darf ich Sie fragen, was Sie bei der Navy gemacht haben?»

«Nun, ich war auf verschiedenen Schiffen und habe Disziplin gelernt.»

John lachte. «Ja, ja. Die Navy wäre für Olivia auch gut gewesen.»

«Pah. Disziplin. Schreckliches Wort», stöhnte Olivia.

«Was ist an Disziplin schändlich?», entgegnete Alan ruhig. «Sie verlangen es von den Mitarbeitern in der Bank, von dem Hauspersonal im Hause. Sonst würde doch der Alltag nicht funktionieren. So ist es auch auf einem Schiff.»

«Genau», warf John ein. «Disziplin ist wichtig, auch ich verlange es. Nicht wahr, meine Tochter?»

Von Olivia kam ein leises: «Ja, Dad.»

Zwei Hausmädchen servierten den Hauptgang. «Beef Wellington mit gedünstetem Gemüse», tönte der Butler.

«Oh», rief Olivia begeistert und setzte sich aufrecht. «Ein Festessen.»

«Für Mr. Hemmings ersten Arbeitstag. Ich wünsche guten Appetit. Ach, James, den Wein bitte.»

«Sehr wohl, Sir. Ich habe einen *Chateau-Lafite-Rothschild-1928-1er-Cru-Classe-Pauillac* vorbereitet.»

«Oh, ein Rothschild Wein?», fragte Alan.

«Meine Frau stammte von dieser Domaine in Frankreich. Ein herrlicher Wein. Genießt ihn.»

Es schmeckte allen vorzüglich und ganz besonders Alan genoss diesen Luxus. Solche Weine kannte er nur vom Hörensagen und das im Gewürzmantel gebackene Filet war ein wahrer Genuss.

Beim Dessert fragte Olivia Alan über Ägypten aus und Alan erzählte von Pyramiden, vom Suezkanal, den er auch mit einem Schiff der Navy befahren hatte, von dem riesigen Fluss Nil, der auf das Dreifache seiner Breite anschwellen konnte und von einigen ungewöhnlichen Handhabungen im Zahlungsverkehr bei den Einheimischen.

«Sie zahlen mit Kamelen?», ereiferte sich Olivia.

«Ja. Auch mit Ziegen und Schafen. Wir hatten in der Bank einen eigens dafür abgestellten einheimischen Angestellten, der dann die Tiere veräußerte.»

Auch Olivias Vater stellte einige Fragen,

die Alan geduldig beantwortete.

Interessiert lauschte Olivia den Ausführungen Alans und empfand die zurückhaltende Art, wie er die Unterhaltung führte, mitreißend. Sie fand ihn, als sie lauschte und ihn mehrmals genau betrachtete, einfach nur faszinierend. Er besaß diese Aura natürlicher Dominanz, die nur von bestimmten Männern ausgestrahlt wurde, was Olivia schon immer anziehend gefunden hatte. Selbst jetzt, da er einfach nur am Tisch saß und ab und zu fundierte Bemerkungen in das Gespräch mit ihrem Vater einwarf, war er der Mittelpunkt, der einfach Respekt verlangte. Sie erinnerte sich an heute Morgen, wie er in Jeffersons Büro gesessen hatte, mit dieser bestimmten überheblichen und zugleich überlegenen Haltung - und mit diesem versteckten Grinsen im Gesicht, das sie so wütend gemacht hatte.

Aber irgendwann kam das Gespräch zwangsläufig auf das Thema Bank und Alan stellte Olivia eine direkte Frage.

«Miss Ashton, darf ich Sie fragen, ob Sie Mr. Jefferson näher kannten?»

«Wie meinen Sie das?»

«Hatten Sie neben der Arbeit in der Bank auch private Kontakte?»

«Nein!»

«Aber er war doch auch öfter am Freitag

nach Schluss mit im Pub?», fragte ihr Vater.

«Ja, da waren alle. Vor ein paar Monaten war ich mit ihm zu einigen gesellschaftlichen Anlässen.»

«Wussten Sie etwas über sein Privatleben?»

«Ist das ein Verhör? Sind Sie von der Polizei?»

«Nein, Miss Ashton. Aber ihr Vater hat mich beauftragt, herauszufinden, was der Mord, das Verschwinden Jeffersons und die Aktienbewegung miteinander zu tun haben. Ist Ihnen in letzter Zeit irgendetwas Ungewöhnliches an Mr. Jefferson aufgefallen?»

«Nein. Ich hatte in letzter Zeit selten mit ihm Kontakt.»

«Na gut. Ich will Sie nicht belästigen. Aber wenn Ihnen noch etwas einfällt, dann wäre ich dankbar, wenn Sie es mich wissen lassen.»

«Ja, Mr. Hemmings. Das werde ich. Kann ich gehen, Dad? Ihr wollt sicher in die Bibliothek.»

Da sich John auch erhoben hatte, ging Alan um den Tisch herum. Olivia sah ihn jetzt in seiner vollen Größe. Plötzlich stand er vor ihr, ein Schrank von einem Mann. Sein Körper, muskulös und geschmeidig zugleich. Unnachgiebigkeit und Dominanz spiegelten sich in seinem Blick wider. In ihrem Bauch begann es zu kribbeln. All ihre geheimsten Träume sah sie vor sich.

«Miss Ashton. Es war mir ein Vergnügen, Sie kennenzulernen!» Alans Stimme war sanftmütig und er verbeugte sich kurz.

Olivia war von so viel Stil überwältigt.

Alan schaute ihr hinterher. Er hatte bemerkt, dass ihr das Thema Jefferson unangenehm war und nahm sich vor, sie demnächst genau auf den Zahn zu fühlen.

«Komm mit, Alan. Einen französischen Cognac oder einen Scotch?»

«Einen Scotch, bitte.»

Lord Ashtons Bibliothek bestand wirklich aus meterlangen Bücherregalen bis hoch an die Decke. In gemütlichen Sesseln nahmen sie Platz und John schenkte einen alten Scotch ein.

«Ich kann dir eine *Romeo y Julieta Cedros de Luxe No. 1* aus Kuba anbieten. Sie ist schmaler als Winston Churchill's bevorzugte *Julieta No. 2.*»

«Danke John. Gerne.»

«Was gab es in Ägypten zu rauchen?»

«Ach, die ägyptischen Zigarren waren gar nicht schlecht. *Die British American Tobacco Egypt and Eastern Company* stellte hervorragende Zigarren her. Allerdings mit orientalischen Tabak. Etwas kräftiger, als der Kubanische.»

«Na, dann probiere die hier mal! Und dazu trinken wir den *Glendullan-Glenlivet,* 20 Jahre alt. War mal König Edward VII Lieblings-Whisky.»

*

«Wie ist der erste Eindruck?», wollte John von Alan wissen.

«Wirklich beeindruckend, John. Ich habe den letztjährigen Geschäftsbericht gelesen. Alle Achtung. Ihr seid ein sehr solides Bankhaus.»

«Das wollen wir auch bleiben. Ich sitze zurzeit an dem diesjährigen Bericht für die Hauptversammlung. Ich werde dir den Entwurf zu lesen geben. Dann hast du die neuesten Zahlen über uns.»

«Danke, John. Das ist hilfreich.»

«Kommt du mit Mrs. Barron, Sobernheim und Rosenberger klar?»

«Oh ja. Sie sind sehr hilfsbereit. Es dauerte ja schließlich auch, bis ich mich in die ganze Materie eingefunden habe.»

«Mit meiner Tochter musst du Nachsicht haben. Sie ist oft ungeduldig und unbeherrscht. Wie eben die jungen Frauen heutzutage sind. Aber sie arbeitet hervorragend und hat sehr gute persönliche Kontakte zu unseren Privatkunden aufgebaut.»

«Ja, das habe ich gehört. Das *Family Office* läuft wohl sehr gut.»

«Und ob. Olivia hat die Zahl unserer Privatkunden, die kleinere Anlagen tätigen, durch ihren Freundeskreis und ihre offene Art, kräftig gesteigert. Aber, was mich interessiert. Wie willst du in den nächsten Tagen vorgehen?»

«Ich werde in erster Linie versuchen herauszufinden, mit was sich Jefferson in den letzten Tagen vor seinem Verschwinden beschäftigt hat. Sobernheim hat sich bereit erklärt, mir bei den Abwicklungen im täglichen Goldhandel zu helfen.»

«Das ist gut. Sobernheim ist ein guter Mann. Ich werde es ihm morgen noch einmal sagen, dass er dich unterstützen soll, damit du dich auf die vorrangige Arbeit konzentrieren kannst.»

*

Alan hatte sich nach der Zigarre und dem Scotch für den Abend, das Essen und die befriedigende Konversation bedankt und sich verabschiedet.

Zurück in seiner Wohnung nahm er am

Tisch Platz und leerte seine Aktentasche.

Als Erstes nahm er sich die Bankenpapiere vor, die er aus Jeffersons Wohnung mitgenommen hatte. Er fand etliche Überweisungsanordnungen, auch aus der vorletzten Woche und schließlich eine unausgefüllte Zertifizierungsurkunde für eine Anleihe, unterschrieben von Mrs. Barron. Alan legte sie zur Seite.

Danach fand seine Aufmerksamkeit ein Blatt, auf dem handschriftlich mit Tinte geschrieben stand: Klerksdorp Goldfield, Transvaal, Whitewatersrand, Claim Roode-Poort, mit einer Karten-Skizze dazu. Treffen mit Z. und M. Montag Hôtel de Paris.

Alan betrachte die Skizze mehrmals. Die Mine musste südwestlich von Johannesburg liegen, südlich von Randfontain, wie er meinte.

Mit einer anderen Schrift in Bleistift war zugesetzt: Phase A, min 140000 Unzen, B min 180000, Abbau 6 $/Unze, Profit bei 35 $/ Unze, Gesamt 9.280.000 $.

Alan stieß einen Pfiff aus. Das waren 4,2 Millionen Pfund. Das muss ich mit Elisabeth besprechen. Er lehnte sich zurück und überlegte.

'Jefferson muss Hinweise auf eine neue Mine bekommen haben. Es sieht stark danach aus, dass er etwas auf eigene Rechnung machen wollte.

Aber wie? Eine Anleihe auf eine neue Goldmine kann er nur mit einer Bank auflegen und offiziell emittieren. Und wenn er nur Interessenten wirbt und das Geld in die eigene Tasche führt? Hat er schon von anderen als Selfridge Geld bekommen? Warum verschwindet er? Oder kommt er zurück und steht plötzlich wieder da? Aber warum der Mord an dem Bankangestellten? Das alles ergab keinen Sinn.'

Alan zündete sich eine Zigarette an. Er brauchte mehr Informationen, dessen war er sich sicher. Er nahm einen Reiseführer zur Hand und fand nach langem Suchen das Hôtel de Paris in Monte Carlo, direkt neben dem Casino gelegen. Wer ist Z. Und wer ist M.?

Um sich abzulenken, griff er zu den Umschlägen mit den Fotos, die er oben im Schlafzimmer gefunden hatte. Er öffnete den ersten Umschlag und das oberste Foto nahm ihn gefangen. Das Bild zeigte eine junge, blonde Frau, nackt auf einem Stuhl sitzend vor einer Fensterflügeltüre. Schnell suchte er die Fotos durch und fand ein paar mehr mit der gleichen Frau.

Eine äußerst hübsche Frau, wie sich Alan eingestand. Vielleicht fünfundzwanzig Jahre alt. Auch ein Foto, auf dem die Frau bekleidet zu sehen war, wie sie auf einem großen Platz stand. Dann entdeckte er ein Foto, wo sie auf einem Platz stand und im Hintergrund der Eiffelturm zu sehen war. In einem nächsten Umschlag fand er Fotos von der Frau, nackt und bekleidet in einem Zimmer sitzend.

Alan nahm sich eine Lupe und betrachtete intensiv die Fenster. Schließlich war er sich sicher, dass im Hintergrund ein Teil der Front des Casinos in Monte Carlo zu sehen war.

Als er einen weiteren Umschlag entleerte, fand er Fotos der Frau, unter anderem über einen Sessel gebeugt und ein Rohrstock steckte zwischen ihren Pobacken. Auf einem nächsten Foto waren schwach Striemen auf ihrem Po zu erkennen. Als er hier die Fenster im Hintergrund untersuchte, meinte er die Umrisse der Oper Garnier in Paris zu erkennen. Er war sich sicher, weil er sich bei seinem Besuch in Paris, vor ein paar Jahren das imposante Gebäude der Oper nicht nur von außen angesehen, sondern auch innen besichtigt hatte.

Alan schüttelte den nächsten Umschlag aus. Es verschlug ihm fast den Atem. Etliche Fotos einer Frau, dunkle Haare, über eine Sessellehne in einer Wohnung gebeugt. Er schaute sich genau die Wohnungseinrichtung an, aber es war ganz sicher nicht Jeffersons Wohnung. Dann hielt er ein Foto in der Hand und traute seinen Augen nicht. Die vorn über gebeugte Frau schaute zur Seite und sie sah aus wie Mrs. Barron.

Alan war wie versteinert. Er konnte es nicht glauben. Aber selbst mit der Lupe war ziemlich eindeutig die Gesichtshälfte von Mrs. Barron zu erkennen. Alan war sich auch nicht mehr sicher, war dieser Umschlag aus dem Schlafzimmer, oder aus dem Wandtresor? Er hatte es nicht gekennzeichnet. Ein Fehler, wie er zu sich selbst sagte. *Was hat das zu bedeuten?*, fragte er sich.

In zwei weiteren Umschlägen fand er mehr Fotos von der ersten blonden Frau in eindeutigen Posen. Alan glaubte, sich daran zu erinnern, dass er in den Foto-Umschlägen aus dem Regalschrank die blonde Frau auch schon gesehen hatte, aber da sie dort bekleidet in normalen Posen vor Häusern oder in Parks zu sehen war, hatte er dem keine Bedeutung beigemessen.

Alan überlegte und wühlte nochmals in dem Haufen Papiere und fand auch eine Hotelrechnung des Grand Hotels Paris im April dieses Jahres. Dann fiel aus einem gefalteten Papier ein Zündholzheftchen. Das gleiche Heftchen, das Alan sich schon eingesteckt hatte, als er es in einer Jackentasche von Jefferson gefunden hatte. Es war auch vom *The Gaslight Gentlemens Club,* aber als er es öffnete, sah er den handschriftlichen Namen *Prinzessin.*

*

Um Mitternacht lief Alan eine Treppe hinunter und stand mitten im *Gaslight Club.* Alles war in Rot gehalten, die Teppiche, die Wanddekoration mit Vorhängen und Tapeten, und an den Wänden befanden sich etliche Gemälde mit nackten Frauen. Der Raum war in gedämpftes Licht gehüllt und in der Ecke saß ein Mann in einem schwarzen Tuxedo und spielte Klavier. An einigen Tischen vergnügten sich Männer mit leicht bekleideten Frauen vor niedrigen Tischen, auf denen Champagner Flaschen in Kühlern standen.

Eine der Damen kam zu ihm. «Möchten Sie einen Platz haben?»

«Haben Sie eine Bartheke.»

«Ja. Kommen Sie bitte mit.»

Etwas seitlich in einer Ecke fand sich ein weiterer Durchgang zu einem Bartresen mit einem bärtigen Barkeeper.

Alan bestellte sich einen Scotch und schaute sich um. Jetzt erst entdeckte er in dem großen Raum an der gegenüberliegenden Wand, eine splitternackte junge Frau auf einem Podest stehen. Er wusste, was im Londoner Nachleben ablief und war früher öfter mit Kollegen in diverse Clubs gegangen. Covent Garden erhielt da schon den Spitznamen *Der große Platz der Venus* und Publikationen wie *The Covent Garden Magazine* druckten Namen, Adressen, Details des Aussehens und die besonderen Spezialitäten der lokalen Damen. Die Shows in *The Windmill Club* auf der *Great Windmill Street* begannen erstmals 1932 mit nackten Mädchen, jedoch war es illegal, wenn sich nackte Frauen oder Männer auf einer Bühne bewegten. Es war jedoch nicht illegal, dass sie still standen, also posierten die Mädchen wie Statuen vor einem überwiegend männlichen Publikum.

In den Zwanzigern hatte sich das Londoner Rotlichtviertel von Southwark immer mehr nach Soho mit fast 30.000 Prostituierten verlagert. Es gab Straßenmädchen, teure Liebesdienerinnen, die in Hotels folgten und jede Menge Mädchen, die als Bardamen ihre Dienste anboten. Alan stellte fest, dass das Gaslight wohl zu den nobelsten Etablissements gehörte und Jefferson sich keinen besseren Club hätte aussuchen können.

Nachdem er seinen Scotch bekommen und einen Schluck genommen hatte, zeigte Alan dem Barkeeper das Zündholzheftchen und klappte es auf.

«Ich habe es von einem Freund empfohlen bekommen. Ist Prinzessin hier?»

«I'm so sorry», entschuldigte sich der Keeper, «Prinzessin ist nicht da. Aber ich kann Ihnen eine nette, äußerst attraktive Freundin von Prinzessin empfehlen. Einen Moment, Sir.»

Wenig später stand ein hübsches Mädchen neben Alan. «Ich bin Shirley. Wie heißt du?»

Alan hatte sich auf dem Weg in den Club eine Strategie überlegt und war zu der Entscheidung gekommen, dass es vollkommen egal war, ob jemand hier seinen richtigen Namen erfährt oder nicht, andererseits konnte es hilfreich sein, Vertrauen zu gewinnen, um mehr zu erfahren. So sagte er also zu dem Mädchen. «Mein Name ist Alan. Fein, dich zu treffen.»

«Was hat dich hierher geführt? Ich habe gehört, du hast nach Prinzessin gefragt.»

«Ich habe einen engen Freund, ein Kollege. Er ist öfter hier und er hat mir von Prinzessin erzählt.»

«Dass sie sehr hübsch und gehorsam ist?»

«Ja, genau. Sehr gehorsam», lächelte Alan.

«Prinzessin ist heute nicht hier, aber ich bin auch sehr hübsch und gehorsam. Würde ich dir gefallen?»

«Oh, ja. Du bist sehr hübsch.»

«Wie heißt denn dein Freund? Vielleicht kenne ich ihn auch.»

«Jakob, Jack», sagte Alan einfach ins Blaue.

«Jack? Meinst du Jack von der Bank?»

«Ja, genau. Ich bin sein Kollege in der Bank. Kennst du ihn?»

«Ja. Aber er wollte immer mit Prinzessin zusammen sein. Möchtest du mit mir einen Champagner im Separee trinken?»

«Ja, gerne.»

«Möchtest du auch in das Bercley Separee?»

«Ja. Davon hat Jack mir erzählt», log Alan.

Nach ein paar Minuten saß Alan mit Shirley in einem, mit einer gepolsterten Türe abgeschlossenen, Separee auf einem ellenlangen roten Plüschsofa. In einer Ecke stand ein mannshohes Gestell aus Holz, schräg und in der Mitte mit breiten Löchern. Oben und unten befanden sich mehrere Lederriemen und Alan konnte sich denken, wofür es gedacht waren. Er hatte vor einigen Jahren darüber gelesen. Vor mehr als einhundert Jahren betrieb eine Madame Bercley das exklusivste Bordell in London und hatte als Erste ein solches Gestell für ihre Gäste bauen lassen und mit der Zeit bekam das Gestell den Namen Bercley Horse.

«Ist das das Separee, über das dir dein Freund erzählt hat?»

«Ja genau. Auch von dem Horse hat er gesprochen und wie praktisch es ist.»

«Möchtest du, dass ich mich darauflege?»

«Ja. Aber lass uns erst mal etwas trinken.»

«Ja, das ist gut.»

Shirley zog sich splitterfasernackt aus, setzte sich zu Alan und schenkte die Gläser voll.

«Du bist wunderschön, Shirley. Zum Wohl.»

«Danke, Sir. Ich bin auch sehr gehorsam.»

«Das werde ich gleich prüfen.»

Shirley setzte ihr Glas ab. «Er hat dir viel von Prinzessin erzählt, dein Freund?»

«Er war mit ihr in Paris!»

«Das weißt du? Ja, das hat sie mir erzählt.»

«Ist sie das?», und Alan zeigte ihr ein Foto von der Frau auf dem Trocadéro in Paris.

«Ja! Das ist sie. Woher hast du das?»

«Ich bin gut befreundet mit meinem Kollegen Jack und er hat mir das Foto gegeben, damit ich hier die richtige Prinzessin finde. Er hat mir gesagt, ihr würdet manchmal schummeln.»

Shirley lachte. «Nein, das machen wir nicht oft. Du gefällst mir. Du bist so ehrlich. Kannst du noch eine Flasche bestellen?»

«Kein Problem. Lass noch eine kommen,

dann werden wir uns vergnügen.»

Als die zweite Flasche angebrochen war, zog auch Alan seine Jacke und sein Hemd aus. Shirley nestelte an seiner Hose und schob sie hinunter.

«Möchtest du mich auf das Horse schnallen? Jack hat Prinzessin immer festgeschnallt.»

«Du wolltest doch gehorsam sein?»

«Ja, Sir, das bin ich.»

«Dann brauche ich dich auch nicht festzubinden. Ich erwarte absoluten Gehorsam.»

«Oh, du gefällst mir. Du bist ein richtiger Gentleman. Du siehst toll aus. Deine Brust, ein richtiger Six Pack. Du machst Sport, nicht wahr?»

«Ja, Reiten.»

«Womit willst du mich züchtigen? Wir haben Flogger, Tawsen, Rohrstöcke und Reitgerten.»

«Ich nehme immer Reitgerten.»

«Du scheinst sehr erfahren zu sein.»

Alan war erregt und sagte sich, warum nicht das Gute mit dem Nützlichen verbinden? Solche Gelegenheiten bekommt man selten, und diese Shirley ist wirklich bildhübsch.

Er stand auf, reichte Shirley die Hand und zog sie zum Horse. Sie ergriff eine Reitgerte aus einem Köcher und übergab sie Alan, der sie prüfend in die Hand nahm.

Shirley stellte sich auf zwei angebrachte Stege, des schrägen Gestells und klammerte sich mit ausgestreckten Armen an die Riemen über ihrem Kopf. Als Alan sie so betrachtete, den süßen Po in Höhe seiner Augen, nahm er Maß und schlug zweimal leicht zu. Shirley quiekte und lächelte.

Alan wollte aber mehr. Er zog sie von dem Gestell herunter. «Knie dich auf den Teppich!», befahl er.

Auf allen Vieren vor ihm kniend, erhielt sie zwei kraftvolle Hiebe und da war er auch schon hinter ihr und sie wurde von ihm genommen.

Kraftvoll liebte er sie, sodass es nicht lange dauerte, bis Shirley nicht nur laut stöhnte, sondern lustvolle Schreie ausstieß.

Erschöpft saßen beide auf dem Sofa und tranken einen Schluck Champagner.

«Wow. Du bist aber ein starker Liebhaber.»

«Hat es dir gefallen?»

«Ja», säuselte Shirley. «War echt gut. Ich mag dich.»

«Ich mag dich auch. Du bist zuckersüß.»

«Bin ich jetzt deine Freundin?

«Ja, das bist du», und Alan bekam einen langen Zungenkuss von Shirley.

«Hast du denn Jack auch mal erlebt?», fragte Alan.

«Vergiss es. Ganz am Anfang. Ich mochte ihn nicht mehr. Er ist nicht nur ein mieser Liebhaber, er schlägt auch brutal und gibt kein Trinkgeld.»

Alan holte aus seiner Jacke einen zwanzig Pfund-Schein. «Hier, für dich.»

«Oh. Danke. Das ist großzügig.»

Alan hakte nach: «Ich dachte, Prinzessin ist in Jack verliebt.»

«Das erzählt er wahrscheinlich. Ich weiß von ihr, dass er meistens gar nicht kann. Wirst du mich wieder besuchen?»

«Das verspreche ich dir. Du gefällst mir außerordentlich. Da brauche ich die Prinzessin gar nicht kennenzulernen.»

«Wirst du es Jack erzählen?»

«Mal sehen.»

«Erzähl ihm bitte nicht, was ich über ihn von Jessica weiß.»

Da war der Fehler, auf den Alan gehofft hatte. Er hatte endlich den wahren Namen der Prinzessin.

«Heißt die Prinzessin Jessica?»

«Bitte. Psst. Das darf ich dir gar nicht sagen.»

«Hab ich schon wieder vergessen.»

«Du bist wirklich lieb.»

«Da habe ich ja wirklich Glück, dass ich

dich angetroffen habe. Warum ist Prinzessin eigentlich nicht da? Jack hatte mir gesagt, sie sei ab Mittwoch jeden Abend im Gaslight.»

«Sie ist letzten Freitag zu ihren Eltern nach Leeds gefahren.»

«Nicht mit Jack nach Paris?»

Shirley schreckte auf. «Meinst du?»

«Mir hat er gesagt, er muss diese Woche nach Paris.»

«Oha. Das wäre ja unglaublich. Das darf hier niemand erfahren. Sollte Jessica wirklich heimlich mit ihm nach Paris gefahren sein? Ich hatte erst am Samstag gehört, dass sie bei ihren Eltern ist.»

«Vergiss, was ich gesagt habe. Ich habe dir schon zu viel gesagt.»

Nachdenklich murmelte Shirley: «Am Donnerstag hatte sie mir gesagt, dass sie ihn am Freitag zu Hause besuchen will. Du! Du sagst nichts den anderen hier, Jessica würde viel Ärger bekommen.»

«Nein, das verspreche ich dir.»

Mit etlichen Küssen verabschiedete sich Shirley von ihrem Gönner und Alan fuhr zufrieden zurück zu seiner Wohnung.

'Admiral Shrivers bekommt morgen Arbeit. Er soll den Club auseinandernehmen, die Adresse dieser Jessica feststellen und bei der zu Hause prüfen, wo sie steckt. Vielleicht hat sie eine Adresse hinterlassen.'

Ermittlung in der Bank

Als Erstes griff Alan am nächsten Morgen, nachdem er an Jeffersons Schreibtisch Platz genommen hatte, zum Telefon und wählte die 9966.

Eine weibliche Stimmer sagte ihm, er solle einen Moment warten, dann hatte er Admiral Shrivers an der Leitung.

«Good Morning, Hemmings. Wie geht's?»

«Danke, gut. Ich habe etwas für Sie.»

«Schießen Sie los!»

«Jefferson ist oder war Stammgast in einem Nachtclub. Er nennt sich *The Gaslight Gentlemens Club* und befindet sich am Covent Garden. Dort besuchte er seit Monaten wöchentlich einmal oder öfter eine Bardame, mit dem dortigen Namen Prinzessin. Er hat sie sogar im April auf einer Dienstreise nach Paris mitgenommen. Er war mit ihr auch in Monte Carlo, was eigentlich nicht zu seiner Dienstreise gehörte. Seit letztem Wochenende ist die Bardame angeblich bei ihren Eltern in Leeds, was aber nicht stimmt. Ihr richtiger Vorname Jessica ist bestätigt. Der Nachname könnte Griffiths sein, da ich in den Unterlagen ein Fährticket Dover-Calais für Jefferson und Griffiths gefunden habe. Sie ist circa 30 Jahre alt, blond, ungefähr fünf Fuß, sechs Inches groß und sehr hübsch. Sie war auch öfter in Jeffersons Haus.»

«Sehr gut, Hemmings. Wir kümmern uns darum. See you!»

Alan klopfte an Elisabeths Bürotüre und trat ein. «Mrs. Barron. Könnten Sie gleich, wenn es Ihre Zeit erlaubt, in mein Büro kommen? Ich möchte Ihnen etwas zeigen und hätte ein paar Fragen dazu.»

«In Jeffersons Büro?», fragte Elisabeth spitz zurück.

«Ja, und bitte gleich!», gab Alan kühl zurück. «Lord Ashton hat mir gestern gesagt, dass Sie auch die Reisekosten des Vorstands abrechnen. Suchen Sie bitte die letzten beiden Reisekostenabrechnungen für Mr. Jefferson heraus und bringen Sie sie mit.»

Eine viertel Stunde später trat Elisabeth in das Büro zu Alan.

«Mrs. Barron. Danke, dass Sie gekommen sind. Nehmen Sie bitte in dem Besuchersessel Platz. Ich bin gleich für Sie da.»

Während Alan einige Unterlagen sortierte, setzte sich Elisabeth an den kleinen Tisch in der Ecke vor dem Bücherregal.

Mit Erstaunen bemerkte sie, dass Alan

mit den Unterlagen zur Türe ging, sie abschloss und den Vorhang zuzog. «Wir sollten ungestört bleiben», meinte er lapidar und setzte sich zu Elisabeth. «Haben Sie die Abrechnung?»

Elisabeth reichte sie ihm und Alan blätterte sie kurz durch. Er fand nur eine Hotelrechnung für das Grand Hotel Paris für zwei Nächte Anfang April.

«Die Fahrtkosten werden ohne Belege abgerechnet?»

«Ja. Fahrtkosten können wir pauschal abrechnen.»

Alan legte ihr die Tickets für zwei Personen der Fähre Dover-Calais vor mit dem Namen Jefferson und Griffiths.

«Sie sind auf den vierten April datiert.»

«Griffiths? Kenne ich nicht!

«Nie gehört?», setzte Alan nach und schob ihr ein Foto zu.

Elisabeth blickte auf, als sie das Foto sah. «Wer ist diese Frau?»

«Nie gesehen?»

«Nein.»

«Nein?», und Alan schob ihr das Foto hin, das Jefferson mit der Frau zusammen auf dem Trocadero zeigte. «Das Foto ist dieses Jahr im April entwickelt worden, beim Picture Service Euston Station.»

«Das ist Jefferson!», stammelte sie.

«Woher haben die Fotos?»

«Das brauchen Sie nicht zu wissen.»

«Wer ist diese Frau?»

Alan zeigte ihr zwei weitere Fotos.

«Oh!», schrie Elisabeth erschrocken auf. «Was ist das für eine Frau?»

Das Foto zeigte die vollkommen nackte junge Frau, die in einem Sessel vor einem Fenster saß und beide Beine über die seitlichen Armlehnen gelegt hatte.

Ganz sachlich entgegnete Alan: «Diese Fotos sind auf der Rückseite von der Entwicklung datiert auf den 15ten April diesen Jahres. Die Frau heißt Jessica Griffiths und ist eine Prostituierte aus einem Londoner Nachtclub. Wie man durch das Fenster des Hotels erkennen kann, ist das Gebäude auf der gegenüberliegenden Seite die Grand Opera in Paris. Also ist die Frau im Grand Hotel, das gegenüber der Opera liegt, photographiert worden. Wussten Sie, dass Jefferson seit längerem wöchentlich eine Prostituierte aufsucht?»

«Nein, nein!»

Alan reichte ihr eine Hotelrechnung vom Hôtel de Paris in Monte Carlo. «Haben Sie diese Rechnung gesehen? Sie ist aus Monte Carlo, vom achten April.»

«Monte Carlo?»

Die nächsten Fotos, die Alan Elisabeth in die Hand gab, zeigten die Frau, nackt über die Rückenlehne eines Sessels gebeugt, den Kopf lächelnd zur Seite gelegt, mit einem Rohrstock, der auf ihrem Rücken lag oder zwischen ihren Pobacken klemmte.

«Mein Gott. Woher haben Sie dieses Fotos?», stöhnte Elisabeth.

«Ermittlungsarbeit. Aber achten Sie auf das, was man durch die Fenster sieht. Man erkennt Palmen und einen Gebäudeteil des Casinos in Monte Carlo. Die Rechnung lautet über drei Übernachtungen Jeffersons im *Hôtel de Paris* in Monte Carlo zu diesem Zeitraum. Das Hotel liegt gegenüber dem Casino. Er ist also mit seiner Geliebten nach Monaco gefahren.»

«Woher haben Sie die Hotelrechnung?»

«Das ist unwichtig. Hatte Jefferson irgendwann Monte Carlo oder Monaco erwähnt?»

«Nein. Nie. Er war doch auf Geschäftsreise. Mit Monaco haben wir überhaupt keine Verbindung. Das versteh ich nicht. Ist er da nur zum Vergnügen mit dieser Frau hingefahren?»

«Nein, er hat sich dort mit zwei Männern getroffen, die in internationalen Finanzgeschäften tätig sind, wenn auch in sehr dunklen Geschäften. Sagen Ihnen die Buchstaben

Z und M etwas?»

«Nein. Ich kann es nicht glauben. Diese Frau ist seine Geliebte?»

«Seine bezahlte Mätresse. Und sie ist nicht billig.»

Alan war enttäuscht. Das war nicht das erwartete Ergebnis seines geplanten ersten Teils des Verhörs gewesen. Das Ziel, war mehr über Z und M zu erfahren. Dass es Männer sind, die in Finanzgeschäften tätig sind, hatte er Elisabeth einfach nur gesagt, um sie auf eine Spur zu bringen.

Aus seiner Tasche fischte er das Blatt mit den handschriftlichen Notizen und reichte es Elisabeth, die ziemlich mitgenommen erschien, über das, was sie gehört und gesehen hatte.

«Dies ist die Karte eines Gebietes südwestlich von Johannesburg in Südafrika. Auf der Rückseite steht handschriftlich: Klerksdorp Goldfield, Transvaal, Whitewatersrand, Claim Roode-Poort, Treffen mit Z und M Montag Hôtel de Paris. Sagt Ihnen das etwas?»

Elisabeth schaute die Karte lange an und schüttelte den Kopf. «Klerksdorp Goldfield habe ich nie gehört.»

Alan kam nicht weiter und überlegte lange.

«Kann ich gehen?», fragte Elisabeth.

«Nein!», entgegnete Alan mit fester Stimme und ging zum Schreibtisch. Er holte einen weiteren Briefumschlag und behielt ihn in den Händen, als er sich setzte.

«Wie gut kannten Sie Jefferson?»

«Das habe ich Ihnen schon einmal gesagt», parierte Elisabeth die Frage. «Wie waren Kollegen und haben uns täglich in der Bank gesehen und oft miteinander gearbeitet.»

«Und privat? Außerhalb der Arbeitszeit in der Bank?»

Elisabeth wurde nervös. «Freitags Nachmittag gehen wir meisten alle nach Schluss ins Pub gegenüber. Dort trifft man auch Bekannte von anderen Banken.»

«Und danach?»

Elisabeth starrte ihn mit offenen Mund an und zuckte nur mit den Schultern.

Aus dem Umschlag zog Alan die Urkunde, die er im Tresor bei Jefferson gefunden hatte und reichte sie ihr. «Was ist das?»

«Das ist», stotterte sie, Luft holend. «Das ist eine Zertifizierungsurkunde für eine Anleihe.»

«Ja. Blanko. Wie Sie sehen, ist sie links von Ihnen mit blauer Tinte unterschrieben, also ein Original.» Alan zog eine weitere Urkunde hervor. «Diese ist links mit Ihrer

Unterschrift in Schwarz und rechts von Lord Ashton ebenfalls in Schwarz unterzeichnet. Ebenfalls blanko. Blanko Zertifikate zu unterschreiben ist doch unüblich. Oder? Was sagen Sie dazu?»

Elisabeth starrte die Urkunden an und Schweiß bildete sich auf ihrer Stirn.

In diesem Moment läutete das Telefon auf Alans Schreibtisch. Alan nahm den Hörer ab. «Hemmings!»

Elisabeth blickte zu ihm, wie er, mit einer Hand in der Hosentasche am Schreibtisch stand und ins Telefon sprach. «Ja, Sir. Jessica Griffiths. Ganz sicher. Verschwunden. Nicht bei den Eltern? Das habe ich nur vermutet, Sir.» Alan musste längere Zeit zuhören und Elisabeth überlegte, ob er mit Lord Ashton sprach, weil er mehrmals das 'Sir' gebrauchte.

«Mein Gott. Schon identifiziert? Ich habe Fotos von ihr. Ja, schicken Sie jemanden, er kann sie sofort abholen. Gut, Sir. Ich werde Lord Ashton informieren.»

Mit einem Schlag war Elisabeth klar, dass er nicht mit Ashton sprach. Was ist dieser Hemmings für ein Mann, fragte sie sich? Wieso redet er mit einem Fremden über diese Frau und nennt ihn 'Sir'?

Sie hörte noch, wie Alan sagte: «Jawohl, Sir. Ich schicke Nad zu Ihnen. Er kann meinen Wagen nehmen. Sir? Ich hatte auch die vage Information erhalten, dass sie Freitagmittag Jefferson in seinem Haus aufsuchen wollte. Ja, Sir. Doch, so habe ich es gehört. Ist gut, Sir. Geben Sie mir Bescheid. Danke Sir.»

Alan legte den Hörer auf und blieb einen Moment am Schreibtisch stehen. Nachdenklich kam er zurück zu Elisabeth und setzte sich.

«Ich glaube, es ist ernster als wir alle denken», sprach er mehr zu sich selbst.

Alan blickte Elisabeth eindringlich an. «Man hat eine Frauenleiche gefunden. In der Themse. Es könnte sich um Jessica Griffiths handeln. Sie ist nach Aussagen von Mitbewohnern seit dem Wochenende verschwunden.»

«War das Scotland Yard?»

«Nein. Eine Stufe höher.»

Elisabeth fragte sich, was das nun wieder bedeuten sollte.

Langsam erholte sich Alan von dem Schock. Ein Mitarbeiter von Jefferson erschossen und seine Freundin als Leiche in der Themse. Wie soll das zusammenhängen?

Er entschloss sich aufs Ganze zu gehen und seinen letzten Trumpf auszuspielen.

Aus dem Umschlag holte er zwei Fotos und reichte Elisabeth das Erste.

Elisabeth hielt die Luft an, als sie die Frau über dem Sofa in Jeffersons Wohnung sah. Alan schob das zweite Foto nach, das sie zeigte.

Elisabeths Hände zitterten und sie begann zu weinen.

Alan ließ ihr einen Moment Zeit und reichte ihr ein Taschentuch. «Hat Jefferson Sie erpresst?»

«Nein, ich meine, ja.»

«Also was jetzt?»

«Ich habe eine schwer kranke Mutter im Hospiz und Jefferson hat mir mit Geld geholfen. Für meine Mutter. Das Hospiz ist furchtbar teuer.»

«Sie haben also Geld von ihm angenommen.»

«Nein. Er hat das Hospiz bezahlt.»

«Und dafür mussten Sie sich öfter über seinen Sessel beugen und erhielten ein Spanking.»

Elisabeth schluchzte laut.

«Und er hat Sie gebeten, ihm blanko unterschriebene Urkunden zu geben.»

«Nein, nein. Nur eine.»

«Blanko?»

«Ja, weil es eilig war und er noch nicht alle Daten hatte. Danach wollte er sie von Ashton unterzeichnen lassen.»

«Sie haben ihm auch Urkunden mit ihrer

und Aschton's Unterschrift gegeben?»

«Nein», schrie Elisabeth. «Ashton würde nie blanko unterschreiben. Die andere Urkunde muss gefälscht sein.»

«Aber Sie haben eine unterschrieben!»

Die schluchzende Elisabeth konnte nicht antworten.

«Und Sie haben mit Jefferson geschlafen!» Alan Worte trafen Elisabeth wie ein Peitschenhieb.

Alan stand auf und sah auf die zusammen gekauerte Elisabeth hinunter. «Halten wir fest. Mrs. Barron. Sie haben seit längerem ein sexuelles Verhältnis mit Jefferson. Sie haben von ihm Geld erhalten und sie haben ihm dafür verbotenerweise eine blanko Urkunde zur Zertifizierung ausgehändigt, die die Bank schwer schädigen kann. Das ist Beihilfe zum Betrug. Vier bis sechs Jahre.»

«Nein, nein, Sir», flehte Elisabeth. «Jefferson hatte mir gesagt, dass diese Urkunde ausgefüllt würde.»

«Das ist nicht glaubhaft. Vor Gericht schon gar nicht. Sie haben dafür Geld genommen.»

«Sir, Sir. Bitte nicht. Gehen Sie nicht zu Scotland Yard.»

«Sie wissen, was Jefferson mit den Urkunden vorhat!»

«Nein, Sir. Nein. Das weiß ich nicht. Es

sei was ganz Neues, das vor der Konkurrenz geheim bleiben muss.»

«Sie wollen dem Gericht erklären, es sei geheim. Deswegen können Sie nichts sagen. Wer soll Ihnen denn das glauben?»

Nach einer Pause sagte Alan: «Elisabeth, Sie können es drehen, wie Sie wollen, Ihre Aussage wäre nicht glaubhaft, da Sie Geld genommen haben. Das ist eine Straftat, das wissen und wussten Sie.»

«Bitte Sir. Bitte. Ich sage alles, was ich weiß. Ich werde alles tun, was Sie wollen.»

Jetzt hatte Alan Elisabeth da, wo er sie haben wollte. So würde sie ihm aus der Hand fressen. Ob diese Frau verurteilt werden würde, spielte keine große Rolle. Dazu war dieser Fall zu umfangreich und es stand mehr auf dem Spiel als das Schicksal einer Frau.

«Hören Sie mir gut zu, Elisabeth.» Alan sprach sie mit ihren Vornamen an, um sie zu beruhigen. «Meine Aufgabe ist es, die Machenschaften dieses Jefferson aufzudecken und zu verhindern. Bedenken Sie, ich müsste auch Lord Ashton informieren und dies würde bis Rothschild durchsickern. Sie würden nie mehr einen Job in einer Bank bekommen. Sind Sie sich dessen bewusst?»

«Ja, Sir!»

«Unter zwei Bedingungen, wäre ich

bereit, Scotland Yard noch nicht zu informieren. Erstens, Sie werden mir zu allem, was ich von Ihnen erwarte, dienen. Haben Sie das verstanden?»

«Ja, Sir.»

«Zweitens. Sie werden mir jetzt alles, was sich mit dieser Urkunde und Jefferson abgespielt hat berichten. Alles, jedes Detail.»

«Ja, Sir.»

«Gilt die Abmachung?»

«Ja, Sir. Bitte, kein Scotland Yard.»

«Ich werde heute Abend zu Ihnen in Ihr Haus kommen und wir werden uns über unsere zukünftige Zusammenarbeit ausführlich unterhalten. Einverstanden?»

«Ja, Sir. Danke.»

«Gut. Jetzt erzählen Sie mir, wie das mit Jefferson gelaufen ist!», und Alan reichte ihr ein Taschentuch.

Elisabeth begann erst stockend, dann gelöster zu berichten. Eine Last schien von ihr abzufallen. Irgendwann erwähnte sie den Namen Julius Baer.

«Moment, Elisabeth. Wer ist Julius Baer?»

«Das ist eine Bank in Zürich, in der Schweiz, mit der wir kooperieren und bei denen wir Transferkonten unterhalten.»

«Das hat Jefferson erwähnt?»

«Nein, Sir. Ich habe ein Gespräch belauscht. Durch Zufall. Ich hatte die Türe noch nicht ganz geöffnet, aber Jefferson sprach mit Julius Baer über eine Goldminengeschichte.»

«Sind Sie sich sicher?»

«Ja, Sir, Wirklich. Es war Julius Baer.»

Alan atmete tief durch. «Elisabeth, wir gehen jetzt sofort zu Lord Ashton und informieren ihn.»

«Nein!», rief Elisabeth entsetzt. «Bitte nicht.»

«Elisabeth! Vertrauen Sie mir. Ich halte mein Versprechen. Aber Sie müssen mir gehorchen. Kommen Sie mit.»

Elisabeth hatte sich frisch gemacht und traf wieder auf Alan, der vor Ashton's Türe stand und wartete. «Brav, Elisabeth. So sehen Sie sehr gut aus. Kommen Sie, wir gehen hinein.»

«John», eröffnete Alan das Gespräch, als sie beide vor Ashton's Schreibtisch Platz nahmen. «Es gibt äußerst wichtige Neuheiten.»

«Für dich habe ich immer Zeit, Alan. Schieß los.»

«Dank Elisabeths Hilfe bin ich auf folgende Sachen gestoßen. Hier, siehst du das erste Papier», und er reichte Ashton die Karte von Südafrika und wies auf die handschriftliche Notiz hin.

«Die Notiz stammt von Jefferson», stellte Alan einfach in den Raum.

«Was ist das? Klerksdorp Goldfield, Transvaal, Whitewatersrand, Claim Roode-Poort. Treffen mit Z. und M. Montag Hôtel de Paris?»

«Das ist eine handschriftliche Aufzeichnung von Jefferson. Er war, wie ich eindeutig feststellen konnte, im April im Hôtel de Paris, in Monte Carlo und hat sich mit den bislang unbekannten Herrn Z und M getroffen.»

«Unglaublich!»

«Lies die Rückseite.»

«Phase A, min 140000 Unzen, B min 180000, Abbau 6 $ /Unze, Profit bei 35 $/ Unze, Gesamt 9.280.000 $.»

Ashton stöhnte. «Das wären ja 3,4 Millionen Pfund! Aber von dieser Mine habe ich noch nie gehört. Geh bitte zu Rothschild und zeig ihm das.»

«Jawohl, John. Ich habe auch Folgendes in Jefferson's Unterlagen gefunden.» Alan reichte ihm die Blanko-Urkunde.

«Was?», rief Ashton entsetzt aus. «Das habe ich nie unterschrieben. Wo hast du das her? Das ist ja ungeheuerlich.»

«Ich habe es während meiner Nachforschungen bei Jefferson entdeckt. Elisabeth hat mir direkt gesagt, dass die Unterschriften gefälscht sein müssen, weil Urkunden nie blanko herausgegeben werden.»

«Das ist ja …! Unglaublich. Was erlaubt der sich?»

«Sir! Elisabeth hat mir in diesem Zusammenhang eine äußerst wichtige Information gegeben. Sie ist durch Zufall vor zwei Wochen Zeuge eines Gesprächs zwischen Jefferson und Julius Baer gewesen, in dem über diese eine Mine gesprochen wurde. Wir sollten dem sofort nachgehen!»

Ashton war aufgesprungen. «Das ist ja unglaublich! Du bist ein Genie. Elisabeth, danke, dass du Mr. Hemmings so wunderbar helfen konntest. Das werde ich dir hoch anrechnen. Mein Gott, was für Neuigkeiten. Wir müssen Baer anrufen. Sofort. Ich will wissen, was genau passiert ist.»

«Das solltest du umgehend tun, John.»

Ashton rannte aus seinem Büro: «Barbara. Stellen Sie eine Verbindung zu Julius Baer her. Ganz dringend.»

Aufgeregt kam Ashton wieder in sein Büro und setzte sich erschöpft auf seinen Sessel. «Hast du noch mehr solch schlimme Neuigkeiten, Alan?»

Elisabeth, die von diesem Gespräch ganz erfasst gewesen und Alan für seine Wortwahl mehr als dankbar war, staunte aber, dass Lord Ashton Alan mit Vornamen anredete.

«Nun ja, John. Wir haben fest gestellt, dass Mr. Jefferson seit langem eine Beziehung zu einer Prostituierten unterhielt.»

«Unglaublich!»

«Meine Leute haben heute Morgen die Leiche einer Frau entdeckt. Sie wurde erschossen und in die Themse geworfen und es besteht vermutlich eine Beziehung dieser Tat zu Mr. Jefferson.»

«Nein! Alan, was erzählst du da?»

«Tut mir leid, Sir. Noch ist es eine Vermutung, da die Leiche noch nicht identifiziert und die Prostituierte verschwunden ist.»

Elisabeth stockte der Atem. '*Alan hat Leute, die für ihn arbeiten? Was ist das für ein Mann? Wieso weiß er das alles? Woher hat er die Unterlagen? Woher hat er die Bilder von mir? Schrecklich. Wenn das herauskommt?*'

Ashton's Telefon klingelte.

Gespannt schauten Alan und Elisabeth zu, wie Ashton den Anruf entgegennahm.

«Hallo, Julius. Bist du es?»

«Ja, mir geht es gut. Dir auch?»

«Schön zu hören.»

«Du Julius, ich muss dich etwas fragen. Was hat Jefferson mit dir zuletzt besprochen?»

«Was?»

«Ja, es dreht sich um eine Mine in Südafrika.»

«Du weißt das?»

«Du bist da mit eingestiegen?»

«Julius, ich sitze hier mit einem Spezialisten zusammen. Mr. Hemmings. Er hört mit, was ich sage.»

«Was?»

«Ja. Es ist etwas nicht in Ordnung. Jefferson ist verschwunden.»

«Wie? Du hast mit ihm gestern gesprochen?»

«Wir haben einen Mord in der Bank.»

«Ja. Ein Mitarbeiter von Jefferson.»

«Ja, schlimm.»

«Du, Julius, sag mir, was da läuft.»

«Was? Du hast schon Einzahlungen von 2,5 Millionen Pfund?»

«Was? Das sei eine neue Anleihe?»

«Von wem ist einbezahlt worden?»

«Verschiedene Kunden von Jefferson?»

«Es sollen noch mehr kommen, hat er gesagt?» Alan mischte sich ein: «Das Konto sofort sperren!»

«Hallo, Julius. Hast du gehört? Wir müssen das Konto sofort sperren.»

«Was? Das ist unser Konto?»

«Ja, Julius. Ich bin Generaldirektor der A&M Bank und Zeichnungsberechtigt für alle unsere Konten.»

«Ja, Julius, das ist ein guter Vorschlag. Da ist auch dein Geld sicher. Mach das.»

«Ja, ich melde mich, sobald ich mehr weiß. Ich rede mit Rothschild.»

«Danke, Julius. Das hilft uns.»

John ließ sich in die Rückenlehne fallen. «Dieser Sauhund! Dieser Verbrecher! Er wirbt bei Kunden für eine Anleihe, die es noch gar nicht gibt und verspricht sagenhafte Rendite. Baer hat schon Eingänge von insgesamt zweieinhalb Millionen Pfund. Jefferson muss ihn gestern von irgendwo her angerufen haben und hat Julius gesagt, dass Baer noch ein paar Einzahlungen erhalten wird und er dann den Auftrag erhält, dass Geld nach Südafrika zu überweisen.»

«Bestimmt nicht nach Südafrika», meinte Alan. «Wir vermuten in eine andere Richtung. Aber jetzt ist das Geld doch erst mal sicher; und das ist ein Erfolg.»

«Ja», stöhnte John. «Julius Baer räumt das Konto und transferiert es auf ein anderes Konto bei sich, auf dem nur ich zeichnungsberechtigt bin. Er schickt uns eine Liste der Einzahlungen und von wem. Die jeweiligen Beträge sind gestückelt in 50.000 und 100.000 Pfund. Mein Gott. Wenn ich euch beide nicht gehabt hätte, Alan, Elisabeth, Danke. Sonst wäre es das Ende gewesen. Wir sollten eine Direktions-Sitzung einberufen. In der wir das weitere Vorgehen besprechen werden. Ich denke, heute Mittag um zwei Uhr. Elisabeth, sag bitte Sobernheim und Rosenberger Bescheid. Ich werde Rothschild sprechen und versuchen Warburg zu erreichen.»

Draußen, auf dem Flur vor Ashtons Büro, wandte sich Elisabeth an Alan. «Ich bin Ihnen sehr dankbar, Sir.»

Alan nickte kurz. «Wir sprechen uns noch.»

Im Konferenzraum gab Lord Ashton einen kurzen Überblick über alles, was sich am Vormittag ereignet hatte und wie Alan auf die Transaktionen Jeffersons gestoßen war.

«Also, wir werden, wenn wir die Liste von Baer bekommen, mit jedem einzelnen Kunden, die eine Anleihe zeichnen wollten und schon einbezahlt haben, reden. Wir werden ihnen irgendeine unserer laufenden Anleihen anbieten oder das Geld zurückzahlen. Ich habe auch mit Warburg gesprochen. Er hatte sich zwar gewundert, dass Jefferson so geheimnisvoll tat, aber es klang überzeugend und offerierte eine gute Rendite, sodass auch er mit 100.000 eingestiegen ist. Ich habe ihm die Wahrheit erzählt und wir sollen ihm ein neues Angebot machen."

Es wurde lebhaft diskutiert und verabredet, gemeinsam Lösungen zu finden.

Alan meldete sich noch zu Wort. «Ich möchte darauf hinweisen, dass nicht alle Probleme gelöst sind. Auch, wenn wir jetzt erleichtert sind. Die Gerüchte um unsere Bank werden nicht abreißen. Ich muss Ihnen allen mitteilen, dass Mr. Jefferson von Scotland Yard zur Fahndung ausgeschrieben worden ist. Wegen des Verdachts auf Tötung einer Prostituierten.»

Das löste allgemeines Entsetzen aus.

«Das wird durchsickern», fuhr Alan fort. «und es wird dem Renommee der Bank Schaden zufügen. Vielleicht könnte hinter alldem auch eine wohlvorbereitete Absicht bestehen. Es könnte sich darum handeln, dass irgendeine Gruppe diese Bank übernehmen möchte.»

«Wie kommst du zu der Annahme, Alan.»

«Lord Ashton. Ich kann falsch liegen. Aber, aus den Unterlagen, auf die ich gestoßen bin und den Geschehnissen bezüglich des Aktienkurses, liegt die Vermutung nahe. Ich kann Ihnen allen hier zusichern, dass ich mein Bestes tun werde, um diese Sache aufzuklären.»

«Tu das», rief John. «Wir müssen herausfinden, wer dahinter steckt. Wie läuft es heute an der Börse?»

Rosenberg antwortete. «Heute war es extrem ruhig auf dem Parkett. Nicht nur betreffs unseres Kurses. Die Gerüchte um die Zahlungsschwierigkeiten der *Northern Railway Company* sind zurzeit das überragende Thema bei den Tradern.»

«Gut», meinte John. «Das lenkt ab. Wir werden zu Fragen nach Jefferson keinen Kommentar abgegeben. Offiziell heißt es, dass er auf Dienstreise im Ausland ist.»

Freitags Nachmittags schloss die Bank um vier Uhr und um vier Uhr dreißig konnten die Mitarbeiter die Bank verlassen.

Elisabeth kam auf dem Weg zum Fahrstuhl an Alans offener Bürotüre vorbei. «Mr. Hemmings, wollen Sie nicht mit? Happy Hours for Bankers!»

«Wie bitte?»

«Freitags treffen sich nach Schluss Banker der umliegenden Banken im Nell Gwyn Pub, 13 Lombard Street, das frühere Hauptquartier der *Hong Kong & Shanghai Banking Corporation*. Schräg gegenüber. Ist immer lustig.»

«Ja, gut. Ich komme mit.»

Als sie die Straßenseite gewechselt hatten und weiter gingen, fragte Elisabeth: «Wissen

Sie, woher der Name Nell Gwyn stammt?»

«Nein, noch nie gehört.»

«Nell Gwyn war 18 Jahre alt, als sie die im englischen Volk beliebteste der vielen Mätressen des englischen Königs Charles II. 1668 wurde.»

«Oh, das ist amüsant. Dann wollen wir mal zu Nell gehen.»

«Ich dachte mir, das Ihnen das gefällt.»

Alan schaute Elisabeth kurz an. *Sie kokettiert,* dachte er sich, das ist wirklich amüsant zu bemerken.

Der Pub war mäßig gefüllt, aber immer mehr Frauen und Männer kamen nach und nach. Gekleidet in Business Kostümen oder dunklen langen Kleidern, waren es attraktive Damen aus der Bankenwelt. Die meisten Männer, unschwer an ihren Drape Anzügen als Bankenmitarbeiter zu erkennen, drängten sich an die Bar.

Elisabeth schloss sich mit Alan einer Gruppe von Kollegen und Kolleginnen der Ashton Bank an, die in einer Ecke am Ende der Theke standen.

Olivia kam balancierend mit einem Tablett, auf dem sechs Glas Bier standen. Freundlich rief sie ihm zu: «Oh, Mr. Hemmings. Fein, dass Sie da sind. Ich bringe Ihnen und

Elisabeth auch ein Bier. Muss sowieso nochmal an die Theke. Geht heute auf Kosten der Bank.»

Elisabeth bemerkte zu Alan. «Es werden immer Runden gegeben. Jeder kommt einmal dran. Sehen Sie das Ölgemälde an der Wand hinter dem Tresen? Das ist Nell Gwyn. Sie muss außerordentlich schön gewesen sein.»

«Ja, das sieht man. So jung und schon Mätresse des Königs.»

«So war das halt früher», lachte Elisabeth.

Olivia reichte Elisabeth und Alan ein Bier.

«Vielen Dank, für Ihre Einladung, Miss Ashton.»

«Bitte gern geschehen. Ich habe heute extra Taschengeld von Dad bekommen, weil Sie so fleißig waren, Mr. Hemmings.»

Alan schmunzelte und schaute der schlanken Silhouette Olivias hinterher, als sie sich zu den andern gesellte. «Sie ist nie um eine Antwort verlegen, nicht wahr, Mrs. Barron?»

Elisabeth lachte. «Ja, das kann sie sehr gut. Hat sie von ihrem Vater. Der hat richtig scharfen englischen Humor.»

Nad drängte sich durch die Menge zu ihnen und kurze Zeit später brachte Olivia auch ihm ein Bier.

«Das ist das sagenumwobene Londoner Bankenviertel und sein Leben. Jetzt lernen

Sie es kennen», prostete Elisabeth Nad zu.

Nach einer weiteren Runde, der Alan sich zum Einstand die Ehre gab, löste sich die Gesellschaft im Pub langsam auf.

«Wie kommen Sie nach Hause, Mrs. Barron?», fragte Alan.

«Olivia nimmt mich mit. Ich wohne nicht weit von Ashton's Haus.»

«Ich fahre Sie mit meinem Wagen hin. Dann können wir uns auch weiter unterhalten.»

«Ja, Sir, Danke. Ich sage es Olivia.»

Elisabeth

Wo genau wohnen Sie?», fragte Alan im Wagen.

«In Richmond, Carlton Road 29. Ich zeige Ihnen den Weg. Jetzt erst über die Tower Bridge, nach Battersea, dann Richtung Richmond.»

«Das war heute ein aufregender Tag, nicht wahr?»

«Das kann man wohl sagen. Ich möchte mich bei Ihnen nochmals für Ihre Diskretion bei Lord Ashton bedanken.»

«Warum ich das getan habe, werde ich Ihnen noch erklären. Ich fahre Sie zu Ihrer Wohnung und setze Sie dort ab. Wie Sie sagten, wollen Sie bei Ihrer Mutter vorbeischauen?»

«Ja. Das Hospiz ist nicht weit weg.»

«Ich habe noch einen Termin in der City. Ich werde um acht Uhr bei Ihnen sein.»

«Ja, Sir.»

Alan nahm das 'Sir' von Elisabeth wohlwollend zur Kenntnis.

Alan trieb die Sorge, was Jefferson wohl im Schilde führte. Er fuhr hinaus zur 71-76 Pall Mall und suchte in der Nähe einen Parkplatz. In diesem viktorianischen Gebäude von 1837 war der traditionelle Londoner *Oxford and Cambridge Club* beheimatet, bei dem er seit seinem Abschluss in Cambridge als Mitglied geführt wurde.

An der Rezeption gab er seinen Mantel ab und wendete sich dem Innern zu.

Wie er gehofft hatte, entdeckte er seinen alten Freund Rowland Chapman an der Bar.

«Hallo, Rowland!»

«Oh, welch Überraschung. Alan. Wie geht es dir?»

«Soweit ganz gut, und wie geht's dir?»

«Ach ja. Täglich die gleiche Arbeit. Mensch Alan, ich denk oftmals an unsere Tage in Istanbul. Das war wenigstens mal ein Abenteuer.»

«Das uns beiden beinahe Kopf und Kragen gekostet hätte.»

«Ach was. Wir waren einfach besser – und schneller!» und Rowland machte eine Bewegung mit seinem Arm, als wenn er eine Waffe ziehen wollte.

«Du bist doch noch ganz der Alte!», lachte Alan.

«Fein, dass du dich mal wieder sehen lässt.» Rowland klopfte ihm freundschaftlich auf die Schulter.

«Ja. Hat auch einen bestimmten Grund. Ich hatte vermutet, dass ich dich hier treffe.»

«Oh. Schwierigkeiten?»

«Wie man es nimmt. Ich habe einen neuen Job.»

«Na, das ist doch prächtig!»

Alan schmunzelte. «Ich bin seit einer Woche im Direktorium der Ashton & Mortimer Bank.»

«Du bist doch der beste Bankenspezialist. Nachdem ich das über deinen Einsatz in Ägypten gelesen habe. Alle Achtung. Und jetzt bist du in die Privatwirtschaft gewechselt?»

«Nein, Rowland. Auftrag von 'C' persönlich.»

«Wow, Nein! C persönlich?»

«In seinem Allerheiligsten hat er mir die Aufgabe erklärt.»

«Mensch Alan. Du glücklicher. Das ist wie geadelt.»

«Nun ja. Wie man es nimmt. Es ist eine Privatbank. Ganz gut im Aktien und Goldgeschäft. Aber wir haben einen ermordeten Mitarbeiter der Goldhandelsabteilung und einen verschwundenen Vice-Director Goldhandel.»

Rowland pfiff durch die Zähne. «Oha. Hört sich nicht gut an.»

«Du sagst es. Kannst du mir mit ein paar Informationen helfen.»

«Oh, oh. Alan, du weißt, du bewegst dich auf Glatteis.»

«Ja, Rowland. C hat mir alle Vollmachten gegeben, ausdrücklich und ich denke, es beinhaltet auch Kontakte zum Inlandsgeheimdienst.»

«Gefragt hast du aber nicht!»

«Nein. Ich will die Sache klein halten. Für diese Bank steht viel auf dem Spiel, insbesondere ihr Renommee. Deshalb wollte ich euch beim MI 5 auch nicht offiziell ansprechen.»

«Verstehe. Was willst du denn wissen?»

«Ich brauche alles über diesen verschwundenen Direktor. Er heißt Jacob Jack Jefferson, ist 50 Jahre alt, nennt sich manchmal JJJ, ist Vice-Director der A & M Bank, Senior Operations Manager, Gold Trading Department. Ich bin auf einige Sachen gestoßen, die uns zur Annahme zwingen, dass Jefferson als Mittelsmann oder Beteiligter an einer ausländischen Operation gegen die Bank beteiligt ist. »

«C glaubt immer, dass alles Böse aus dem Ausland kommt.»

«Rowland. Mehr kann ich dir nicht sagen. Es gibt Hinweise. Es soll aber nichts nach draußen dringen, sonst wäre die Quelle gefährdet.»

«Ich verstehe. Das ist ja eine ganz heiße Geschichte.» Rowland stöhnte. «Ich werde sehen, was ich machen kann. Aber falls es Ärger gibt, musst du mir beistehen.»

«Das verspreche ich dir. Das wäre ich dir schuldig. Wenn, dann werde ich alles auf meine Kappe nehmen. Ich kann mich auf C verlassen. Er hat mir sogar Shrivers als Führungsoffizier beigestellt.»

«Wow. Schrivers. Den kenne ich. Toller Mann. Dann scheint das ja eine hochrangige Wichtigkeit zu haben.»

«Davon kannst du ausgehen.»

«Gut, Alan. Du bist mein alter Freund. Du hast mir damals in Istanbul das Leben gerettet. Für dich tue ich alles, was ich kann.»

«Ich danke dir. Du kannst mich jederzeit in der Bank erreichen. Hier ist meine Karte.»

«Wow. Vice-Director, Goldtrading. Hört sich gut an. Traumjob, oder?»

«Alptraum, ist besser.»

Beide mussten herzhaft lachen und bestellten sich noch einen Scotch.

Rowland hatte sich entschuldigt, als ein Mann zu ihm getreten und ihn begrüßte hatte. Er sprach mit dem Mann, der dann vorausging. Zu Alan flüsterte er bei der Verabschiedung: «Ich gehe jetzt mit ihm ins Restaurant. Ich will etwas Bestimmtes von ihm in Erfahrung bringen. Immer im Dienst, nicht wahr, Alan? Kopf hoch!»

Alan bestellte sich noch einen Scotch und sah sich zufrieden um. '*Rowland wird mir hel-*

fen. Auf ihn kann man sich verlassen.' Er war ihm sehr viel schuldig. Rowland hatte sich in Istanbul in einen Hinterhalt der russischen OGPU Agenten locken lassen. Als einer der Agenten Rowland in den Keller des Hauses brachte, um ihn zu erschießen, konnte Alan den Agenten ausschalten und Rowland befreien.

Der Clubraum hatte sich gefüllt und Alan genoss die Atmosphäre. Einen solch eleganten Gentleman's Club hatte er in Alexandria vermisst. Dort hatte er etliche Abende im sehr nüchternen Casino der Army verbracht und sich nach London gesehnt.

Alans Gedanken fanden zurück zu Mrs. Barron. Aus ihr würde er noch mehr herausholen können. Sie würde reden, weil nur er ihren Kopf retten konnte.

Er ging zum Bartresen und bezahlte.

*

Die Carlton Road in Richmond war eine der typischen britischen Reihenhausstraßen. Haus an Haus auf beiden Straßenseiten, die Fassaden nur ab und zu unterschiedlich verputzt oder geklinkert.

Elisabeth öffnete Alan die Türe, begrüßte ihn, nahm seinen Mantel entgegen und bat ihn ins Wohnzimmer. Alan setzte sich auf ein breites Sofa, das mit zwei Sesseln um einen kleinen Teetisch stand.

«Haben Sie etwas gegessen?», fragte Elisabeth.

«Nein. Keine Zeit gehabt. Aber ist nicht schlimm.»

«Sir. Ich habe eine Kleinigkeit vorbereitet.»

Alan schaute ihr hinterher, wie sie in der Küche verschwand. Sie hatte sich umgezogen und trug ein leichtes Seidenkleid, tailliert mit Gürtelband und Schleife. Sie sieht chic aus, fand er und schaute sich um.

In einem offenen Kamin brannte ein kleines Feuer. Wahrscheinlich ein Gasfeuer zwischen steinernen grauen Scheiten, wie man es in vielen Häusern vorfand, vermutete Alan. Auf dem Sims befanden sich ein paar gerahmte Fotografien, darüber ein Landschaftsbild und neben der Feuerstelle eine Regalwand mit Büchern.

«Probieren Sie!», sagte Elisabeth, als sie mit einem Tablett zurückkam. «Ich habe Sausage Rolls Sandwichs, Würstchen mit gekochtem Schinken ummantelt und Brown Sauce. Und hier, knusprig gebratene Garnelen auf Toast mit einer würzigen Panade.»

«Mein Gott. Was haben Sie sich für Mühe gemacht.»

«Es hat Spaß gemacht. Ich koche nicht oft für Besuch.»

Alan griff zu und es schmeckte köstlich, zumal Elisabeth ihm dazu ein Glas Bier einschenkte. Als sie sich in einen der Sessel ihm gegenüber setzen wollte, forderte er sie zu ihrem Erstaunen auf, sich zu ihm aufs Sofa zu setzen. «Wir sollten uns näher kennenlernen, Elisabeth. Ich darf Sie doch Elisabeth nennen?»

«Ja, Sir», und sie senkte die Augen.

«Ich denke, wir hatten heute einen großartigen Tag.»

«Ja, das stimmt. Sie haben viel erreicht.»

«Nein, Elisabeth. Nicht nur ich. Sie auch. Ihr Hinweis auf die Bank Julius Baer war wohl der Wichtigste.»

«Danke, Sir.»

«Deswegen habe ich auch entschieden, so wie ich entschieden habe.»

«Ich bin Ihnen sehr dankbar. Sie sind ein außergewöhnlicher Mann, Sir.»

«Ach, ein ganz normaler. Sie müssen keine Angst vor mir haben.»

«Aber in dem Verhör, haben Sie mir unheimlich Angst eingeflößt.»

«Darin bin ich ausgebildet.»

«Sie sind kein richtiger Banker, vermute ich recht?»

Lächelnd gab Alan zurück. «Ich habe bemerkt, Sie sind eine intelligente Frau. Ich *bin* Banker, allerdings habe ich manchmal besondere Aufgaben übertragen bekommen. Mehr sollten Sie nicht wissen.»

«Ja, Sir. Verzeihung. Darf ich Sie aber trotzdem etwas fragen?»

«Was denn?»

«Dieses Bild von mir, ich meine, welches mich in dieser …, wie soll ich sagen …?»

«Peinlichen Situation zeigt? Elisabeth, ich habe Ihnen gesagt, nachdem wir beide eine Vereinbarung beschlossen haben, dass Sie mir vertrauen können. Das Bild ist an einem Ort, wo es niemand finden wird.»

«Danke, Sir.»

«Befanden sich diese Bilder und die anderen Papiere in Jeffersons Büro?»

«Nein. Das waren sie nicht. Aber Sie sind zu neugierig.»

«Verzeihung.»

«Es ist belanglos, woher ich sie habe. Ich habe sie, allein das zählt. Elisabeth. Die Sache mit Jefferson ist noch nicht vorbei. Sie hat erst angefangen. Ich sage Ihnen das, damit Sie mir vertrauen. Da ist etwas Großes gegen unsere, und ich sage bewusst, unsere Bank im Gange. Vermutlich etwas, das sich auch Lord Ashton noch nicht vorstellen kann. Deswegen möchte ich, dass wir beruflich ganz eng zusammenarbeiten. Sehr eng. Dass Sie mir die kleinste Kleinigkeit berichten oder offenlegen, mehr noch als Sie es Lord Ashton berichten würden. Das ist nicht gegen den Lord gemeint, ganz im Gegenteil. Einer meiner Aufgaben ist es auch, ihn zu beschützen. Sie hatten die Gefahr durch Jefferson nicht erkannt, erkennen können und haben sich zu einem schwerwiegenden Fehlverhalten verführen lassen.»

«Ja, Sir. Das war falsch.»

«Das war nicht nur falsch, es war eine Straftat. Sie würden verurteilt werden, selbst Rothschild würde davon erfahren und Sie würden nie mehr im Leben einen Job in einer Bank bekommen.» Elisabeth bekam glasige Augen.

«Was geschieht mit jemanden, der eine Straftat begangen hat? Antworten Sie mir!»

«Er wird bestraft!»

«Was haben Sie begangen?»

«Eine Straftat. Ich weiß.»

«Und was bedeutet das für Sie?»

Elisabeth schaute flehentlich zu ihm auf. «Werde ich bestraft werden? Aber Sie haben mir doch gesagt, ich soll Ihnen dienen.»

«Ich habe Ihnen angeboten, entweder Bestrafung durch ein Gericht oder durch mich.»

«Durch Sie?»

«Das ist keine Erpressung! Ich stelle Sie vor die Wahl. Das ist ein großzügiges Angebot. Sie können entscheiden. Entweder Bestrafung durch die Staatsgewalt. Scotland Yard wird Sie festnehmen, einige Monate Untersuchungshaft bis zum Prozessbeginn, dann Verurteilung zu zwei oder drei Jahren Gefängnis, weil Sie geständig waren und kooperiert haben. Aber in dieser Zeit können Sie Ihrer Mutter nicht helfen und erhalten kein Geld.»

«Nein, bitte nicht.»

«Oder aber, Sie akzeptieren eine Bestrafung durch mich, mit der Sie Ihre Schuld tilgen können. Sie arbeiten weiterhin in der Bank, dienen mir, mit allen Konsequenzen und können Ihre Mutter versorgen.»

«Was für eine Bestrafung?»

«Wie bestraft ein Mann eine Frau?»

Mit großen Augen und offenen Mund schaute Elisabeth Alan an und traute sich nicht zu antworten.

Alan lächelte sie freundlich an. «Welche Strafe würden Sie sich vorstellen?»

Erst nach einer Weile kam es zögerlich von Elisabeth: «Ein Spanking?»

«Ja, das wäre eine Möglichkeit.» Alan nahm sein Glas und trank einen Schluck. «Das hilft einer Frau einzusehen, dass sie etwas Böses getan hat.»

«Ja, Sir.»

«Sind Sie der Meinung, dass es eine gerechte Bestrafung für Ihr strafwürdiges Vergehen wäre?»

«Ja, Sir.»

«Würden Sie mich um diese gerechte Bestrafung bitten?»

Alan kostete die Situation aus. So wollte er eine gehorsame Frau neben sich sitzen sehen und ihr in die Augen schauen. Er bemerkte, dass sie mehrmals tief atmete und ließ ihr Zeit. Dann entspannte sich ihr Gesicht und sie flüsterte: «Bitte, Sir! Bestrafen Sie mich.»

«Das ist sehr brav, Elisabeth.» Er ergriff ihre Hand und hielt sie fest. «Ich werde Sie öfter übers Knie legen, um Sie daran zu erinnern, dass Sie mir widerspruchsfrei dienen müssen. Und Sie erhalten mehrmals eine Bestrafung mit der Reitgerte, die Ihrer Schuld entspricht und damit getilgt wird.»

Elisabeth zog fragend die Stirn kraus. «Mit der Reitgerte?»

«Ja. Jeweils zwei Dutzend.»

«Nein!»

«Tja. Sie können entscheiden. Ich denke, Sie sollten meinen Vorschlag zunächst prüfen, bevor Sie sie einfach ablehnen", erwiderte Alan trocken. «Sie verdienen eine Strafe für Ihr Vergehen. Sehen Sie das nicht ein?»

Elisabeth senkte ihren Kopf. «Ja, Sir.»

Es lag Alan mehr daran, ihr Angst einzujagen. Wenn überhaupt, würde er ein Spanking nur andeuten, damit sie seine Autorität anerkannte.

«Wenn Sie einsichtig sind, dann kann ich auch etwas für Sie tun. Haben Sie mit Jefferson geschlafen?»

«Ist das doch ein Verhör?»

«Wie man es nimmt. Ja, Elisabeth. Eine meiner dunklen Seiten. Ich bin in meiner Dienstzeit nicht nur als Verhörspezialist ausgebildet worden, ich habe es mir auch mit der Zeit so angewöhnt. Es hat mir auch vielfach geholfen. Aber bitte. Sehen Sie es nicht als Indiskretion. Es sind eben spontane Fragen, die sich mir stellen.»

«Ja, ich habe mehrmals mit ihm schlafen müssen, aber er ist ein lausiger Liebhaber. Genügt Ihnen das?»

«Sie trauern ihm nicht nach?»

«Sir. Nein. Obwohl ich mich nach der langen Zeit des Alleinseins, ein Zusammenleben mit einem Mann wünschen würde.»

«Das verstehe ich.»

Sir!», warf sie schnell ein. «Nicht, dass Sie denken, ich erwarte mehr. Bitte, ich möchte Ihnen nicht zu nahe treten. Sie sind jung und haben sicher andere Pläne.»

«Ja, Elisabeth. Ich will offen mit Ihnen sein. Sie kennen mich jetzt etwas näher und wissen, wie ich denke. Ich weiß Ihren Gehorsam sehr zu schätzen. Aber Gedanken an eine Ehe habe ich mir ehrlicherweise noch nie gemacht. Irgendwann findet sich die Frau, die ich heiraten werde. Sie werden verstehen, dass ich, wenn überhaupt, mir dann eine junge Frau vorstelle. Das Ehegemach ist kein Kinderspielzimmer. Es ist ein Ort, wo mehr passiert, als romantisches Händchenhalten. In einem Ehebett muss eine junge Frau lernen, wie sie ihrem Gatten Befriedigung schenken kann. Dazu muss der Ehemann sie erziehen. Auch zu exquisiten Liebesdiensten, selbst, wenn dabei Tränen fließen.»

«Das weiß ich, Sir, dass Sie so denken. Und ich finde es auch richtig. Sie sind ein attraktiver Mann, der beherrschende Dominanz ausstrahlt. Sie sind ein Mann, der eine solche junge Frau braucht.»

«Aber, sagen Sie mir. Warum hat es mit Jefferson nicht geklappt?»

«Oh je. Wie ich schon sagte, er war ein sehr schlechter Liebhaber und schaffte es nicht, mir die gewünschte Erfüllung zu bringen. Aber da war auch etwas anders im Spiel. Jefferson hatte sich Hoffnungen gemacht, Olivia, die Tochter von Lord Ashton zu ehelichen – und das hatte sich mit einem Knall erledigt.»

Alan schreckte auf. «Moment! Was sagen

Sie da? Das ist mir jetzt wichtig zu wissen. Was ist passiert?»

«Vor drei, vier Monaten begann Jefferson intensiv Olivia den Hof zu machen. Am Anfang fühlte sich Olivia wohl geehrt, auch weil ihr Vater das nicht ungern sah. Er hatte Jefferson dann mehrmals nach Richmond zum Dinner eingeladen. Nicht weil ich eifersüchtig war, überhaupt nicht, aber ich wollte Olivia warnen. Ich wusste Bescheid über Jeffersons Unfähigkeiten, ein normales Liebesleben zu führen und daher erfand ich eine Bekannte, die eine frühere Geliebte von Jefferson gewesen sei. Ich ließ Olivia wissen, dass diese Frau aus genau diesem Grund ihn wieder verlassen hätte. Außerdem habe ich sie eindringlich davor gewarnt, als junges Mädchen einen fünfzigjährigen Mann zu heiraten.»

«Olivia hat das verstanden?»

«Mit Olivia habe ich ein enges freundschaftliches Verhältnis, quasi ein wenig als Ersatzmutter. Olivia weiß Bescheid, was zwischen einem Mann und einer Frau in der Ehe passiert. Sie hat sich alle meine erotischen Bücher ausgeliehen und auch gelesen. Sie hat schnell begriffen, dass Jefferson nur einen Grund hatte, sie heiraten zu wollen, nämlich Nachfolger von John Ashton zu werden.»

«Da ist sie skeptisch geworden?»

«Es hat einen riesigen Knall gegeben. Bei einem Bankett hatte Jefferson Druck auf sie ausgeübt, seinem Werben nachzugeben und eine Verlobung bekannt zu geben. Olivia hatte das abgelehnt und sich für alle sichtbar geweigert. Das hatte Jefferson dermaßen erzürnt, dass er sie sogar handgreiflich bedrängt hatte, einen Verlobungsring anzunehmen.»

«Und dann?»

«Olivia war außer sich. Sie hat ihn vor der ganzen Gesellschaft geohrfeigt und gesagt, dass er sie in Zukunft nicht belästigen soll. Es war fast ein Skandal.»

«Wann war das genau?»

«Ist das wichtig?»

«Elisabeth. Sagen Sie es mir. Wann war das? Es ist äußerst wichtig.»

«Ende März. In den nächsten Tagen war Jefferson zu einer Dienstreise auf den Kontinent aufgebrochen, zu unserer Partner Bank Societè General in Paris. Als er zurückkam, war er wie ausgewechselt. Wortkarg. Er sprach mich auch nicht mehr an, obwohl ich zwangsläufig mit ihm zusammenarbeiten musste. Auch mit Olivia sprach er nicht mehr.»

«Hmm. Also seit Anfang April? Jefferson war wohl tief gekränkt?»

«Das kann man sagen. Dieser Vorfall war

ein Gesprächsthema in etlichen Zirkeln und er ist von einigen Gesellschaftskreisen nicht mehr eingeladen worden.»

«Sagen Sie mir. Hat er in der Zeit von April bis letzter Woche von Ihnen verlangt, in seine Wohnung zu kommen?»

«Nein. Ich wäre auch nicht mehr gegangen. Er war mir zuwider.»

«Er hat auch nichts in der Bank verlangt, was Sie hätten nicht tun dürfen.»

«Nein. Er hat es nie mehr erwähnt.»

«Er war im April in Monte Carlo und hat dort einen Z und einen M getroffen. Dieses Treffen muss seine Ziele geändert haben.»

Alan lehnte sich zurück und überlegte. «Irgendjemand mit Z oder M kennen Sie nicht, haben Sie nie gehört?»

«Nein.»

«Hat er hier in London jemand getroffen oder treffen wollen?»

«Nein, das habe ich nicht gehört. Das heißt, letzte Woche, ich glaube, es war Mittwoch oder Donnerstag, war ich in seinem Büro und er bekam einen Anruf. Er begrüßte den Anrufer mit dem Namen Mr. Mantashyan und sagte, er käme ins Claridges.»

«Nicht Mantashev?»

«Nein. Das Gespräch führte Jefferson in Französisch. Mantasian oder Mantashyan oder so ähnlich. Aber er nannte ihn Leon.»

«Elisabeth!», rief Alan und sprang auf. «Haben Sie ein Telefon?»

«Ja, Sir. Auf der Anrichte. Es ist aber ein altes. Lord Ashton hatte es anschließen lassen, damit ich erreichbar bin.»

Alan nahm den Hörer mit der Leitung in die Hand und wählte die Nummer von Shrivers.

«Ja, Sir. Ich bin es», sprach er in die Mikrofonmuschel, die vor ihm stand. «Der Name Leon Mantashev oder Mantashyan ist gefallen.»

«Sir. Ganz sichere Quelle. Letzte Woche soll Jefferson sich mit ihm verabredet haben. Im Claridges.»

«Die Leiterin der Revisonsabteilung hat es gehört.»

«Ja, Sir. Absolut glaubwürdig.»

«Ja, Danke. Sir!»

Alan hing den Hörer an die Gabel und ging zurück zu Elisabeth. «Sie haben mir sehr geholfen. Sie sind sehr brav.»

Verlegen antwortete Elisabeth: «Danke, Sir!»

Alan strich mit der Hand zärtlich über ihre Wange und ergriff dann ihre Hand. «Also, keine zwei Dutzend. Nur sechs!»

«Sir?»

«Stehen Sie auf!» Alan hielt ihre Hand fest und zog sie, als sie stand, zu sich über seine Knie.

«Sir!», quiekte Elisabeth, aber Alan drückte kraftvoll ihren Oberkörper hinunter.

«Sie wollen doch gehorsam sein!» Er schob ihr leichtes Kleid bis zur Taille hoch und erblickte ein hübschen weißes Spitzenhöschen. Langsam schob es hinunter zu ihren Knien und tätschelte ihren nackten Po.

«Sir! Sir!», rief Elisabeth hilflos.

«Eine kleine Bestrafung, um die haben Sie mich doch gebeten. Oder?»

«Ja, Sir», gab sie sich geschlagen.

«Sehen Sie. So ist es brav» und er schlug mit seiner Hand zu.

«Was machen Sie mit mir?»

Wieder schlug Alan zu. «Sie kennen doch sicherlich den Spruch: *Bare Bottom Spanking has the most lasting effect.*»

Alan strich mit der Hand über ihre Pobacken.

«Nicht wahr, Elisabeth?"

«Ja, Sir.»

Alan schlug mit der hohlen Hand leicht auf eine Pobacke, damit es laut klatschte.

«Aua!"

«Strafe muss sein», flüsterte Alan und schlug zweimal zu. Seine Hand glitt über ihren Po und zwischen ihre Schenkel. Elektrisiert stellte er fest, dass sie feucht war und begann sie dort zärtlich zu streicheln.

Elisabeth stöhnte. «Sir? Was machen Sie mit mir?»

«Sie sind sehr brav. Das weiß ich zu honorieren.» Er schlug wieder fest zu, um danach sofort wieder ihre intimste Stelle zu streicheln.

Unerwartet hob er Elisabeth hoch und stellte sie auf. Sie strich ihr Kleid glatt und wendete sich verschämt ab. Aber Alan, der aufgestanden war, drehte sie, zog ihr Kleid hinten hoch und steckte es in ihrem Gürtel fest. «Holen Sie Ihre Reitgerte!»

«Die Reitgerte?»

«Ja. Sie haben doch sicher eine. Ich weiß, dass Sie eine Reiterin sind. Los!»

Amüsiert schaute Alan ihr hinterher und schmunzelte über ihren nackten Po.

Elisabeth kam mit roten Wangen ins Wohnzimmer zurück und reichte Alan mit beiden Händen die Gerte. Er nahm sie entgegen, prüfte sie und zog Elisabeth an der Hand zum Sessel. «Knien Sie sich davor und erwarten Sie Ihre Bestrafung.»

Als Elisabeth sich vor den Sessel kniete und vornüberbeugte, schlug Alan zweimal, fast zärtlich zu.

Er hörte von ihr ein pflichtgetreues Aua und schlug dann ein Mal kräftig zu. Jetzt schrie Elisabeth auf. «Sir», keuchte sie.

«Meine Liebe. Sie müssen doch bestraft werden. Das sehen Sie doch ein, oder? Antworten Sie mir!»

«Ja, Sir. Ich sehe es ein», und wieder erhielt sie einen Hieb.

Alan streichelte prüfend ihren Po und ihre Scham. Sie war mehr als erregt, wie er zufrieden feststellte und streichelte sie heftiger. Elisabeth stöhnte laut und Alan gab ihr einen kraftvollen Hieb mit der Hand.

Während sie sich ihre Pobacken rieb, zog sich Alan aus, kniete sich hinter sie und drang in sie ein.

«Sir! Sir!», wimmerte sie, aber ihr lautes Stöhnen, das folgte, spornte Alan nur an.

Elisabeth stieß schrille Lustschreie aus und zitterte, als sie ihren Höhepunkt erreichte und auch Alan sank wenig später laut stöhnend und erschöpft über sie. Er küsste lange ihren Nacken, was sie genussvoll schnurrend begrüßte.

Alan hatte sich angezogen und saß auf dem Sofa, als Elisabeth in einem seidenen Morgenmantel ins Wohnzimmer kam, Alan ein neues Bier mitbrachte und sich zu ihm setzte.

Sie gab ihm einen Kuss auf die Wange. «Vielen Dank für die Bestrafung, Sir. Sie waren sehr gnädig.» Sie nahm seine Hand und küsste sie. «Danke, Sir.»

«Sie sind sehr brav, Elisabeth», sprach Alan, zog sie zu sich und küsste sie auf den Mund.

«Sir, Sie sind ein solch eindrucksvoller Mann. So kraftvoll, so männlich. Ich bin Ihnen sehr dankbar.»

Alan erkannte, dass sie ihn mit wirklicher Dankbarkeit ansah. '*Sie hat wahrscheinlich schon lange darauf warten müssen. Sie ist eine sehr sinnliche Frau. Einfach begehrenswert und gehorsam. So sollte eine Frau sein.*'

Alan nahm ihre Hand. «Wann haben Sie das erste Mal ein Spanking erhalten?»

Elisabeth lachte. «Als Mädchen, zu Hause, von meiner Mutter und von meinem Vater. Und anschließend in der Boarding School.»

«In einem Mädcheninternat?»

«Ja. Meine Eltern hatten mich als sechzehnjährige dorthin gebracht und ich wurde zwei Jahre bis zur College-Reife erzogen.»

«Was für ein Spanking gab es da?»

«Die Verfehlungen wurden in ein Buch eingetragen, ein Strafenbuch. Alle zwei Wochen wurden die Vergehen vorgelesen und anschließend erhielt man die Züchtigung durch die Gouvernante mit der Rute.

Wenn es schwerwiegende Verfehlungen waren, brachte sie mich zum Direktor. Dort erhielt ich dann *Six of the Best* auf den nackten Hintern mit der Tawse.»

«Die Gouvernante war dabei?»

«Ja, sie entkleidete mich auch jedes Mal ganz.»

«Was haben Sie dabei empfunden?»

«Am Anfang war es fürchterlich. So erniedrigend.»

«Oh. Und später?»

Elisabeth musste wieder lachen.

«Später, mit 18, war es manchmal sehr aufregend beim Direktor.»

«Hat er Sie missbraucht?»

«Nein, nie, Sir. Aber wenn seine Hand auf meinem nackten Po hin und her strich, empfand ich es als erregend.»

«Und später waren Sie auf dem College.»

«Ja. In Cambridge. Dort habe ich meinen Mann kennengelernt. Auch er war ein Anhänger des Spankings.»

«So, wie es in der Zeit unter Königin Viktoria in allen Ehen üblich war.»

Elisabeth musste lachen. «Ja, das stimmt. Aber es geschah in Liebe. Ich meine, immer erotisch.»

«So, wie jetzt?»

Sie nickte. «Ja, so wie jetzt.»

«Sie mögen es, nicht wahr?»

«Ich gestehe, es erregt mich sehr und Sie sind, wenn Sie mir erlauben das zu sagen, Sir, ein wunderbarer Liebhaber.»

Alan lachte und wurde dann ernst. «Sie bräuchten einen richtigen Mann. Sie haben es verdient und Sie könnten ihn sehr glücklich machen.»

«Das sagen Sie so leicht. Das ist eben nicht so einfach.»

«Na, dann werde ich Sie demnächst mal zu irgendwelchen gesellschaftlichen Ereignissen mitnehmen.»

«Als alleinstehende Frau ist es eben nicht einfach, einen richtigen Mann zu finden.»

«Wir werden sehen. Elisabeth, ich sehe, wir verstehen uns. Ich werde Sie jetzt verlassen, damit Ihre Nachbarn nichts Schlechtes denken.»

Elisabeth lachte. «Danke für alles, Sir!»

Crop Club

Samstagmorgen hatte sich Alan in seine Reiterhose gezwängt, die polierten Schaftstiefel angezogen und die elegante Herren Tweed Jacke übergezogen. Reiterkappe und Gerte warf er in den Fond seinen Fords und war nach Bromley gefahren. Dort lag mitten im Sundridge Wald das große Clubhaus und das Gestüt des Londoner Jokey Clubs.

Seit seiner Studentenzeit war Alan Mitglied in diesem exklusivsten Reiterclub in London, der neben seinem Clubhaus im Areal der Ascot Pferderennbahn, in Sundridge das eigentliche Zentrum des Clubs beherbergte, mit Stallungen für untergestellte Pferde der Mitglieder, Reit- und Sprunganlagen und einem Gestüt zur Pferdezucht.

Alan hatte sich eine Box gemietet und dort seine Stute Bella, die er sich nach der Rückkehr aus Ägypten gekauft hatte, untergestellt.

Über zwei Stunden war er mit ihr durch den Sundridge Wald und über die angrenzenden weiten grünen Hügel geritten, bis er zur Koppel vor den Stallungen zurückkehrte und sein Pferd absattelte. Zunächst begann er

Bella mit einem Striegel zu bearbeiten, um den gröbsten Schmutz und Schlamm zu beseitigen, danach entfernte er mit der Kardätsche den feinen Staub und kontrollierte die Hufe, bevor er die Stute in die Box führte.

Alan war zufrieden mit dem Ritt und wanderte fröhlich zum Clubhaus. Jetzt brauchte er dringend einen Drink und einen Snack. Im Restaurantbereich suchte er sich einen Platz und bestellte sich ein Bier und ein Clubsandwich mit einem kleinen Steak.

Gesättigt und gestärkt verließ er das Restaurant und wechselte in das kleinere Nebengebäude, in dem sich der Ableger des Jokeyclubs, der sogenannte *Crop Club* befand, der ausschließlich männlichen Mitgliedern den Zutritt erlaubte.

An der Bar traf er ein paar Bekannte und unterhielt sich mit ihnen, bis er in einer Ecke seinen guten Bekannten Henry sitzen sah, Zigarre rauchend und in einem Magazin blätternd.

«Hallo, Henry. Wie geht es dir?»

«Oh, Alan. Wie geht's?»

«Gut. Darf ich mich zu dir setzen?»

«Immer zu. Was machst du hier? Wieder im Lande?», fragte er, als sich Alan in den schweren Ledersessel neben ihm fallen ließ.

«Ja. Seit knapp zwei Monaten.»

«Was führt dich wieder zurück ins Good Old England?»

«Neue Herausforderung. Bin jetzt hier in London bei einer Privatbank.»

«Ach ja. Man hatte mir mal im Club in London gesagt, dass du eine Bank in Alexandria leitest.»

«Das war eine Sanierung. Die ist beendet.»

«Dann sieht man sich auch wieder öfter hier im Club?»

«Ich war schon ein paar mal hier. Ich habe mir nämlich sofort nach der Rückkehr eine Stute gekauft. Sie steht im Gestüt, in Stallung 2.»

«Na, wunderbar. Ich habe da auch einen Rappen stehen.»

«Du? Wo du der schlechteste Reiter des Club's bist?»

«Hey, wie lange willst du mir das nachtragen?», lachte Henry. «Dass mein Gaul damals durchgegangen ist, war ein bedauerlicher Vorfall.»

«Ist ja nichts passiert. Es war aber lustig, wie du vom Gaul fielst. Du hattest vorher noch gelacht.»

«Mensch, wie lange ist das her. Drei Jahre?»

«Ja, bevor ich nach Ägypten ging.»

«Trinkst du einem Scotch mit?»

«Ja. Einen. Hab sonst nichts vor.»

«Du, der schlechteste Trinker des Clubs. Übung macht den Meister!»

Henry rief einen Club Steward und bestellte zwei Scotch mit Eis. Nachdem serviert worden war und die beiden sich zugeprostet hatten, meinte Henry: «Was macht die Liebe? Immer noch der überzeugte Junggeselle?»

«Wird sich schon irgendwann etwas ergeben. Und du, glücklich mit deiner braven Frau verheiratet.»

Henry stöhnte. «Sorry. Du weißt es nicht. Ich bin seit zwei Jahren Witwer. Sie war eine hinreißende Frau. Du hast sie ja mal beim Brunch im Club kennengelernt.»

«Oh, Entschuldigung. Mein Beileid. Ja. Sie war wunderschön.»

«Das war sie. Und dann ging es ganz schnell. Krebs.»

«Das stimmt mich traurig.»

«Tja. Aber das Leben geht weiter.»

«Was Neues in Aussicht?»

«Nein, nein», Henry schüttelte den Kopf.

«Willst du nicht mehr?»

«Doch, doch. Aber du kennst meine Ansprüche. Schließlich kennen wir uns von diesem Club hier.»

«Aber, hör mal. Du, der Earl of Headfort.

Da wird sich doch eine liebe Frau finden lassen.»

«Sag das nicht. Natürlich laufen mir einige hinterher. Mehr meinem Geld und dem riesigen Haus. Alles diese verrückt gemachten Weiber, die mal was über Soufragetten gelesen haben. Die dir was von Harmonie und Gleichberechtigung in der Ehe erzählen und in Wirklichkeit die Herrschaft übernehmen und dich zu einem dressierten Affen machen wollen, den sie ihren Freundinnen beim Tee vorstellen können.»

«Wow, wow. Starke Worte.»

«Ist doch so. Wenn du denen sagst, dass du Regeln beachtet haben willst und eine gewisse Disziplin erwartest, dann wittern die doch nur Unterdrückung. Nein danke, das brauch ich nicht. Will ich auch nicht.»

«Da hast du Recht. So sehe ich es auch.»

«Weißt du. Allein in dem großen Haus ist langweilig, kein Leben darin. Geht man zu gesellschaftlichen Anlässen, wird immer die Frage gestellt, wer denn zur Begleitung mitkommt. Das nervt.»

Alan stieß mit seinem Glas an. «Prost!»

«Zum Wohl!»

«Ich glaube, ich hätte einen heißen Tipp für dich.»

«Ach, Alan. Tipps bekomme ich viele.»

«Ich weiß, du bist verwöhnt, du alter

Macho. Aber ich habe eine reizende Assistentin. Sie ist Vice Direktorin Controlling. Sie ist ein paar Jahre jünger als du, sieht verdammt gut aus, sehr weibliche Figur.»

«Alan, ist gut gemeint, aber ...»

«Sie erhält von mir Reitunterricht.»

Henry schaute auf und blickte in Alans Gesicht: «Den Reitunterricht, den wir meinen?»

«Ja, den Reitunterricht, den wir meinen.»

«Deine Geliebte?»

«Nein.»

«Wie soll ich das verstehen?»

«Es ist ein Agreement zwischen uns beiden. Sie hat für mich zu arbeiten und mir zu gehorchen. Für etwas Ernstes ist sie mir zu alt. Sie ist fast zehn Jahre älter als ich. Das weiß sie. Wenn, dann würde ich nur was Junges heiraten. Du weißt, Zähmung von Anfang an, das hat etwas Faszinierendes.»

«Hahaha. Das wäre mir zu anstrengend. Das willst du dir antun? Aber sag, deine, soll ich sagen Reitschülerin ...?»

«Ja, genau. Sie erhält ab und zu Unterricht. Sie ist sehr sinnlich und sehr gehorsam. Eine Wohltat und das findet man nicht alle Tage. Sie ist Witwe, lebt im Haus ihrer Mutter. Verarmter Adel. Sehr genügsam.»

«Klingt interessant.»

«Du solltest sie dir wenigstens mal ansehen. Bist du morgen zum Brunch im Club?»

«Ja, ich werde da sein.»

«Dann bringe ich sie mit.»

«Amüsant. Willst du sie loswerden?»

«Als Schülerin? Nein, eigentlich nicht. Ich habe ihr gesagt, wenn sie mit irgendjemanden ernsthafte Absichten hat, würde ich den Unterricht sofort einstellen. Aber, als du mir eben etwas vorgejammert hast, kam mir die Idee. Ihr ergeht es ähnlich wie dir. Da sie aber wenig Möglichkeiten hat auszugehen und kaum zu gesellschaftlichen Abenden eingeladen wird, wäre sie reif für einen Mann, der ihre Vorzüge zu schätzen weiß und den sie gehorsam glücklich machen würde. Sie ist mehr als bereit dazu.»

«Du triffst meine Gedanken. Aber warum schlägst du das vor?»

«Sie ist eine so hinreißende und liebevolle Frau, die es einfach verdient. Ein zukünftiger Ehemann würde mir mal sehr dankbar sein, ein solch braves Weib an seiner Seite zu haben.»

«Du machst mir den Mund wässrig. Aber du hast recht. Warum nicht? Ich sehe sie mir an.»

«Das solltest du. Ich kenne dich und deine Vorlieben. Sie wird sie dir erfüllen und sie sehnt sich nach nichts mehr, als einem dominanten Mann dienen zu können, der ihr ein angenehmeres Leben ermöglichen kann.»

«Na gut. Auf morgen, beim Brunch. Cheers!»

«Ich werde sie vorbereiten und sie wissen lassen, dass du jemand bist, der der Herr im Haus ist, und dessem Willen man sich zu unterwerfen hat.»

«Das willst du ihr sagen?»

«Warum nicht? Das wird es erleichtern, damit ihr euch versteht. Abgemacht?»

«Gut. Abgemacht!»

*

Samstag spätnachmittags war Alan zu Elisabeth gefahren.

Er hatte sich etwas überlegt und dachte, warum nicht.

Sie war überrascht, dass er plötzlich in der Türe stand.

«Oh, Sir. Sie?»

«Ja. Ich! Elisabeth, ich möchte dich zum Essen ausführen. Geht das?»

«Das ist eine Überraschung. Du möchtest mich zum Essen einladen?»

«Ja. Ich!»

«Ja. Sofort. Ich ziehe mich um.»

Alan ging mit ihr ins Restaurant im Claridges und Elisabeth war von dem Prunk, der den Gastraum zierte, überwältigt. Natürlich hatte Alan einen Hintergedanken, mit ihr ins Claridges zugehen. Er hatte von Admiral Shrivers eine wage Beschreibung von Mantashyan erhalten und wollte sich zugleich umsehen, ob er ihn entdecken konnte.

«Oh, mein Gott, ist das hier vornehm», flüsterte Elisabeth, «Womit habe ich das verdient?»

«Du hast es verdient. Wir haben diese Woche viel erreicht und ich bin dir dankbar für deine Unterstützung.»

«Bitte, mein Herr. Gern geschehen.»

Nach einem exzellenten Mahl mit gegrilltem Lachs schaute Alan ihr in die Augen. «Ich möchte dir etwas vorschlagen. Ich würde mich freuen, wenn du mich morgen zum Brunch in den *Crop Club* begleitest, in dem ich Mitglied bin.»

«Crop Club?»

«Ja, so nennen wir ihn. Es ist eine Dependance des Jokey Clubs. Nicht weit. Im Süden, bei Bromley, mitten im Sundridge Park gelegen. Ein herrliches Clubgebäude mit Gestüt, in dem auch meine Stute steht. Du könntest sie ausreiten.»

«Oh. Welch ein Angebot.»

«Außerdem besitzen wir in dem herrlichen Clubhaus einen sehr eleganten Clubraum und ein gutes Restaurant.»

«Danke, Alan. Das ist wirklich ein verlockendes Angebot.»

«Ich denke, du wirst es aufregend finden. Alle dort sind aktive Reiter oder Pferdeliebhaber.»

«Wieso nennt ihr es dann *Crop Club*?»

«Hat sich so eingebürgert. Die Reitgerte steht dort über alles.»

«Oh, natürlich. Die Reitgerte. The Crop. Das ist aber eine, wie soll ich sagen, sehr hintergründige Bezeichnung.»

«Ja, du hast es erkannt. In das große Gebäude mit den allgemeinen Räumlichkeiten und in das Restaurant des Jokey Clubs dürfen Frauen als Begleitung mitgebracht werden. In einem separaten Gebäudeteil ist abgeschirmt der *Crop Club* und der ist ein reiner Gentlemen's Club. Nur zum sonntäglichen Brunch haben auch Frauen Zutritt. Und auch nur Frauen, die Reitunterricht erhalten.»

«Aber ich kann reiten. Mein Mann und ich hatten immer ein Pferd.»

«Das weiß ich. Mit Reitunterricht meinen wir den Unterricht mit der Crop.»

«Oh!», Elisabeth brauchte eine Weile. «Das muss ich erst verdauen. Jetzt begreife ich. Das ist ja erstaunlich! Du meinst, die Frauen, die dort mitgebracht werden, erhalten …?»

«Ja, Elisabeth. Es ist ein ungeschriebenes Gesetz, dass zu dem Brunch nur Frauen oder Ehefrauen mitgebracht werden dürfen, die Unterricht erhalten.»

«Wie sich das anhört. Unterricht. Mit der Reitgerte.»

«Wir nennen es schlicht und einfach Reitunterricht, was richtiges Reiten nicht ausschließt.»

Elisabeth traute ihren Ohren nicht. «Dass es so was gibt, das ist ja unglaublich. Ein Club für dominante Männer.»

Sie schmunzelte und schüttelte ungläubig den Kopf.

«Es weiß ja niemand», meinte Alan beschwichtigend, «nur die Männer.»

«Die Frauen nicht?»

«Die meisten nicht, wenn sie mitgebracht werden. Ist eine uralte stille Absprache zwischen den Männern. Seit mehr als hundert Jahren, solange der Club existiert.»

«Oh, sie werden dann vorgeführt. Ist das so üblich?»

«Einigen Herren gefällt das.»

«Aber geritten wird auch?»

«Natürlich, der Club hat eigene Pferde und etliche Mitglieder besitzen selbst welche.»

«Und da erhalten die Frauen dann richtigen Reitunterricht auf Pferden?»

«Nein. In der Regel nicht. Die wenigsten reiten. Sie erhalten eben den klassischen Unterricht. Nicht im Club natürlich.»

«Aber mit der Crop!»

«Ja, mit der Crop. Das ist unser Wappen.»

«Dahin willst du mich mitnehmen?»

«Elisabeth. Dort trifft man sehr interessante Leute und wir könnten ausreiten.»

«Dann brauche ich Reitsachen.»

«Die hast du doch, oder?»

«Ja. Aber ich habe sie seit dem Tod meines Mannes nicht mehr getragen. Unseren Wallach habe ich danach verkauft, weil ich es mir nicht mehr leisten konnte. Ich müsste die Hose sofort anprobieren. Hoffentlich passt sie noch.»

«Gut. Dann bringe ich dich nach Hause und du probierst deine Sachen an. Ich hole dich dann morgen ab.»

Elisabeth nahm seine Hand. «Willst du mich nicht bestrafen?»

«Elisabeth! Nein, das hatte ich nicht vor.»

Sie lächelte ihn unverhohlen an. «Ich würde mich aber freuen, wenn ich meine Schuld begleichen könnte.»

Alan lachte lauthals. «Elisabeth. Du bist so liebenswert.»

«Danke, Sir.»

«Komm, wir gehen.»

Elisabeth hatte sich in ihrer Wohnung

über die Lehne des Sessels gebeugt, ihren Rock hochgezogen und ihr Höschen abgestreift.

Alan gab ihr sechs Hiebe mit der Gerte, die sie erschrocken aufschreien ließen. Mehr wollte er ihr aber nicht antun, statt dessen hatte er sie erregt ins Schlafzimmer geführt und so stürmisch geliebt, dass Elisabeth noch lautere Schreie der Lust ausstieß.

Am Morgen wurde er von Elisabeth geweckt.

«Sir. Ich habe das Frühstück vorbereitet.»

Alan rieb sich die Augen, zog sie zu sich und küsste sie.

Bei seinem Kuss schmolz sie hin. «Danke Sir, dass Sie mir eine gerechte Bestrafung gegeben haben. Sie sind so großmütig, auch als Sie mir Ihre Kraft schenkten. Ich bin Ihnen sehr dankbar.»

«Das ist sehr brav. Elisabeth. Du bist eine ganz liebe, begehrenswerte Frau.»

Mit einem üppig eingedeckten Frühstückstisch wurde er im Esszimmer empfangen und stellte verwundert fest, dass Elisabeth sich hübsch geschminkt, die Haare elegant hochgesteckt hatte und ein luftiges Kleid trug, das ihre Figur umschmeichelte.

Nach dem Frühstück, als Elisabeth nochmal Kaffee einschenkte, nahm er sie an der Hand.

«Setzt dich zu mir. Ich habe dir noch etwas zu sagen. Ich fahre jetzt zu mir und ziehe mich zum Reiten um. Dann komme ich, um dich abzuholen. Die Fahrt dahin dauert etwa eine halbe Stunde. Ich werde dich dort einem Mann vorstellen. Lord Henry Gillford, den Earl of Headfort. Er ist fünfzig Jahre alt, sehr sportlich, schlank und hat in den Stallungen des Crop Clubs einen Rappen. Er ist ledig, auch Witwer, ich kenne ihn seit Jahren. Er ist ein gestandener Mann, der sich nichts sehnlicher wünscht, als auf eine Frau zu treffen, die vielleicht seine Gedanken teilt. Ich denke, du wärst die ideale Frau für ihn.»

«Alan!»

«Sei unbesorgt. Schau ihn dir an und rede mit ihm. Du wirst sehen, er ist ein Mann, den du dir wünschen könntest. Da bin ich mir sicher.»

«Was soll ich denn dazu sagen?»

«Gar nichts, Elisabeth. Nur so. Zum Kennenlernen. Mehr nicht.»

«Was machst du mir denn da für einen Vorschlag?»

«Elisabeth, ich kenne dich mittlerweile ein wenig. Ich finde, ihr beide würdet hervorragend zusammenpassen. Deshalb will ich dich wissen lassen, dass Henry ein Mann ist, den du dir vorstellen könntest. Er ist dominant, aber zugleich sehr rücksichtsvoll – und er hat Stil. Er ist an mehreren Unternehmen beteiligt, hat ein riesiges Anwesen in Chiswick und sucht eine Ehefrau. Eine Ehefrau, die seinen Vorstellungen entspricht.»

«Er hat besondere Vorstellungen?»

«Nein. Nicht mehr als du mit deinem Mann und mir erlebt hast. Er will eine gehorsame Ehefrau, die ihn als Oberhaupt des Hauses anerkennt. Er ist ganz bestimmt kein Haudrauf. Vor Jahren hatte ich im *Crop Club* seine Frau getroffen und sie sagte mir, dass er der liebenswerteste Reitlehrer der Welt sei.»

«Sie wusste, was bei euch Reitlehrer bedeutet?»

«Ja, sie war eine der wenigen Frauen, die Bescheid wusste und mochte es, beim Brunch dabei zu sein.»

«Oh. Was tust du mir an?»

«Ist das so schlimm? Sieh es als eine Chance. Das möchtest du doch, oder?»

Elisabeth brauchte nicht lange, um zu antworten.

«Danke, dass du so besorgt um mich bist. Ich bin dir auch dankbar, dass du mich vorher informierst. Ich werde dir folgen. Ich werde deine gehorsame Reitschülerin sein.»

«Brav, Elisabeth!»

«Du bist ein sehr erfahrener Reitlehrer, wie ich gestern Abend spüren konnte. Es war sehr eindrucksvoll.»

Alan schmunzelte. «Du hast, wie gewünscht, ein *Six of the Best* erhalten, um deine Schuld tilgen zu können.»

«Ja, ja. Den Ausdruck kenne ich. Vom Internat und von meinen Mann. Die *Sechs der Allerbesten.*»

«*Six of the Best* ist bei Bestrafungen üblich.»

«Hast du darin viel Erfahrung?», fragte Elisabeth neugierig und Alan schaute sie verwundert an. Er hatte plötzlich den Eindruck, dass sie wohl gerne über dieses Thema sprach.

«Diese Erziehung ist in England weit verbreitet und seit Jahrzehnten bewährt. Allen Ehefrauen meiner Freunde wird auf diese Weise Besserung gelehrt.»

«Ja, ich weiß es. Aber du warst doch lange im Ausland.»

«In Ägypten erhielten fast alle Ehefrauen der Offiziere ab und zu Reitunterricht.»

Elisabeth lachte. «Aber du hattest keine Ehefrau.»

«Ich hatte zwei einheimische Dienstmägde und eine Geliebte.»

«Oh. Eine Geliebte?»

Alan amüsierte sich über Elisabeths Neugier.

«Sie war die irische Frau eines Offiziers. Er war im diplomatischen Dienst für die Krone und seit einem Jahr nach einer Mission im Süd-Sudan vermisst. Ich habe mich dann um sie gekümmert und sie hat zeitweise bei mir in meinem Haus gelebt.»

«Wie großzügig. Hast du dich besonders um sie gekümmert und auch ihr Reitunterricht gegeben?»

«Ja. Sie war sehr gehorsam und eine gelehrige Schülerin», und Alan fügte nach einer Pause spitz hinzu: «Ich habe ihr öfter mit einer *Sechser-Lektion* helfen können, die richtige Haltung beim Unterricht anzunehmen.»

Elisabeth schüttelte ihren Kopf und konnte sich ein Lachen nicht verkneifen. «So spricht der wahre dominante Gentleman mit Stil.»

*

Alan ritt einen Rappen und Elisabeth saß im Sattel auf seiner Stute und folgte ihm brav. Im leichten Trab kamen sie zurück zum Koppel bei den Stallungen. Ein Mann, der sie schon eine Weile beobachtet hatte, stand an der Koppel und erwartete sie. Er nahm die Zügel von Elisabeths Stute entgegen und band sie fest. Dann stellte er sich neben sie, reichte Elisabeth die rechte Hand, um ihr beim Absteigen behilflich zu sein. Seine linke Hand legte er dabei stützend auf ihren Po, was das Absteigen erleichterte. Elisabeth bemerkte, dass die Hand einige Sekunden länger als notwendig auf ihrem Po lag und lächelte, als sie auf dem Boden stand.

«Danke, Sir.» Sie nahm ihre Reitkappe und die Haarschleife ab und schüttelte ihr lockiges langes Haar.

«Bitte schön. Gern geschehen, Ma'am.» Der Mann war ihr mit einem Mal sehr sympathisch und sah gut aus.

Alan war mittlerweile aus dem Sattel gesprungen und kam zu ihnen.

«Darf ich euch vorstellen? Das ist Lord Henry Gillford, Earl of Headfort und das ist Elisabeth Barron.»

«Sehr erfreut, Ma'am», sagte der Lord. «Ich habe gesehen, Sie sind eine hervorragende Reiterin.»

«Danke, Sir.»

Elisabeth war sich bewusst geworden, dass dies der bewusste Mann war, den er ihr vorstellen wollte. Ein Mann, der die Reitgerte liebte. Kokett sagte sie: «Aber ich benötige immer noch Reitunterricht.»

«Sie sind Alans Reitschülerin?»

«Ja, Sir», und mutig setzte sie hinzu: «Mr. Hemmings ist mein strenger Reitlehrer.»

Elisabeth knöpfte ihre sehr enge Shetland Tweed Jacke auf und zog sich das seidene Halstuch, das mit den Enden in dem Ausschnitt ihrer weißen Bluse steckte vom Hals. Da Alan ihr vor dem Ausritt die oberen drei Knöpfe der Bluse geöffnet hatte, fiel dem Lord sofort der üppige Busen auf, der sich ihm in ihrem Dekolleté entgegenstreckte.

«Sie sehen bezaubernd aus, MyLady.»

«Danke, Sir!»

Elisabeth musterte den Lord. Er war einen Kopf größer als sie, sehr schlank, fast ein sportliches Aussehen und die grauen Schläfen, die sein fülliges Haar zierten, ließen ihn als einen jugendlichen Fünfziger erscheinen.

Alan unterbrach sie. «Elisabeth, gehst du schon mal mit Henry vor zum Clubhaus? Ich werde die Pferde versorgen und striegeln. Du hast heute sehr brav gehorcht, dafür erhältst du später eine Belohnung. Wir gehen zusammen essen.»

«Oh, danke, mein Reitlehrer», erwiderte Elisabeth in einem bewusst demutsvollen Ton.

Auf dem Weg zu dem herrlichen, efeubewachsenen Clubgebäude, wandte sich Lord Gillford an sie. «Ich erkenne, Sie reiten gerne.»

«Ja, Sir. Ich liebe es.»

«Darf ich Sie Elisabeth nennen?»

«Ja. Bitte. Sir.»

«Elisabeth. Wir bieten hier herrliche Reitmöglichkeiten in dem großen Areal des Club's und verfügen über eine fünf Meilen lange, hauseigene Country-Cross-Strecke. Buchstäblich über Stock und Stein, kleine Wälle, Hecken, natürliche Hindernisse und Wasserläufe geht der gefällige, risikofreie Ritt. Hier können Sie einzigartige Natur pur erleben und erhalten Reit- und Geländespaß.»

«Ja. Bin völlig hingerissen. Ein wunderschönes Areal. Wir sind einigen Reitern begegnet.»

An den Treppenstufen reichte Henry ihr die Hand. «Treten Sie ein.»

Innen erwartete Elisabeth ein weiträumiger Gesellschaftsraum mit unzähligen Sitzgelegenheiten, der nur mit wenigen Personen belebt war.

«Dies ist der große Jokey-Saal. Kommen Sie, wir gehen weiter.»

Durch einen nächsten Gesellschaftsraum führte er Elisabeth weiter. Als sie ein Hinweisschild *Ladies* sah, entschuldigte sich Elisabeth, verschwand kurz, um sich frisch zu machen und erschien schnell wieder.

Gillfort begleitete Sie zu einem Durchgang, in dem ein Sikh an der Seite stand, bekleidet mit dem Dastar, dem typischen indischen Turban. Über dem Eingang befand sich ein heraldisches Wappen aus Stein mit einer diagonal aufgelegten Reitgerte.

«Welcome, Lord Gillford», grüßte der Sikh.

«Hallo, Singh!»

«Dies ist der Zugang zu unserem Allerheiligsten. Singh wacht darüber, wer hier hinein geht. Das gesamte Areal gehört dem Jokey Club in London und das ist auch die offizielle Bezeichnung für diese gesamte Einrichtung. Nur diesen besonderen Bereich nennen wir *Crop-Club* und der Zutritt ist, außer Sonntags zum Brunch nur männlichen Mitgliedern gestattet.»

Elisabeth war mehr als überrascht. Ein riesiger Raum, fast wie ein Saal, mit Balkendecke und vielen Fenstern, mit Blick auf weitere Koppeln. Er war gefüllt mit einer Ansammlung von ledernen Sesseln um kleine Beistelltische, an denen mehrere Paare saßen. Mehr noch aber erstaunte sie nicht nur die Menge der dekorativen Reitgerten an den Wänden, die Ölgemälde, die attraktive Gentleman mit ihren Reitgerten in ihren Händen zeigten, sondern vier große, stehende Bronze-Skulpturen, die mit grüner Patina überzogen, leicht bekleidete, fast nackte junge Frauen darstellten, die jeweils eine Reitgerte auf ihrer Hand entgegenhielten.

«Oh!», rief sie aus. «Das sind aber sehr eindrucksvolle Skulpturen.»

«Überrascht es Sie?»

«Nein, Sir. Überhaupt nicht. Ich weiß, dass richtige Männer die Schönheit des weiblichen Körpers zu schätzen wissen. Ich finde sie beeindruckend ästhetisch. Sehr anregend.»

«Das freut mich zu hören. Ich sage Ihnen, was diese Skulpturen symbolisieren», er stellte sich eng neben Elisabeth. «Es sind junge Frauen, die ihrem Lehrer die Reitgerte anbieten und um Reitunterricht bitten.»

«Ja. Ich kann es mir denken. Das ist eindrucksvoll dargestellt. Ich wusste gar nicht, dass es solche Skulpturen gibt.»

«Sie sind auf Wunsch eines großzügigen Mitglieds vor etwa fünfzig Jahren extra hergestellt und unserem Club gespendet worden.»

«Unglaublich», sinnierte Elisabeth. «Ja. Ein guter Reitlehrer muss beim Unterricht manchmal mit der Reitgerte nachhelfen, wenn eine Hürde überwunden werden muss.»

«Das haben Sie wunderbar gesagt. Ja, die Gerte hilft manchmal Blockaden zu lösen.»

Henry schaute in Elisabeths Gesicht und sie lächelte ihn an.

«Es ist schön, dass wir uns so gut verstehen. Wollen wir uns dort an den Fenstern niederlassen? Was möchten Sie trinken?»

«Bitte ein Tafelwasser.»

Gillford bestellte beim herbeieilenden Steward das Wasser und für sich einen Scotch auf Eis.

Elisabeth schaute sich um. In den Sesseln der Gruppe nebenan saßen zwei Männer und zwei Frauen. Die Männer in Reitkleidung, die Damen sehr elegant gekleidet. Einer der Herren hielt eine Reitgerte in der Hand und schlug mehrmals lässig auf seine andere Handfläche. Elisabeth dachte an die Worte von Alan, dass hier nur Frauen mitgebracht werden durften, die mit der Reitgerte erzogen wurden. Reitunterricht nennen sie es und Elisabeth musste innerlich grinsen. Sie hätte nie im Leben gedacht, dass es eine solch luxuriöse Einrichtung mit diesem äußerst pikanten Hintergrund gäbe. Eine Weile beobachtete sie die beiden Frauen, die vielleicht nur wenig jünger als sie selbst waren. Der Gedanke, zu wissen, dass diese beiden Frauen von ihren Männern übers Knie gelegt wurden, erregte sie mit einem Mal. Tief im Herzen war sie

Alan wirklich dankbar, dass er sie hierher mitgenommen hatte. Endlich eine Abwechselung in ihrem tristen Dasein. Egal, was herauskommen sollte, sagte sie sich, obwohl sie anerkannte, dass dieser Henry wirklich ein sehr attraktiver Mann war.

«Zum Wohle. Auf die bezaubernde Reitschülerin!» Der Lord nahm einen Schluck. «Sie mögen Pferde?»

«Ich liebe sie, Sir.»

«Pferde sind liebevolle Geschöpfe, die den Menschen brauchen und mögen. Wir Reiter lernen von ihnen und sie von uns.»

«Das ist ein sehr kluger Satz, Sir.»

«Besonders Frauen lernen über den Reitunterricht die Rücksichtnahme, Selbstüberwindung, Fürsorge, körperliche Gewandtheit, Konzentration und das Durchhaltevermögen.»

«In Ihren Augen sehe ich, dass dies auch sehr hintergründig gemeint ist.»

Henry schmunzelte. «Ja. Das stimmt. Dann verstehen wir uns prächtig. Ja, ich mag es, mich so zu unterhalten. Besonders mit solch einer attraktiven Frau und wenn ich spüre, dass sie mich versteht.»

«Ich verstehe Sie sehr gut, Sir. Ich finde es sehr anregend.»

«Die Crop, das Zeichen unseres Clubs, steht hier sinnbildlich für die Hilfe, die wir

Reitlehrer beim Reit-Unterricht geben können, um eine zufriedene Performance der Schülerin sicher stellen zu können.»

«Ja. Ich verstehe, was Sie meinen. Die Skulpturen hier in diesem Raum, sagen dies schließlich auch.»

«Ja. Sehr gut erkannt.» Gillford war begeistert darüber, wie er sich mit Elisabeth unterhalten konnte. «Wissen Sie, beim Reitunterricht geht es um die Losgelassenheit. Losgelassenheit beschreibt beim Reiten den Zustand, in dem ein Pferd locker mit schwingendem Rücken, nach vorne gedehntem Hals und ohne Eile mit natürlichen, taktmäßigen und entspannten Bewegungen läuft und auf die Hilfen des Reiterlehrers reagiert.

Die Losgelassenheit ist die höhere Stufe der Ausbildungsskala bei Stuten. Auch eine Reitschülerin kann sich durch Geraderichten, der notwendigen Haltung beim Unterricht, den erfüllenden Gefühlen der Losgelassenheit hingeben. Der Reitlehrer muss sie dabei mit strenger Hand führen. Dazu bedarf es manchmal der Reitgerte und die Schülerin kann mit der Stute verschmelzen, sozusagen Eins werden.

Wenn ein Reitlehrer mit Achtsamkeit schult, spürt die Stute mit der Zeit kleinste Unebenheiten im eigenen Körper umso deutlicher. Mit der Gerte kann er ihre Empfindungen fördern und die Stute lernt, wie sie das Verlangen des Lehrers erfüllen kann. Aber ein guter Reitlehrer soll nicht nur kritisieren, sondern vor allem auch loben und motivieren, damit sich die Schülerin nach weiteren Reitstunden sehnt.»

Elisabeth lächelte. «Ihre Gedanken haben Sie perfekt umschrieben.» Sie konnte sich denken, dass mit Stute auch die Schülerin gemeint war und wozu eine Reitgerte eingesetzt wurde.

«Sind Sie schockiert?»

«Nein, ganz und gar nicht. Ihre ausgewählten Worte faszinieren mich. Sie sind ein Gentleman mit Stil. Ich sehe es ähnlich und weiß, das Stuten beim Zureiten vorher am Ausbrechen gehindert werden müssen und der Lehrer sie mit dem Zügel führen muss.» Mutig fuhr sie fort. «Als Schülerin erwarte ich, dass mich ein Reitlehrer mit strenger Hand führt und empfinde dabei eine große Erfüllung, wenn ich seine Besorgnis um mich beim Unterricht spüren kann. Wissen Sie, ich muss zu einem Lehrer aufsehen können. Dann kann ich mich entwickeln. Das kann nur ein gestandener Mann sein, der etwas darstellt, körperlich und geistig. Der mir überlegen ist. Dann kann ich auch von ihm lernen. Sie sind sicherlich ein sehr erfahrener Reitlehrer.»

«Sie sind wirklich eine bemerkenswerte Frau, Elisabeth. Sie wissen, wie man sich angeregt unterhalten kann. Alle Achtung. Ich muss zugeben, dass ich eine solch verständnisvolle Frau noch nicht erlebt habe.»

«Danke, Sir, für dieses Kompliment. Sie sollen wissen, dass ich vollstes Verständnis dafür habe, dass ein richtiger Reiterlehrer seine Autorität geachtet haben will. Dass er auch manchmal einen strengen Unterricht erteilen muss, der belastend ist. Aber genau dies braucht doch eine Schülerin, um demütig die Regeln zu lernen, die ihr die große Erfüllung bringen sollen.»

«Ich sehe, Sie verstehen den Sinn des Unterrichts. Ja, ich denke, nichts ist erhabener für einen Lehrer, wenn er den Erfolg seiner Ausbildung erkennen kann. So, wie im richtigen Leben.»

«Ja, Sir. Wie im richtigen Leben.»

So unglaublich dieser hintergründige Wortwechsel in Wahrheit war, so sicherer wurde sich Elisabeth, dass dieser Lord Gillford ein Freund exquisiter frivoler Konversation war, der sich dabei äußerst stilvoll zu benehmen wusste und die Gefühle einer Frau achtete. Solche Männer haben das Gespür für die Feinheiten der Liebe und sind selten anzutreffen. Insgeheim war sie Alan dankbar, diesen Mann anzutreffen.

Alan trat zu ihnen. «Wollen wir ins Restaurant wechseln. Ich habe Hunger.»

«Gerne, Alan», freute sich Elisabeth. «Unser Ausritt hat hungrig gemacht, nicht wahr?»

«Gut», Henry stand auf. «Ich lade euch ein.»

«Nein, Henry.»

«Lass gut sein, Alan. Ich freue mich richtig darauf, mit euch essen zu gehen.»

Bevor sie ins Restaurant wechselten, suchte Elisabeth noch einmal die Rest Rooms auf.

«Na», meinte Alan zu Henry. «Habt ihr euch gut unterhalten?»

«Mensch, Alan. Unglaublich. Eine bemerkenswerte Frau.»

«Habe ich zu viel versprochen?»

«Als du mir das gestern erzählt hattest, habe ich dem nicht viel beigemessen. Aber nun. Ich muss sagen, ich bin beeindruckt. Außerordentlich. Ich habe mich mit ihr in Andeutungen unterhalten können, dass es mich schier erregt hat. Und das Tollste war, sie hatte es nicht nur verstanden, was ich meinte, sie hatte mir sogar entsprechen verklausuliert geantwortet. Alles mit Stil und dennoch, sie hat erkannt, um was es geht.»

«Das habe ich dir doch gesagt. Sie ist bereit, einem Mann, der sich um sie sorgt, zu dienen. Zu allem. Sie ist wirklich liebenswert. Und sei gesagt, sie besitzt nicht nur einen aufregenden Körper, sie ist wahnsinnig sinnlich und liebt die menschlichen Freuden über alles.»

«Ja, ich habe es bemerkt, als sie die Bronzefiguren betrachtete. Sie ist dem Körperlichen gegenüber sehr aufgeschlossen. Wann hat sie das letzte Mal Unterricht erhalten?»

«Gestern!»

«Ich staune.»

Obwohl der Lord sie beim Essen immer mit Elisabeth ansprach, blieb sie dabei, ihn jedes Mal mit Sir anzureden. Sie hatte schnell bemerkt, dass es dem Lord gefiel und er sie wohl sehr sympathisch fand. Sie nahm sich vor, ihm im Verlauf des Essens eine eindeutige Botschaft zu geben, dass auch sie ihn mehr als sympathisch fand und sich ein engeres Verhältnis vorstellen könne. Schließlich wusste sie von Alan, dass der Lord eine Frau suchte. Und um seine Vorlieben zu wissen, machte ihr nichts aus. Sie war schon immer in ihrem Leben die Gerte gewohnt und die beiden Abende mit Alan hatten ihr höchste Glücksgefühle gebracht. Sie war sich bewusst, dass sie eine strenge Hand benötigte, es sie unbeschreiblich erregte und zu weiterem Liebesspiel vorbereitete. Einen solch gutaussehenden und auch dominanten Mann wollte sie schon immer begegnet sein.

Nach dem Essen, bei dem sich alle drei angeregt über das Reiten unterhalten hatten, bestellten sich die Herren noch einen Kaffee und Scotch und Elisabeth blieb bei ihrem Glas Wein.

«Elisabeth. Alan hatte mir gesagt, sie sind adliger Herkunft.»

Sie musste lachen. «Sir. Ganz niedriger Adel. Meine Mutter ist eine Baroness of Margadale. Mein Bruder, der in Australien lebt, ist zweiter Baron und ich, da ich bei der Hochzeit damals meinen Mädchennamen behalten hatte, dritte Baroness. Sollte meine Mutter sterben, würde ich zur zweiten Baroness aufrücken. Aber ich hoffe, dass Alan Ihnen gesagt hat, dass die Margadales seit drei Generationen über kein großes Vermögen verfügen. Um es genau zu sagen, uns gehört nur das kleine Haus meiner Mutter und das ist alt und nicht viel wert.»

«Sie sind sehr offen, danke. Aber so genau wollte ich es gar nicht wissen. Es ist auch belanglos. Aber sagen Sie mir. Sie arbeiten in der Bank A&M?»

«Seit fünfzehn Jahren. Ich bin Leiterin der Revisionsabteilung und die Arbeit bereitet mir sehr viel Freude. Wir sind eine sehr erfolgreiche kleine Privatbank, die einen besonders guten Ruf bei der Anlagenberatung hat.»

«Dann können Sie mir sicherlich einen guten Tipp für eine Anlage geben.»

«Sir. Ich bin durch und durch Bankkauffrau und bekomme naturgemäß als Revisor mit, welche lukrativen Anlagemöglichkeiten wir anbieten können. Die Tochter von Lord Ashton, Olivia Ashton, ist die Leiterin des *Family Office* für Privat Anleger. Sie macht einen hervorragenden Job, weiß über alle derzeitigen heißen Aktien und Anleihen Bescheid. Sie wäre für Sie der richtige Ansprechpartner.»

«Dann müsste ich sie aufsuchen. Sie können für mich einen Termin bei ihr machen und mir Bescheid geben.»

«Ich denke, Sir, Olivia würde Sie zu jeder Zeit empfangen.»

Lord Gillford hielt einen Moment inne. «Das bringt mich auf eine bessere Idee! Alan, was hältst du davon, wenn ich euch übermorgen zum Tee und anschließendem Dinner zu mir nach Chiswick einlade und ihr Miss Ashton mitbringt? Beim Tee lässt sich so etwas viel angenehmer besprechen.»

«Nun ja. Ich müsste Olivia fragen. Aber ich denke, sie wird gerne dabei sein. Um einen Kunden wie dich wird sie sich gerne persönlich kümmern.»

«Sie, Elisabeth? Würden Sie mir die Ehre erweisen?»

«Von Herzen gerne, Sir. Ich würde mich freuen, Sie wiederzusehen.»

Henry hob die Augenbraue und sah Elisabeth wohlwollend an. «Na, wunderbar. Dienstag. Aber sagen Sie mir noch. Sie leben allein?»

«Ja, Sir.»

«Tragen Sie sich denn mit dem Gedanken, wieder in eine Ehe eintreten zu können?»

«Sir. Ich hatte bisher kaum oder fast gar nicht die Gelegenheit bekommen einen respektablen Herrn kennenzulernen. Sie sind der Erste, in dessen Gesellschaft ich mich wohlfühle.»

Henry war etwas sprachlos über dieses unverhohlenes Geständnis.

«Sehen Sie. Mir geht es genauso. Bisher hatte ich nicht das Glück, eine solch charmante Gesellschaft zu haben, wie Sie es sind. Ich denke, ich bin kein Sturkopf und meine Ansprüche sind nicht hoch geschraubt. Aber ich mag es nun mal, dass eine Ehefrau sich bemüht, eine Ehe in Harmonie zu führen und es nicht als ein Kampf betrachtet, um den Mann zu ändern.»

«Das würde ich mir nie erlauben, Sir.»

«Wissen Sie. Einer Ehefrau würde ich erlauben, mein Haus zu verändern, die Gesellschaftsräume, das Mobiliar, den Garten, auch das Personal, nur nicht mein Office und meine Bibliothek!», lachte der Lord. «Sie darf auch das Schlafzimmer neu dekorieren, denn das Einzige, was ich in diesem Raum der Zweisamkeit verlange, ist eine schöne Frau.»

«Ach, Sir. Ein Ändern ist gar nicht notwendig. Wenn, dann wird es doch immer im gegenseitigen Einverständnis geschehen. Darum würde sich doch eine liebende Frau bemühen. Der Ehemann soll sich doch in seinem Heim wohlfühlen. Dies sollte die vorrangige Aufgabe einer Ehefrau sein.»

«Das freut mich wirklich zu hören.»

Jetzt sah Elisabeth die Gelegenheit, noch einmal auszuholen. «Sir. Ich bin im Beruf eine selbstbewusste, moderne Frau, die mit beiden Beinen auf dem Boden steht und durch meine Tätigkeit im internationalen Gold- und Anlagegeschäft, weiß ich, wie es in der Welt zugeht. Aber im Privatleben, als Ehefrau würde ich mich liebend gerne einem Mann zur Seite stellen, ihm dienen und versuchen ihn glücklich zu machen.»

«Elisabeth», warf Alan ein. «Das hast du wunderbar ausgedrückt. Ich weiß und kann es nur bestätigen, dass du eine zuverlässige hoch motivierte Kollegin bist. Ich habe dir gesagt, dass du ein Glücksfall für einen Ehemann wärst.»

«Danke, Sir.»

Bis zum späten Nachmittag hatten sich alle drei nach dem Essen in angenehmer Atmosphäre unterhalten.

Lord Gillford bedankte sich zum Schluss überschwänglich bei Alan und Elisabeth. Er verabschiedete sich mit einem Handkuss bei Elisabeth und flehte sie förmlich an, am Dienstag das Dinner bei ihm nicht zu vergessen.

Tresor

Am Montagmorgen klopfte Olivia mehrmals herausfordernd laut an Alans Bürotüre und wartete, bis er «Herein» rief.

Schmunzelnd erhob er sich: «Guten Morgen, Miss Ashton. Wie geht es Ihnen?»

«Danke, Mr. Hemmings. Sehr gut.»

«Setzen wir uns in die Besuchersessel. Darf ich Ihnen auch eine Tasse Tee anbieten?»

Olivia konnte sich ein Grinsen, ob seiner Freundlichkeit nicht verkneifen und nahm sein Angebot dankbar an.

«Mr. Hemmings. Mein Vater hat mir am Wochenende erzählt, was Sie alles über das Schreckliche in Erfahrung gebracht haben.»

«Ja. Sehr schlimm!»

«Sir. Mein Vater erwähnte auch den Namen Jessica Griffiths. Sie ist tot, nicht wahr?»

«Vermutlich.»

«Ich habe heute Morgen in meinen Büchern nachgesehen und tatsächlich hatte, wie ich mich schwach erinnern konnte, eine Jessica Griffiths unter ihren Namen ein Bankschließfach bei uns angemietet. Die Nummer 825.»

«Oh! Das ist ja interessant.»

Alan stand auf und holte eines der Foto aus den Briefumschlag. Er entnahm ihm das Foto, das Jessica allein in Paris zeigte.

«Ja. Das ist sie!», rief Olivia aus. «Ich erinnere mich genau. Wieso haben Sie ein Foto von ihr?»

«Miss Ashton, das ist meine Sache.»

Ehrfurchtsvoll schaute Olivia Alan an. «Was machen wir denn jetzt, wenn sie tot ist? Normalerweise müssen wir die Angehörigen verständigen. Haben Sie eine Adresse?»

Alan überlegte. «Olivia, noch ist es nicht einhundert prozentig sicher, ob es sich bei der gefundenen Leiche auch wirklich um Jessica Griffiths handelt. Die Leiche ist in der Gerichtsmedizin zur Obduktion. Das kann noch dauern.»

«Sir, da gibt es noch eine Kleinigkeit, die Sie wissen sollten. Jessica Griffiths hatte damals bei der Anmietung darauf bestanden, dass dieses Schließfach durch ein besonderes Codewort gesichert wird. Das bieten wir vereinzelt an. Normalerweise kann jeder, der den Namen, auf den das Fach lautet, nennt und den zugehörigen Schlüssel hat, Zugang bekommen. Nur bei einem Codewort verlangen wir neben der Vorlage des nummerierten Schlüssels, den Code.»

«Welches Codewort hatte sie?»

«Prinzessin!»

«Oh. Oh ja. Sehr interessant.»

«Ich habe heute Morgen meine Kolleginnen gefragt, ob jemand in den letzten Tagen zum Schließfach 825 wollte. Meine ältere Kollegin Abigail sagte mir, dass am Montag ein junger Mann mit dem Schlüssel da war, aber das Codewort nicht wusste. Sie hat ihn daraufhin nicht in den Tresorraum gelassen und er ist gegangen.»

Alan sprang auf. «Wir sollten sofort hinunter. Ich möchte Ihre Kollegin sprechen.»

Unten im Schalterraum ging Alan zu Nad, der an einem Schreibtisch saß und Banknoten zählte.

«Nad, komm mit!»

Olivia wunderte sich darüber, als sie Alan und Nad zu ihrer Kollegin führte.

Nach einer kurzen Begrüßung und Vorstellung kam Alan sofort zur Sache und fragte Olivias Kollegin. «Sie haben gesagt, dass ein junger Mann zum Schließfach 825 wollte. Beschreiben Sie mir den Mann.»

«Also, er war ungefähr sechs Fuß groß. Vielleicht um die dreißig Jahre alt, hatte sehr schwarzes Haar und einen Schnauzbart. Er trug einen dunkelbraunen Mantel und hielt einen passenden Hut in der Hand.»

«Können Sie den Mantel und den Hut beschreiben?»

«Der Mantel war sehr lang. Ja, und der Hut. Ich bin nicht sicher. Es war einer mit einer breiten Krempe.»

Alan wandte sich an Nad und Olivia. «Miss Ashton, informieren Sie bitte alle Ihre Kollegen und Kolleginnen hier in der Schalterhalle, dass, wenn ein Kunde nach Schließfach 825 fragt, er an Nad weitergeleitet werden soll.»

«An Nad? Die Kunden werden immer an Mrs. Abigail oder an mich verwiesen. Nur wir zwei gehen mit dem Kunden in den Tresorraum.»

«Gut. In Zukunft wird, wenn jemand nach 825 fragt, Nad informiert und er wird allein mit dem Kunden gehen. Das ist eine Anweisung, die Sie, Mrs. Abigail und Sie, Miss Ashton befolgen werden. Ich bin dazu von Lord Ashton autorisiert. Sie werden nicht nach dem Codewort fragen. Nur Nad wird mit dem Kunden in den Tresorraum eintreten und Sie werden dann von außen das einfache Gitter verschließen. Sie werden sofort die Wachleute rufen und mich. Das dient zu Ihrer Sicherheit. Ist das verstanden?»

Die Damen nickten.

«Miss Ashton», wandte sich Alan an Olivia. «Würden Sie mich bitte zu Ihrem Vater begleiten. Kommen Sie, wir nehmen das Treppenhaus.»

«Miss Ashton, ich weiß, dass Sie sich fragen, was Nad für Aufgaben in Ihrer Abteilung erfüllen kann.»

«Oh. Nad kann sehr gut Spanisch. Er hat schon zweimal spanische Kunden bedient. Mit Sachhilfe von mir natürlich.»

«Na, das ist doch was. Aber das ist nicht die eigentliche Aufgabe von Nad.»

«Und die wäre?»

«Ich sage es Ihnen und bitte Sie das einzusehen und für sich zu behalten. Nad ist in erster Linie zu Ihrer Sicherheit und die Ihrer Kollegen hier. Auch zu meiner. Er ist speziell dazu ausgebildet. Wenn tatsächlich ein fremder Mann an das Schließfach 825 heran will, dann kann es gefährlich werden, denn wir müssen wissen, wer dieser Mann ist und welche Auftraggeber er hat.»

Ehrfürchtig antwortete Olivia: «Jetzt begreife ich. Ist es denn so gefährlich?»

«Wir wissen nicht, was Jefferson geplant hat und was er noch vorhat. Wir müssen mit allem rechnen. Ich wäre Ihnen dankbar, wenn Sie uns dabei helfen.»

Olivia war von Alans Worten tief ergriffen. Erst jetzt wurde sie sich bewusst, dass dieser Mr. Hemmings nicht nur hier war, um Jefferson Platz einzunehmen, sondern vermutlich mehr Aufgaben hatte, als offensichtlich war. Dass er außerdem von ihrem Vater dazu autorisiert war, Entscheidungen zu treffen, die in ihren Verantwortungsbereich fielen, machte sie sehr nachdenklich.

Lord Ashton hörte Alans Bericht geduldig zu und schüttelte verwundert den Kopf. «Die hat tatsächlich ein Schließfach bei uns und irgendjemand will daran?»

«Ja, John. Ich möchte daher den Vorschlag machen, dass wir das Schließfach 825 öffnen und den Inhalt zur Sicherheit in ein anderes Fach legen, bis wir einem rechtmäßigen Nachfolger den Inhalt übergeben können.»

«Das ist ein guter Vorschlag. Olivia, du hast doch die Hauptschlüssel.»

«Aber Vater, das wäre ein Vertrauensbruch.»

«Ja, das stimmt. Aber in diesem Fall ist es sicherer.

Alan mischte sich ein: «Ich gehe davon aus, dass Jessica Griffiths das Schließfach auf Weisung von Jefferson angemietet hat und er über den Schlüssel verfügt oder verfügt hat. Ich vermute, dass er jetzt an den Inhalt heran möchte.»

«Das ist richtig gedacht. Bitte, Olivia, geh mit Alan hinunter und öffne ihm das Schließfach.»

«Ja, Vater.»

Als Alan aus dem geöffneten Schließfach einen großen braunen Lederkoffer herausholte, rief Olivia aus: «Ja. Jetzt erinnere ich mich. Sie hatte diesen großen Koffer dabei und fragte mich danach, ob ich sicherstellen könnte, dass nur sie an das Bankschließfach kommt. Ich hatte ihr dann erklärt, dass dies mit einem Codewort möglich sei und sie war ganz begierig, dass ich es in mein Buch für die Fächer eintrage.»

Alan schaute sich den Koffer an und versuchte die Verschlüsse zu öffnen, aber sie waren verschlossen.

«Wir können ihn in das Fach 210 setzen. Das ist frei», schlug Olivia vor.

«Einen Moment», sprach Alan und holte ein Bündel kleiner Schlüssel aus der Jackentasche.

«Das dürfen wir nicht», rief Olivia.

«Ich sehe nur nach. Sie sind Zeuge, dass ich nichts herausnehme.»

Es dauerte unendlich lange, bis Alan die Schlösser geöffnet hatte und den Kofferdeckel anhob.

«Was ist das denn?», stieß Olivia entsetzt aus. «Das sind ja Bearer shares, Inhaber Aktien ohne Namen von A&M, von unserer Bank!»

«So etwas habe ich erwartet», meinte Alan.

Vor ihm lagen vier Stapel, mit Bändern jeweils umgebunden, die den Koffer bis oben hin füllten.

Er zog aus einem der Stapel eine Aktie und hielt sie gegen das Licht. «Sehen echt aus. Nominal Wert jeweils 1000 Aktien. Unglaublich. Je Stapel sind das mindestens 150 oder 200 Stück. Dann wäre das ein Gesamtwert von 800.000 Pfund. Kommen Sie, Miss Ashton. Schließen wir den Koffer weg und gehen zu Ihrem Vater. Diese Aktie behalte ich, die müssen wir ihm zeigen.»

John Ashton war erschüttert, als er Olivia und Alan zuhörte, was sie gefunden hatten und Alan ihm die Aktie überreichte.

Laut las John: «Number 1068. Nominal Value 1000 Shares.

This ist to Certify that the holder of this Paper is the owner of one Thausend Shares of the Capital Stock of the Ashton & Mortimer Banking Corporation, London, Lombard Street 6, full paid and non asseessable; transferable only on the books of the Company on surrender of this Cetificate properly endorsed. In Witness Whereof, the President and general Director have here unto subcribed their names and caused the Corporate Seal to be hereto affixed at London, this January 1934.»

Er stöhnte. «Ja. Das ist eine unserer neuen Inhaber Aktien. Wir haben sie letztes Jahr aufgelegt und verkaufen sie stückweise an der Börse. Olivia, hol Rosenberg!»

Mr. Rosenberg wusste nicht, was er dazu sagen sollte. «Diese Aktien liegen im Tresorraum, in einem abgeschlossenen Bereich. Nur ich, Jefferson, Sobernheim, Elisabeth und Sie, Sir, haben die Schlüssel. Ich kann es mir nur so erklären. Jefferson muss sie genommen haben. Sie sind zweifellos echt. Wir müssen unseren Bestand sofort kontrollieren und nachzählen.»

«Da sie echt sind», resumierte John, «werden sie fehlen. So einfach ist das. Das hätte ich Jefferson nicht zugetraut. Zahlungseingänge auf unser Grundkapital sind doch in dieser Größenordnung nicht eingegangen.»

«Das ist richtig», kam es vom geknickten Rosenberg.

«Gut», meinte John. «Wir haben sie wieder. Das allein zählt. Danke, Alan, dass du nachgesehen hast. Dieser Jessica haben sie bestimmt nicht gehört. Bezahlt hat sie die schon gar nicht.»

Als Alan mit Ashton allein war, sagte er: «John, ich vermute etwas ganz anderes. Jefferson hatte die Aktien und wollte sie an einem sicheren Ort wissen. Was ist der sicherste Ort? Die Bank. Also hat er Jessica geschickt, den Koffer zu deponieren. Was mit Jessica passiert ist, weiß ich nicht. Auf alle Fälle wollte er den Koffer jetzt abholen lassen. Vermutlich hat Jessica gepokert und nur den Schlüssel herausgegeben, denn das Codewort hatte sie ihm nicht gesagt, sonst hätte der junge Mann, den er geschickt hatte, es gewusst. Wahrscheinlich hat Jefferson nicht mal geahnt, dass sie ein Codewort eingesetzt hat. Aber spätestens jetzt weiß er es. Die eine Frage ist, was wird er als Nächstes tun? Wird er versuchen, doch noch an die Aktien heranzukommen? Die andere Frage ist die, was hatte er überhaupt mit den Aktien vor? Wenn der Kurs zur Zeit unter Druck gesetzt wird, wäre es sinnlos, sie jetzt zu verkaufen. »

«Das ist eine kluge Analyse. Aber du hast in deiner Rechnung einen Fehler gemacht. Die Aktien haben einen Nomimalwert von etwa 800000.- Pfund. Es sind Papiere auf jeweils 1000 Aktien á ein Pfund. Aber unsere Aktie wird zurzeit mit knapp 6 Pfund an der Börse gehandelt.»

«Ohja. Dann wäre der Wert fast vier Millionen Pfund.»

«Noch etwas Wichtiges. In den letzten drei Jahren haben wir fast 12 Shilling Dividende pro Aktie jährlich an unsere Aktionäre ausgezahlt. Ist bei dem Kurs eine Rendite von über 10 Prozent, auf die wir stolz sind. Das sind dann 80.000 Pfund Dividende, die er bekommen würde.»

«Daran habe ich noch gar nicht gedacht. Ist es vielleicht für ihn eine Art Rückversicherung für eine zukünftige Zeit, in der er nicht mehr Bankdirektor ist oder verkauft er sie an jemand Fremdes?»

«Könnte sein, Alan.»

«Aber das erklärt nicht diese, wie ich meine, überstürzten Aktionen. Die Ermordung von Williams, sein Verschwinden und das der Prostituierten - dann dieser Koffer. Das ergibt alles keinen Sinn.»

«Das beschäftigt dich, nicht wahr?»

«Ja. Ich muss wissen, was mein Gegner plant. Das ist eine alte Maxime.»

John lachte. «Da spricht der Commander.»

«Ja, Sir», jetzt lächelte auch Alan. «Sir, ich empfehle, dass wir den Koffer entleeren, ihn mit Papier füllen und wieder in das Schließfach stellen.»

«Was ist das denn für eine Idee?»

«Nur zur Sicherheit, John. Ich bin sicher, dass Jefferson nochmal jemand schicken wird. Er sollte den Koffer bekommen, aber ohne Aktien. Vielleicht führt uns der Koffer zu ihm.»

John musste schmunzeln. «Du bist ein ganz Ausgebuffter, was? Ja, mach das. Es lässt mich besser schlafen.»

*

Als Alan in seinem Büro saß und die einzelnen Zettel, auf denen er sich Notizen zum Fall Jefferson gemacht hatte, durchsah, bekam er einen Anruf von Olivia.

«Mr. Hemmings. Hier ist ein Mr. Rowland Chapman. Er möchte Sie sprechen. Sie wüssten Bescheid.»

«Ah. Rowland. Ich komme zu Ihnen herunter.»

Rowland hatte auf einer der Besuchersitzbänke in der Hallenmitte Platz genommen und sprang auf, als Alan kam.

«Hallo, Rowland. Wie gehst?»

«Gut. Und dir?»

«Na ja. Viel Arbeit.»

«Können wir sprechen?»

«Ja. Komm mit, wir haben hier ein Besprechungszimmer.»

Nachdem Alan Olivia informiert hatte, dass er mit Mr. Chapman eine Besprechung habe, führte er Rowland in den Raum am Ende der Schalterhalle.

«Nun? Was gibt es?»

«Ganz interessant, Alan. Dein Jefferson ist uns nicht ganz unbekannt. Er hat sich vorigen Monat in Monte Carlo mit Basil Zaharoff getroffen.»

«Oh ja. Das ist interessant, dass du diesen Namen erwähnst. Ich hatte auch schon herausgefunden, dass er in Monte Carlo war. Wer ist dieser Zaharoff?»

«Einer der größten Waffenhändler am Mittelmeer. Lebt vorzugsweise in Monte Carlo und ist dort am Casino beteiligt.»

«Woher hast du die Information?»

«Du sagst niemanden etwas. Klar?»

«Ja, natürlich.»

«Wir arbeiten eng mit dem Deuxième Bureau in Paris zusammen und ich habe da einen sehr guten Freund, Claude. Das reicht. Er hat mir telegraphiert. Jetzt kommt es. Dein Jefferson ist vorletzte Woche Freitag mit der Fähre Dover Calais in Begleitung einer blonden Dame mit Namen Jessica Griffhits in Frankreich eingereist und mit dem Zug nach Paris gefahren.»

«Dass er ein Verhältnis mit dieser Jessica hat, habe ich auch schon herausgefunden. Sie ist eine Prostituierte hier aus London.»

«Ah. Das wusste ich noch nicht. Aber du solltest noch etwas wissen. Durch Zufall haben meine Freunde herausgefunden, dass er nicht in einem Hotel abgestiegen ist, in Frankreich haben sie tägliche Meldevorschrift der Hotelgäste. Er logierte in einem Haus eines Edmond Bertrand. Sie sind deshalb darauf gestoßen, weil Bertrand ein guter Bekannter von Zaharoff ist und ab und zu beobachtet wird.»

«Da hast du ganze Arbeit geleistet.»

«Mein Freund will sich das Haus mal näher ansehen», sagte Rowland und zwinkerte mit seinem rechten Auge. «Ich bekomme von ihm Bescheid.»

«Das ist gut. Ich hör von dir. Viel Erfolg.»

Als Alan sich von Rowland verabschiedet hatte, wandte er sich an Olivia. «Miss Ashton, ich wollte Sie informieren, dass wir morgen einen Beratungstermin außer Haus haben.»

«Wo denn?»

«Bei Lord Gillfort, dem Earl of Headfort in Chiswick. Um vier Uhr zum Tee. Er möchte eine größere Anlage tätigen. Bereiten Sie einige Anlagemöglichkeiten vor, die wir anbieten können. Der Lord ist einer der reichten Männer in England. Er ist ein Bekannter von Elisabeth.»

«Ein Bekannter von Elisabeth?»

«Deshalb werden wir sie mitnehmen. Kommen Sie morgen vorher zu mir ins Büro, dann können wir einige Einzelheiten besprechen. Wir fahren dann zusammen hin.»

«Von Chiswick aus kann ich schnell nach Hause. Ich werde mit meinem Wagen fahren.»

«Na, gut. Noch etwas Miss Ashton. Wir gehen jetzt in den Tresorraum, öffnen den Koffer, entnehmen alle Aktien und stellen ihn leer wieder zurück in das Schließfach 825. Dazu bin ich von ihrem Vater beauftragt worden.»

Olivia wagte es nicht mehr zu widersprechen.

In seinem Büro ordnete Alan seine Zettel neu. Nach den Neuigkeiten von Rowland konnte die Leiche in der Themse nicht Jessica sein und Jefferson war oder ist in einem Haus von einem Freund von Zaharoff in Paris. Das waren also zwei wichtige Informationen, die er Shrivers geben konnte und er wählte die 9966.

Stichwortartig hatte Alan Admiral Shrivers berichtet, der mehr erschüttert über die Tatsache war, dass es eine Verbindung von Jefferson zu Zaharoff gab.

Nach dem Gespräch stellte sich Alan die Frage, was dieser Zaharoff wohl für ein Mensch war und was er trieb. Er war sich sicher, vermutlich wusste Schrivers mehr, als er ihm sagen wollte.

Lord Ashton kam in sein Büro. «Alan, geh bitte rüber zu Rothschild. Er wird dich empfangen. Ich habe mit ihm gesprochen. Hier, nimm das Papier über diese seltsame Mine mit. Das möchte er sehen. Du kannst ihm alles berichten. Die Bank ist gleich hier um die Ecke, in der St. Swithin's Lane.»

«Ich weiß, wo sie ist.»

«Frag nach Lionel Rothschild.»

Wenig später stand Alan in der schmalen Swithin's Lane vor der N. M. Rothschild Bank, der nach der Bank of England wohl wichtigsten Bank in Großbritannien und Herrscher über den Goldmarkt.

Schnell war er vorgelassen worden und in ein imposantes ehrwürdiges Büro mit dem riesigen Gemälde des Bankgründers Mayer Amschel Rothschild geführt worden. Lionel Rothschild, ein großer Mann mit einem Backenbart empfing ihn freundschaftlich und bot ihm einen Platz und Tee an.

Lange Zeit hörte er Alan schweigend zu und sah intensiv auf die Karte der Goldmine und die Notizen auf dem Papier.

Dann sprach er entspannt: «Mr. Hemmings, ich gratuliere Ihnen zu Ihren Ermittlungserfolgen. Nachdem ich einige Details von Ashton gehört habe, kann ich nur feststellen, dass Sie seine Bank gerettet haben.»

«Danke, Sir. Aber ist nur meine Aufgabe.»

«Es kann die Stadt, die auf einem Berge liegt, nicht verborgen sein. Man zündet auch nicht ein Licht an und setzt es unter einen Scheffel, sondern auf einen Leuchter; so leuchtet es allen, die im Hause sind. So lasst euer Licht leuchten vor den Leuten, damit sie eure guten Werke sehen und euren Vater im Himmel preisen. So steht es in Ihrer Bibel geschrieben. Also, stellen Sie Ihre Leistung nicht unter den Scheffel.»

«Danke, Sir.»

«Ich bin erfreut, dass Sie sich so gut eingearbeitet haben und schon reichlich Erfahrung in der Barclay Bank in Alexandria sammeln konnten. Hätte nicht geglaubt, dass Admiral Sinclair über solch gute Leute verfügt.»

«Oh. Sie haben mit dem Admiral gesprochen?»

«Ich hatte ihn gebeten Ashton jemand an die Hand zu geben. Er hat Sie doch sicher informiert.»

«Ja. Admiral Sinclair ist der oberste Chef. Er hatte mich persönlich instruiert. Aber meine Berichte gehen an Admiral Shrivers, meinem Führungsoffizier.»

«Sind Sie Offizier oder Banker?», fragte Rothschild schelmisch.

«Sir. Ich bin Banker. Natürlich ist Lord Ashton mein Chef. Ich bin offiziell aus dem Dienst als Offizier ausgeschieden, aber da übergeordnete Interessen vorliegen, ist die Zusammenarbeit mit Admiral Schrivers sehr wichtig.»

«Das ist auch gut so. Nun, kommen wir zu dieser Landkarte. Den Claim Roode-Poort für einen Goldabbau im Klerksdorp Goldfield Whitewatersrand in Transvaal, gibt es, aber die Rechte an dem Claim liegen bei der Roode-Poort Gold Mining Company. Die Roode-Poort wiederum gehört seit zwei Jahren der großen Randfontein Estates Gold Mining Company Transvaal und die hat zurzeit überhaupt kein Interesse, mit dem Abbau zu beginnen. Zum einen, weil der Goldpreis in den USA eingefroren ist und zum anderen, weil eine neue Mine mehrere Millionen Investition kostet. Ich habe mit Sir Charles Burnett gesprochen, der die Niederlassung von Randfontein in der Threadneedle Street, hier in London leitet. Er sagte mir, dass er sich nicht erklären kann, warum irgendjemand eine Anleihe auf Roode-Port auflegen kann, da dieses Unternehmen nur dem Namen nach existiert und vollkommen in die Randfontain Company eingegliedert ist. Er meinte, da müsse sich wohl einer einen Scherz erlaubt haben oder als Betrüger unterwegs sein."

«Es ist ein Betrüger, Sir."

«Ja, das denke ich auch. Wie man sich in Menschen täuschen kann. Well, Ashton sagte mir, dass dieser Betrüger, ich will den Namen gar nicht mehr nennen, schon Geld eingesammelt und bei Julius Baer in Zürich deponiert hat."

«Ja, Sir. Fast zweieinhalb Millionen. Aber sie sind schon auf ein sicheres Konto unter unserem Namen umgebucht worden.»

«Ja, das ist sehr gut. Mit dieser Empfehlung haben Sie das Schlimmste verhindert. Aber, was haben Sie denn jetzt vor?»

«Sir. Nach Rücksprache mit Lord Ashton wollen wir die Geldgeber ansprechen, ihnen eine Anlagemöglichkeit in unserem Haus anbieten oder das Geld zurückzahlen.»

«Ach, Hemmings. Zweieinhalb Millionen sollte man nicht so schnell aus der Hand geben. Bedenken Sie, die Leute, die dem Betrüger geglaubt haben, haben im Vertrauen auf die Bank A&M gehandelt und hoffen auf Rendite. Also verfügen die über das nötige Kleingeld. Ich denke, sie wollen von Ihnen eine gute Lösung. Sie haben mir eben erzählt, dass dieser Betrüger seinen Kunden gegenüber sehr geheimnisvoll getan und nur Andeutungen gemacht und sie gebeten hat, das strikt vertraulich zu behandeln. Wie wäre es, wenn Sie, Hemmings, jetzt diese Herren kontaktieren und ihnen sagen, dass die Geheimnistuerei notwendig war, aber sie als Nachfolger von ..., Sie wissen schon, ihnen erklären können, worum es wirklich geht und sie bei der Bank A&M in besten Händen sind.»

Rothschild machte eine Pause und Alan wartete ab, was er sagen würde.

«Well. Ich habe mir etwas überlegt. Mr. Hemmings, vergessen Sie Südafrika. Was dieser Betrüger den Kunden aufgetischt hat war eine Schimäre, ein Luftschloss, eine gut ausgedachte Täuschung. Eine Anleihe einer Mine in Südafrika gibt es nicht. Ich hätte da eine bessere Idee. Es gibt da eine Minen Gesellschaft in Queensland, Australien.»

«In Australien?»

«Ja, Hemmings. Sie hören richtig. In Australien. In Ironstone Mountain, 39 km südlich von Rockhampton, Queensland. Eine Minengesellschaft mit der wir gut zusammenarbeiten. Das ist die Mount Morgan Limited, die 1928 neu gegründet wurde. Mount Morgen besitzt die Schürfrechte für ein riesiges

Gebiet. Ein Gebiet mit den höchsten Goldvorkommen, wie die Explorationen ergeben haben. Aber der Abbau muss im Tagebau erfolgen, sie müssen *Extensive open cut mining* betreiben und das erfordert eine große Investition. Wir hatten uns schon überlegt uns daran zu beteiligen. Mount Morgan will eine Anleihe von vier Millionen auflegen. Wenn ihr mit euren schon zur Verfügung stehenden Geldern und wir uns mit dem Rest beteiligen, biete ich euch an, dass ihr die Anleihe über vier Millionen aufkauft und herausgebt. Ich würde das in die Wege leiten und bei der Vertragsgestaltung der Emittierung behilflich sein. Die Auszahlung erfolgt dann in vier Tranchen á eine Million.»

«Oh, Sir. Ich weiß gar nicht, was ich sagen soll. Das wäre ja hervorragend.»

«Ich mache das nicht nur aus Freundschaft zu Ashton, wir werden für den gleichen Betrag wie ihr, Anteilscheine herausgeben. Dann haben wir beide jeweils 50 Prozent Profit. Ich denke, wir haben auch genügend Kunden, die Interesse haben. Immerhin könnte es für die Anleger eine Rendite für Anteile an der Anleihe von über 120 Prozent geben. Wir werden den gemeinsamen Ausgabekurs festsetzen und eng zusammenarbeiten. Was halten Sie davon.»

«Das ist ein großzügiges Angebot, Sir. Ich denke, Lord Ashton wird es zu schätzen wissen.»

«Also. Sie sagen Ihren Kunden, Südafrika zu nennen war aus Sicherheitsgründen notwendig. In Wirklichkeit handelt es sich um eine der lukrativsten Goldminen in Australien und dass hätte nicht bekannt werden dürfen, solange die Vorbereitungen noch nicht abgeschlossen waren.»

«Eine wunderbare Idee. Das werden wir tun. Das wird diejenigen, die bereits einbezahlt haben, sehr zufrieden stellen.»

«Noch eine Frage. Wie steht es mit eurem Kurs an der Börse?»

«Hat sich stabilisiert. Keine Veränderung und keine neuen Gerüchte oder sonderbaren Käufe.»

«Halten Sie das im Auge, Hemmings. Das ist gefährlich. Darum setzt Sinclair auch so hohe Erwartungen in Sie. Er hat mir gestern im Club gesagt, dass er mit Ihnen und Ihren Ermittlungen sehr zufrieden ist, und er warnte, wir sollen aufpassen.»

Alan stöhnte. «Ja, Sir. Ich verfolge das. Heute haben die Ermittlungen ergeben, das J …, äh, der Gesuchte, sich in Paris aufhalten soll. Ich werde Sie sofort informieren.»

«Gut, Hemmings. In den nächsten Tagen

werde ich einen jungen Mann zu Ihnen schicken, mit dem Sie die Minen Anleihe ausarbeiten können.»

«Danke, Sir.»

Als Alan zurück zur Bank kam, war sie bereits geschlossen. Er ging hinüber zur anderen Straßenseite, in den Nell Gwyn Pub und traf auf Nad.

«Hast du auf mich gewartet?»

«Ja. Ich hab mir gedacht, wenn du so lange bei dem Rothschild bist, dann hast du Lust auf ein Bier.»

Alan lachte. «Ja. Genau. Das brauche ich jetzt. Willst du auch noch eins?»

«Ja. Bitte.»

Alan brachte zwei Bier und setzte sich zu Nad.

«Und? War es erfolgreich?», fragte Nad.

«Und wie. Unglaublich. Wir haben eine Lösung für unser Problem. Jefferson *will spit fire and brimstone*.»

«Haha. *Gift und Galle spucken*. Das soll er.»

«War heute Nachmittag noch etwas los?»

Nad nahm einen großen Schluck. «Nein. Keinen Verdächtigen gesehen. Diese Olivia ist netter geworden. Sie versorgt mich mit Tee.»

«Na. Das ist doch etwas. Tut mir leid, dass du da nicht viel zu tun hast.»

«Ich passe auf. Das bin ich gewohnt. Unsere Cousins haben geantwortet. Das wird dir gefallen. Der Auftrag an die National Chase zum Kauf der Aktien kam von einem Frank H. Finucane, aus Providence, Rhode Island. Schwer reicher Industrieller. Absolut seriös. Noch nie mit irgendeiner Schweinerei in Verbindung gebracht worden. Unterstützer des Präsidenten.»

«Oiih! Also ein normaler Investor.»

«Ja. Aber wir haben etwas Interessantes herausgefunden. Dieser Finucane hat 1932 von einem James J. Murray die Luxus Motoryacht Hirondelle II übernommen.»

«Was soll das denn bedeuten?»

«Ja, Alan. Der Murray hatte die Yacht ein Jahr zuvor von Prince Albert I, Albert Grimaldi of Monaco, gekauft.»

«Ach, nein. Welch ein Zufall.»

«Ja, habe ich mir auch gedacht. Finucane hält sich immer, wenn er in Europa ist, in Monaco auf, wo er ein Anwesen besitzt.»

«Haha», lachte Alan laut. «Er wird mit Z und M zusammengetroffen sein. Die Reichen treffen sich andauernd bei Empfängen oder Eröffnungen. Aber wenn unsere Cousins sagen, er ist sauber, dann ist er das. Vielleicht hat er nur einen Tipp bekommen. Aber, Nad. Du kannst etwas für mich tun. Hier hast du eine zehn Pfund Note. Sag morgen früh, du musst für mich etwas erledigen und dann gehst du die umliegenden Banken ab und sagst jedes Mal, du möchtest zehn Pfund auf ein Konto der Jessica Griffiths einzahlen.»

«Ah, ich verstehe. Mach ich.»

«Ich werde morgen früh ein längeres Gespräch mit Ashton haben und morgen Spätnachmittag hab ich einen Termin außer Haus.»

Lord Gillford

Stolz ging Alan am nächsten Vormittag direkt zu Lord Ashton und berichtete ihm über sein Gespräch mit Rothschild und dem sensationellen Angebot.

«Mein Gott!», stöhnte John. «Das ist ja wirklich ein großzügiges Angebot von Lionel. Die Anleihe einer Minengesellschaft in Australien. Das befreit uns aus der Zwickmühle und gibt uns eine riesige Chance stärker im Goldgeschäft Fuß zu fassen. Hast du ihm das vorgeschlagen?»

Alan antwortete zurückhaltend. «Er hatte mich gefragt, was wir zu tun gedenken und ich habe ihm gesagt, dass wir überlegen, was wir unseren Kunden anstelle der Jefferson Sache anbieten können.»

«Das hast du gut gemacht, Alan. Wir haben die zweieinhalb Millionen schon zusammen. Sie liegen bei Baer in Zürich. Rothschild wird seinen Teil an Großanleger offerieren. Wir können auch noch einigen Kunden Teilzeichnungen anbieten.»

«Ja, Sir. Ich hatte mir gedacht, dass wir 5.000, 10.000 und 50.000 Anteilscheine an der Anleihe herausgeben. Damit könnten wir unsere kleineren Anleger bedienen und nochmals eine halbe Million zusammenbekommen. Auch wenn die Rendite für diese Papiere nicht so hoch ist, wird sie doch die Anleger mehr als zufrieden stellen können.»

«Sehr gut. Wir könnten Rothschild überzeugen, dass wir 60 Prozent der Anleihe übernehmen, was er sicher begrüßen wird.»

«Wie er mir sagte, haben sie schon seit einiger Zeit überlegt, die Anleihe der Mount Morgan Limited zu emittieren und zu finanzieren, da es sich um sehr große Goldreserven handelt. Er hat die Explorationszertifikate, die er uns zur Verfügung stellt und die wir benutzen können.»

«Alan! Ich muss sagen. Du denkst wie ein erfahrener Banker. Du übernimmst die alleinige Leitung dieses Anleihegeschäfts und berichtest nur mir. Mein Gott. Eine Anleihe einer australischen Goldminen Company – und auch noch über insgesamt vier Millionen – und Rothschild steht dahinter. Das wird die Börse aufhorchen lassen. Dies tut unserem Renommee sehr gut, auch international. Mach dir schon einmal Gedanken, damit wir das schnellstmöglich beschließen und an die Kunden schriftlich herausgeben können, die schon einbezahlt haben. Die Idee, die Geheimnistuerei zu erklären und jetzt die große Wahrheit herauszugeben ist einfach überzeugend. Ich werde heute Rosenberg nicht zum Fixing schicken, sondern selbst hinübergehen. Lionel wird nicht dabei sein, aber ich werde ihn treffen und sagen, dass wir einsteigen und du der Projektleiter bist.»

«Danke, Sir.»

Alan hatte gerade ein grobes Konzept für die Vermarktung der Mount Morgan Anleihe entworfen, als er einen Anruf von Olivia bekam.

«Mr. Hemmings. Hier ist ein Herr, der zum Bankschließfach 825 möchte. Nad ist nicht da.»

«Ich komme sofort zu Ihnen.» Er schnappe sich seine Jacke mit der Beretta und lief eiligen Schrittes die Treppen hinab.

Olivia erwartete ihn und führte ihn zu dem Herrn am Schalter. Höflich sagte Alan: «Entschuldigen Sie, dass Sie warten mussten, Sir. Ich war in einem anderen Raum. Sie möchten zum Schließfach 825?»

«Ja», antwortete der Mann. «Hier ist der Schlüssel.» Alan wandte sich zurück an Olivia.

«Miss, bringen Sie mir bitte das Schlüsselbuch.»

Geflissentlich blätterte Alan in dem Buch, während er aus dem Augenwinkel heraus, sich den Mann einprägte. Er war gekleidet in einen braunen Mantel, circa 30 Jahre alt, hatte dunkle Haare und trug einen Schnauzbart.

«Ah. Hier ist 825. Mrs. Jessica Griffiths. Äh, Sir, Sie sind nicht der Inhaber des Schließfachs.»

«Ich komme im Auftrag von Mrs. Griffiths.»

«Haben Sie einen Ausweis dabei?», fragte Alan forsch.

Der Mann schaute ihn zuerst verwundert an und zog dann einen Ausweis aus der inneren Jackentasche.

Alan blätterte in ihm. «Verzeihung. Ich muss den Namen eintragen, wenn eine andere Person als der Inhaber kommt. Ah, ich sehe. Mr. Hunt. Ich muss es eintragen.»

Während Alan schrieb, las er das Geburtsdatum und den Geburtsort.

«Sir! Dieses Schließfach hat den Vermerk, dass ein Codewort notwendig ist.»

«Es heißt *Prinzessin*», kam die Antwort von seinem Gegenüber.

«Danke, Sir. Dann folgen Sie mir bitte in den Tresorraum.»

Alan hatte das Fach aufgeschlossen und den Koffer hervorgezogen und übergeben. Der Mann bedankte sich und verließ der Raum, gefolgt von Alan.

Als er die Bank durch das Hauptportal verlassen hatte, rannte Alan schnell zum Ausgang hinterher auf die Straße und sah nur noch, wie der Mann auf der gegenüberliegenden Seite in ein Auto stieg. Das Kennzeichen konnte er nicht mehr erkennen, da der weitere Verkehr es abdeckte.

An Olivias Schreibtisch nahm Alan das nächstbeste Stück Papier und machte sich Notizen. Er nahm Olivias Telefon. «Miss Ashton, kann man mit diesem Telefon herauswählen?»

«Nein, wählen Sie die Null, für das Switch Board. Die verbinden Sie.»

Alan hatte schon gewählt. «Hemmings hier. Geben Sie mir die Nummer 9966!»

Aufgeregt berichtete er Shrivers. «Sir! Eben war ein junger Mann in der Bank und hat den Jefferson Koffer aus dem Schließfach abgeholt.»

«Nein, Sir, ich konnte ihn nicht verfolgen. Ich habe nur gesehen, wie er in ein Auto stieg. Ein Austin, schwarz. Aber ich habe seinen Ausweis gesehen. Adam Hunt, geboren October 2nd, 1916 in Birmingham.»

«Ja, Sir. Danke. Ich denke, dass, wenn der Kerl es heute noch auf eine Fähre schafft, der Koffer morgen in Paris sein wird.»

«Nein, Sir. Nicht zurückhalten. Rowland Chapman, vom MI 5 hat Verbindung zum Deuxième Bureau in Paris. Die überwachen das Haus, in dem Jefferson abgestiegen sein könnte.»

«Ja, Sir. Chapman war mit mir beim Istanbul Einsatz dabei, absolut zuverlässig. Könnte hilfreich sein.»

«Ja, Sir. Chapman hatte mir gesagt, dass er über Informationen verfügt, dass Jefferson Z in Monte Carlo getroffen hat.»

«Ja, Sir. Genau der.»

«Danke.»

Alan gab der verwunderten Olivia den Hörer zurück und rieb sich das Kinn. Er blickte sie an.

«Gute Freunde von mir. Sie helfen uns!»

Nad hatte zwei Toasts mit Ham mitgebracht und erzählte, dass er bei keiner Bank im Umkreis fündig geworden sei.

«Macht nichts, Nad. Vielleicht hat Jessica ein Konto bei einer kleinen Vorstadtbank.»

«Wir könnten über den Circus eine Anfrage starten.»

«Ist zu aufwendig. Shrivers hat einen Mann zu ihren Eltern geschickt. Vielleicht findet der Kontoauszüge. Aber das wird uns nicht viel weiterhelfen. Die große Sache findet in Paris statt.»

Alan beschrieb Nad den Mann im braunen Mantel, der den Koffer abgeholt hatte.

«Spätestens morgen wird Jefferson wissen, dass wir ihn hereingelegt haben. Vielleicht haben wir Glück und schnappen Jefferson bei der Kofferübergabe, aber ich glaube eher, dass der Kerl den Koffer zu jemand anderes bringt. Danach werden wir uns aber den Kerl schnappen und von ihm mehr erfahren. Der ist so gut wie verbrannt, ich habe seinen Namen, sein Geburtsdatum und seinen Geburtsort bereits an Shrivers weitergegeben.»

Nad lachte zufrieden. «Sehr gut.»

Plötzlich stand Rowland in Alans Büro, gefolgt von Gates. «Mr. Hemmings, dieser Mann wollte unbedingt zu Ihnen. Er hat sich ausgewiesen als Mitarbeiter von Scotland Yard.»

«Ist schon gut, Gates. Rowland, komm herein, setzt dich.»

«Setz *du* dich hin, Alan», begann Rowland außer Atem kaum, dass er saß.. «Halt dich fest. Mein Bekannter in Paris hat sich mit einem Freund das Haus angesehen. Natürlich ohne Einladung. Er hat uns ein verschlüsseltes Telegramm geschickt. Jetzt staunst du. Sie haben in einem Kellerraum eine an ein Bett gefesselte junge Frau gefunden. Schwer verletzt durch Folterspuren. Aber sie lebt und hat gesagt, sie sei Jessica Griffiths aus London.»

«Nein! Wahnsinn!»

«Claude und sein Freund haben sie mitgenommen. Sie ist in Sicherheit.»

«Mein Gott. Ich werde Shrivers einschalten. Er soll einen unserer Leute von der Botschaft zu ihr schicken.»

«Brauchst du nicht. Noch heute wird einer unserer Leute in Paris mit dieser Jessica sprechen. Die Jungs vom Deuxième Bureau fahnden nach dem Hauseigentümer wegen Entführung und haben das Haus unter Beobachtung gestellt. Wenn auch Jefferson sich da blicken lässt, wird er verhaftet. Sie fanden aber keine Hinweise auf ihn. Vermutlich ist er schon weitergereist.»

«Gut möglich. Sie werden Jessica dazu gebracht haben, das Codewort für das Bankschließfach zu sagen. Heute war ein junger Mann hier und hat den in dem Schließfach deponierten Koffer mit dem Codewort abgeholt. Er enthält aber nicht mehr das, was Jefferson erwartet. Dafür habe ich gesorgt. Ich denke, der Koffer braucht knapp zwei Tage, bis er in Paris ist und dann wird Jefferson wissen, dass wir ihm auf der Spur sind.»

«Das ist doch gut.»

Alan überlegte. «Das hat Vor- und Nachteile. Er, oder seine Mittelmänner werden vor Wut schäumen, wenn sie sehen, dass der Koffer leer ist. Es könnte zu Kurzschlusshandlungen führen.»

«Was will er machen? Nach England kann er nicht. Den schnappen wir uns.»

«Vielleicht nicht er. Er hat auch hier Helfer. Oder Leute seiner Hintermänner aus Monte Carlo. Ich traue es denen alles zu. Rowland, ich danke dir. Nad, begleitest du Rowland wieder runter und halte die Augen offen.»

«Gern geschehen.»

*

Pünktlich um drei kam Olivia zu Alan ins Büro.

«Fein, dass Sie so früh gekommen sind, Miss Ashton. Haben Sie einige Unterlagen dabei?»

Alan war noch gar nicht so richtig dabei, zu sehr waren seine Gedanken bei der Nachricht über diese Griffiths.

«Ja, Mr. Hemmings», antwortete Olivia, als sie Platz nahm. «Ich kann eine Anleihe der Chase National Bank über 30 Millionen Dollar mit einer Laufzeit von zehn Jahren anbieten. Sie ist bis jetzt zu 80 Prozent gezeichnet. Sie kann in 5000 und 10.000er Stückelung gezeichnet werden. Bietet 98 Prozent Rendite. Dann kann ich physisches Gold anbieten, den Standardbarren von 400 Unzen zum Wert von 2796 Pfund, beim jetzigen Kurz von 6,99 Pfund pro Unze. Auch eine Schatzanweisung der Bank of England, die bringt garantierte 8,5 Prozent Rendite jährlich. Daneben sind Aktien der Sussex Electric Company, der Langton Maschine Tools Company, der Reederei Morrison Steamship Company, interessant, die wir an die Börse gebracht haben und bis jetzt Steigerungsraten von über 10 Prozent erreicht haben. Und natürlich unsere eigenen Aktien.»

«Miss Ashton, das ist gut. Ich will Ihnen jetzt noch eine Anlage vorstellen, die Sie bitte mitschreiben. In gemeinsamer Zusammenarbeit mit der N.M.Rothschild Bank emittiert die Ashton & Mortimer Bank ab sofort eine Anleihe über vier Millonen Pfund der Gold-Minen Gesellschaft Mount Morgan Limited in Rockhampton, Queensland, in Australien. Mount Morgen besitzt die Schürfrechte für ein riesiges Gebiet mit den höchsten Goldvorkommen, wie die Explorationen ergeben haben. Wir bieten offiziell Anteile an der Anleihe von 50.000 und 100.000 Pfund .»

«Oh. Das ist neu! Das ist interessant! Das können wir anbieten?»

«Das können *Sie* in Zukunft anbieten. Vorzugsweise gut situierten Kunden. Es verspricht eine Rendite von nahezu 150 Prozent. Nur noch für wenige Kunden, da die Anleihe fast überzeichnet ist. Sie dürfen aber für interessierte kleinere Kunden, denen Sie etwas Gutes empfehlen wollen, auch Anteile in der

Größenordnung von 5000 und 10.000 Pfund anbieten, die immerhin eine Rendite von 100 Prozent versprechen. Sie erhalten in den nächsten Tagen dafür Unterlagen. Es ist ein Geschäft, das ich auf Anweisung Ihres Vaters mit Rothschild ausgehandelt habe.»

Olivia schaute ihn bewundernd an. «Sir. Das ist hervorragend. Die Anleihe einer Goldmine in Zusammenarbeit mit Rothschild, das klingt gut.»

«Bieten Sie es Lord Gillford an.»

«Ich?»

«Ja. Sie! Sie sind die Leiterin des *Family Office*. Lassen Sie den Lord ruhig wissen, dass dieses Angebot nur speziellen Kunden angeboten wird, da es wirklich nahezu überbucht ist.»

«Danke, Mr. Hemmings.» Olivia war sich bewusst, dass es ein extra Geschenk von Hemmings war, denn sie war sich sicher, dass er auch selbst die Anteile hätte verkaufen können.

«So. Machen wir uns auf den Weg. Sie kennen die Adresse?»

«Ja, Sir.»

«Gut, ich nehme Elisabeth mit. Wir sehen uns bei Gillford.»

Elisabeth und Alan staunten, als sie nach der Auffahrt vor einem eindrucksvollen

Haus hielten. Das Gillford Stadtpalais, mit seinen Nebengebäuden, lag auf einem großzügigen Grundstück. Die überwältigende Grundstücksfläche war als Landschaftspark angelegt und in dieser Art und Größe einmalig im Londoner Randgebiet, wie Alan feststellte. Das Haupthaus war ein klassisches Stadtpalais mit zwei Querflügeln, in denen sich die Wohn- und Diensträume befanden. In der Sichtachse des Hauptgebäudes lag ein klassizistisches steinernes Gartenhaus.

Alan parkte seinen Wagen neben Olivias roten Riley und ein herbeigeeilter Footman öffnete hilfsbereit die Türen.

Im Haus wurden sie überschwänglich von Lord Gillford begrüßt.

«Es freut mich ungemein, dass ihr den Weg zu mir gefunden habt. Willkommen im Gillford Castle. Ich habe gerade Miss Ashton einiges über dieses Haus erzählt. Diese exklusive Villa wurde im Jahr 1895 im Auftrag meines Vaters nach Plänen des Architekten Quinlan Harvey im Stil des Neoklassizismus vollkommen neu gestaltet. Das Gebäude wird durch einen Portikus im ionischen und dorischen Stil ergänzt. An diese Eingangshalle grenzt die zweigeschossige zentrale Halle im Stil Palladios mit massiven Natursteinsäulen, Pilastern, einer Treppenanlage und umlaufender Galerie. In dieser Halle haben meine Frau und ich früher zu bekannten gesellschaftlichen Veranstaltungen und Bällen eingeladen. Der linke Flügel beherbergt einen großen Gesellschaftsraum und eine Bibliothek, der eigentliche Wohnflügel. Der rechte Flügel, die Küchenräume und darüber drei Gästeapartments. Die antiken Möbel hat mein Vater aus Schottland und Mittelengland hergebracht. Lasst uns in den Wohnbereich des Gesellschaftsraums gehen.»

Alan schüttelte nur den Kopf, als er die Größe dieses Gesellschaftsraums wahrnahm.

Gillford führte sie zu einer Sitzgruppe an den Fenstern, in der Nähe eines offenen Kamins mit lodernden Feuer und bat sie, Platz zu nehmen.

Der Afternoon Tea ist kein schneller Tee, der mal eben schnell hinuntergestürzt wird. Seine Zubereitung braucht Zeit – genau wie sein Genuss und der wurde von Lord Gillford höchstselbst zelebriert! Auf einer edlen Tischdecke standen Silberkannen und nur das beste Porzellan.

«Ich bevorzuge kräftigen, aromatischen Schwarztee aus Assam», erklärte der Lord, als er sorgsam die geriebenen Teeblätter in die Kanne strich, sie vorsichtig mit dem heißen Wasser aufschüttete und ein kleines ziseliertes Silberkännchen mit Milch bereitstellte.

Zum Tee wurde ihnen erlesenes Gebäck und Kuchen angeboten. Welsh Cakes mit Korinthen, das schottische Shortbread, Cupcakes mit Karamell und Wallnüssen, Früchtekuchen und Muffins.

Lord Gillford kam, entsprechend seiner anpackenden Art sofort auf das Kernthema zu sprechen. «Miss Ashton, ich bin erbaut, mit einer solch anmutigen Anlageberaterin verhandeln zu können. Es ist nicht dringend, dass ich meine Finanzen ordnen will, sie sind geordnet, aber Mrs. Barron hat mir gesagt, sie hätten ein paar lukrative Angebote.»

Olivia strahlte ihn an und begann ihm die diversen Anlagemöglichkeiten der A&M Bank vorzutragen.

Eine Zeitlang schien es, als sei der Lord mäßig interessiert, aber dann sagte er: «Gut. Aktien einer Bank kann ich immer gebrauchen. Wie war ihr Angebot?»

«Sir. Unsere Aktie steht bei sechs Pfund. Nächsten Monat ist die Aktionärs-Hauptversammlung und dort wird der Beschluss über die diesjährige Dividende gefällt. Wenn Sie also jetzt noch Aktien erwerben, kommen Sie natürlich in den Genuss unserer Dividende. Sie wird sich, soviel ich weiß um etwa 12 Shilling pro Aktie bewegen, was einer Rendite von 12 Prozent entspricht.»

«Das klingt gut. Kaufen Sie für mich 10.000 Aktien. Das Geld lass ich Ihnen sofort zukommen. Aber sagen Sie Miss. Haben Sie etwas für besondere Kunden? Ich bin immer auf der Suche nach extraordinären Angeboten.»

Olivia wartete einen Moment mit der Antwort. «Ja, Sir. Wir haben etwas ganz Neues in Zusammenarbeit mit der N.M. Rothschild Bank in Arbeit.»

Sie erklärte Gillford ausführlich die Anleihe der australischen Goldmine, schwärmte von der schon seit Jahren bestehenden guten Zusammenarbeit mit der Rothschild Bank und dass A&M Mitglied des exklusiven Komitees des täglichen Goldfixings ist. Außerdem beschrieb sie ihm die Gegend der Mine in Australien so bildhaft, als sei sie dort gewesen und schwärmte über die zu erwartenden Profite von über 150 Prozent.

«Das ist etwas, was ich von Ihnen hören wollte», begeisterte sich Gillford. «100.000 sagten Sie?»

«Ja. Pro Anteilszeichnung. Die Anleihe wird bald geschlossen, da sie fast überzeichnet ist. Wir haben bis jetzt bereits circa zwei Millionen die gezeichnet worden sind.»

«Kann ich zwei haben?»

«Sie meinen zwei à 100.000?»

«Ja. Miss Ashton. Das werden Sie doch für mich möglich machen!»

Olivia stockte der Atem. «Natürlich, Sir», stotterte sie. «Natürlich, das werde ich machen können. Ich müsste das überprüfen.»

«Bestellen Sie Ihrem Vater viele Grüße und sagen Sie ihm, ein zukünftiger treuer Aktionär seiner Bank würde sich auf gute Zusammenarbeit freuen. Schicken Sie mir die Papiere zu und es wird alles sofort erledigt. So, das Geschäftliche ist erledigt. Aber bitte jetzt nicht nur vom Wetter reden. Es ist zwar heute einer der seltenen schönen Tage, doch gibt es auch andere Themen. Zum Beispiel, möchten Sie alle eine kurze Führung durch mein Haus?»

«Sir», räusperte sich Alan. «Ich würde mir gerne mit Miss Ashton Ihren herrlichen Garten ansehen. Wir sind beide Freunde von Gartenanlagen.»

«Ich überhaupt nicht. Ein Garten, gerade in dieser Größe ist lästig. Elisabeth, Sie würden sich doch gerne das Haus ansehen?»

«Ja, Lord Gillford. Von Herzen gerne.»

Olivia stand mit Alan auf der weiträumigen Terrasse, die einen grandiosen Ausblick auf einen gepflegten Garten bot.

«Ein wunderschönes Grundstück», meinte Alan.

«Und ein imposantes Haus. Das ist ja nochmal größer als unseres. Und so viel Personal. Erstaunlich.»

«Schwer reich. Uralter Familienbesitz. Kommen Sie, Miss Ashton, schauen wir uns den Garten an.»

«Mr. Hemmings. Seit wann wissen Sie, dass ich Gärten mag?»

«Das weiß ich nicht! Ich dachte mir nur, es wäre gut, wenn wir die beiden mal alleine lassen.» Alan grinste über das ganze Gesicht.

Als sie an endlosen Rosenbeeten entlang gingen, sagte Olivia: «Es sieht so aus, als wenn sich Lord Gillford und Tante Elisabeth sehr gut verstehen.»

«Ja, das denke ich auch.»

«Woher mag sie ihn kennen? Es ist unglaublich, was er anlegen will. Da muss ich Tante Elli sehr dankbar sein.»

«Er will es in guten Händen wissen und dann ist es von Vorteil, wenn eine persönliche Beziehung besteht. Wir können zufrieden sein. Der Mann weiß, was er will.»

«Er hat das Dienstmädchen ganz nett zusammen gestaucht, als sie den Tee vergossen hat.»

«Ja, das war auch unschicklich von ihr.»

«Hatten Sie das auch gehört? Er hat danach mit Elisabeth über Disziplin im Haus geredet.»

«Nun, er wird hier eine gewisse Disziplin einfordern.»

«Aber auch in der Ehe? Er hat das ganz allgemein erwähnt.»

«Ist es wirklich so schrecklich, wenn man sich in der Ehe an Disziplin hält?»

«Ich weiß nicht. Das klingt immer gleich nach Drill und Zwang, oder langweiligem Schulunterricht.»

«Mit der rücksichtsvollen Führung durch den Ehemann kann man Disziplin lernen. Und spätestens, wenn sich die ersten Erfolge einstellen, es der Ehefrau ungeahnte Glücksgefühle beschert, kann Disziplin richtig Spaß machen.»

Olivia schaute ihn groß an. «Denken Sie auch so?»

«Befreien Sie sich von dem Irrglauben, dass Disziplin jegliche Selbstständigkeit und Kreativität erstickt. Wir haben schon einmal bei Ihrem Vater darüber geredet. Disziplin in der Ehe ist kein Einheitskorsett, keine Zwangsjacke, sondern man lernt schneller, was für die Harmonie in der Ehe gut ist. Versuchen Sie Disziplin als ein Werkzeug zu betrachten, mit dem ein Ehemann alle unangenehmen aber notwendigen Aufgaben und Probleme des täglichen Lebens von der Ehefrau fernhält, um umso mehr Zeit für das zu haben, was er eigentlich möchte, nämlich seine uneingeschränkte Liebe zu spüren. Denn Verweigerung engt einen sehr viel mehr ein als Disziplin.»

«Nur die Ehefrau soll also Disziplin lernen?»

«Nein. Sie sehen das vollkommen falsch. Meistens ist doch der Ehemann älter und erfahrener. Eine junge Ehefrau ist dagegen meist recht unerfahren in der Liebe und dem Zusammenleben mit einem Mann, der seine Eigenheiten hat. Es ist eine komplett neue Welt, ein neues Leben, in das eine Frau nach der Hochzeit eintritt. Da sollte sie dankbar sein, wenn sie von einem nachsichtigen Ehemann geleitet wird.»

«Meinen Sie, geleitet mit Disziplinierung?»

Alan lachte und blickte Olivia an. «Ja. Wenn ein Ehemann erkennt, dass es für die Harmonie im Zusammenleben notwendig ist, muss er handeln. Sonst besäße er keine Autorität mehr.»

«Sie sind ein Mann mit Autorität, nicht wahr?»

«Ich habe eine kleine Schwäche für Regeln, Miss Ashton, und dafür, dass sie beachtet werden. Wer Erziehung liebt, der wird klug; aber wer Zurechtweisung hasst, der bleibt dumm. Ein Spruch aus dem alten Griechenland. Das gilt ganz besonders für die körperliche Nähe der Partner in einer Ehe.»

«Oh. Nur da?»

«Nein, ganz allgemein. Aber eine Ehe besteht nun mal aus körperlicher Nähe, sehr intimer Nähe und das ist für die Harmonie von entscheidender Wichtigkeit. Das Ehegemach ist kein Kinderspielzimmer. Es ist ein Ort, wo mehr passiert, als romantisches Händchenhalten. In einer Ehe muss eine unwissende Frau lernen, wie sie ihrem Gatten erfüllende Liebe schenken kann.»

«Ich bin nicht unwissend», plapperte Olivia vor sich hin. «Ich habe viel gelesen.»

Alan schmunzelte. «Ja. Sehr gut. Aus Büchern kann man viel lernen. Was für Bücher liest denn eine junge Frau?»

«Och. Alles über das Leben und die Liebe.»

«Der mutige Prinz rettet die Prinzessin aus den Fängen des Drachen?»

«Nein», antwortete Olivia richtig energisch. «Über die Liebe zwischen Mann und Frau, über Erotik und gewisse Spielarten, die Männer lieben.»

Alan spürte, dass sie nicht als Dummerchen angesehen wollte. Es amüsierte ihn köstlich und deshalb forschte er weiter. «Hoh. Was für Spielarten gibt es denn?»

«Erotische Spielarten. Habe ich alles gelesen. Etliche Bücher.»

«Welches Buch denn, zum Beispiel?»

«Frank und Ich.»

«Kenne ich nicht.»

«Das Buch ist verboten!»

«Oh. Und woher haben Sie es?»

«Tante Elisabeth hat es mir neben anderen gegeben. Sehr interessant.»

«Worum geht es in dem Buch?»

«Ach. Ich weiß nicht. Es ist sehr explizit.»

«Ich denke, Sie sind eine moderne selbstbewusste Frau?», neckte Alan sie.

«Na gut! Es spielt in einen viktorianischen Landsitz außerhalb Londons. Ein Lord Charles nimmt einen heimatlosen Jungen, der sich Frank nennt, in sein Haus aus Gutmütigkeit auf. Schnell wird sichtbar, dass Frank ein hübsches entwickeltes Mädchen mit dem Namen Francis ist. Der Lord unterrichtet sie in Lesen, Schreiben und Rechnen. Da sie manchmal sehr gedankenlos und unkonzentriert ist, ihre Aufgaben zu erfüllen, muss er sie öfter mit der Hand und der Reitgerte disziplinieren. Mit der Zeit findet der Lord nicht nur Gefallen an dem schönen Mädchen, sondern auch an ihrer Hingabe zu ausführlichem Spanking. Er macht sie zu seiner Geliebten und erzieht sie mit Spanking zu großen Glücksgefühlen in der Liebe. Er lehrt sie alle Feinheiten der Liebe. Francis will erzogen werden, und lernt mit der Zeit die Reitgerte und die dann folgende körperlichen Liebe zu lieben. Das ist wirklich ein unanständiges Buch. Ich verstehe, dass es verboten ist.»

«Aber es war sehr anregend?»

«Das kann man wohl sagen. Und es ist vor 30 Jahren anonym geschrieben worden. Angeblich von dem Lord.»

«Wie denken Sie darüber?»

«Ich weiß nicht recht. Ist es wirklich so, dass es die Liebe fördert?»

«In den meisten Fällen schon.»

«Sind Sie auch ein Liebhaber der Reitgerte?»

«Wenn es sein muss, ja!», antwortete Alan streng und Olivias Wangen liefen rot an.

Mehr als zehn Minuten wanderten sie schweigend durch den Garten und Olivia fragte sich, was dieser Hemmings für ein Mann ist. *Er IST dominant - durch und durch. Er weiß, was er will und er sieht so gut aus. So stark. Ein richtiger Mann. Er wäre als Ehemann sicher ein guter Liebhaber. Der all die Spielarten der Liebe, über die ich soviel gelesen habe, genießen will? Ist er ein Mann, der seine Frau ab und zu übers Knie legen wird? Er ist so rücksichtsvoll und zuvorkommend und dann wieder so bestimmend. Er sieht verteufelt gut aus. Er könnte mir gefallen. Hat Tante Elisabeth nicht gesagt, dass solche Männer selten sind? Dass ihr verstorbener Mann auch so fordernd war, aber der beste Liebhaber, den sie sich vorstellen konnte? Hat sie nicht auch gesagt, dass diese Männer es schaffen, ihrer Frau die himmlischsten Glücksgefühle zu bescheren? Sie hat es mir mehrmals gesagt, ich solle mich nicht in den erst besten jungen Mann auf den Debut-Bällen verlieben. Jünglinge, die keine Ahnung von der Liebe haben. Ich soll mir einen erfahrenen Mann suchen, der weiß, was eine Frau braucht. Der die Liebe kennt. Genau, wie es Hemmings vorhin gesagt hat, im Ehebett geschieht mehr, als romantisches Händchen halten und er stellt sich wahrscheinlich sehr viel mehr vor und wird es mit Nachdruck einfordern.*

Schmunzelnd fragte Alan nach dem langen Schweigen: «Sind Sie geschockt?»

«Ja. Sir.»

«Tja, jede Frau muss wissen, worauf sie sich bei einer Heirat einlässt. Es gibt Waschlappen von Männern, die quasi mit ihrer Ehefrau nebeneinanderher leben, aber keine wirkliche Liebe schenken können. Männer, an denen die Frauen dann schnell ihr Interesse verlieren. Dann aber gibt es dominante Männer, die sich um die Gefühle ihrer Frau kümmern, die wissen, was sie wollen, was sie geben können und klare Verhältnisse schaffen.»

Olivia antwortete nicht mehr. Sie war sich

bewusst geworden, dass Alan genau dieser Typ von Mann war. '*Ein dominanter Mann, der gewisse Liebesspiele bevorzugt. Was sind das alles für Liebesspiele,* fragte sie sich. *Sind sie wirklich so aufregend, wie immer angedeutet wird? Hat sie nicht schon immer von einem dominanten Mann geträumt, der kein Hanswurst ist? Der mit beiden Beinen im Leben steht, der stark ist und sie beschützt und umsorgt? Gibt es tatsächlich diese Männer? Ist Mr. Hemmings so ein Mann?*'

Alan beobachtete die schlanke Silhouette Olivias, als sie sich an einem Beet bückte und Unkraut heraus rupfte. Er bewunderte die Kontur ihres Körpers, die sich unter ihrem Kleid abzeichnete und dachte zum ersten Mal, dass Olivia eine sehr attraktive junge Frau war. '*Eigentlich eine begehrenswerte Frau. Die sich mutig und neugierig traut, erotische Bücher zu lesen, aber selbst noch nie die wahre Liebe erlebt hat. Erstaunlich, dass sie sogar dieses Buch, von dem sie vorhin erzählt hat, als sehr interessant beschrieben hat. Sollte sie in ihren Träumen von einem dominanten Ehemann schwärmen? Der sie, wie in dem Buch steht, manchmal übers Knie legt? Findet sie das schon erotisch, erregend? Sie ist bildhübsch und sie zu einer gehorsamen Ehefrau zu erziehen, würde Spaß machen. Sie ist so unsagbar anmutig.*'

Alan erinnerte sich daran, was sein Freund François, der Militärattaché an der französischen Botschaft in Kairo zu ihm gesagt hatte, *La danse de la croupe sous le fouet est l'expression la plus gracieuse d'une femme nue,* als er in seinem Beisein seine Mätresse, für ein Vergehen züchtigte. Den Satz hatte Alan nie vergessen. *Der Tanz des Hinterns unter der Gerte ist der anmutigste Ausdruck eines nackten Weibes,* und er musste innerlich lachen.

*

Elisabeth war Lord Gillford in die obere Etage des Wohnbereichs gefolgt. Stolz zeigte er ihr eine Gästezimmer-Suite für besondere Gäste, zwei ganz in weißem Marmor ausgekleidete Bäder und gegenüber ein geräumiges schick eingerichtetes Schlafzimmer mit einem angrenzenden Umkleideraum. Neben einem übergroßen Schminktisch mit Spiegel gab es dahinter einen Durchgang zu einem begehbaren Kleiderschrank.

«Dies war das Refugium meiner Frau. Hierher konnte sie sich zurückziehen, wenn sie wollte. Kommen Sie mit mir, durch diese Verbindungstüre geht es in das eigentliche Schlafzimmer, mein jetziges Schlafzimmer.»

«Oh!», stieß Elisabeth aus, als sie eintrat und von der Größe überrascht war. Staunend betrachtete sie das edle Mobiliar und das hohe Doppelbett, das von einer mit Schnitzereien verzierten Rückwand aus dunkelrotem Holz an der Wand, gegenüber den von schweren Samtvorhängen eingerahmten Fenstern stand.

Als sie ihre Blicke schweifen ließ und sich anerkennend äußerste, entdeckte sie eine Reitgerte, die zwischen zwei Bildern an der Wand über dem Bett hing.

Gillford bemerkte, wo Elisabeths Blick hängen geblieben war und schaute sie schweigend, aber mit fragendem Ausdruck an.

«Ich sehe», sprach Elisabeth gefasst, «dies ist ein wundervoller Ort, über dem Amor schwebt und die Wonnen der Liebe einfordert.»

Vollkommen überrascht von Elisabeths bemerkenswertem Satz und der Bedeutung, die darin lag, antwortete er begeistert: «Ich bewundere Sie für diese Reaktion. Sie sind eine außergewöhnliche Frau, begehrenswert. Kann es sein, dass Sie meine Gedanken lesen können und mich verstehen?»

Elisabeth drehte sich zu ihm, trat näher heran und schaute ihm ins Gesicht. «Ich würde mich freuen, wenn Sie mir Ihre Gedanken offenbaren und ich Ihnen zeigen kann, dass ich Sie verstehe.»

Er streckte seine Arme aus, ergriff Elisabeths Hände und zog sie etwas näher zu sich. «Elisabeth. Könnten Sie sich vorstellen, in einem solchen Haus zu leben?»

«Alleine nicht», antwortete sie leise. «Mit einem Mann, wie Sie es sind, schon.»

Ihre Münder kamen sich näher und schließlich umarmte er sie und küsste sie.

Elisabeth gab sich ganz seinem fordernden Kuss hin. Sie hing in seinen Armen und schmiegte sich eng an ihn. Sie war sich bewusst, was es bedeutete und ihre Knie wurden weich. Gillford erkannte ihre Hingabe, hielt sie fester und presste sie an sich. Er verstärkte seinen Kuss noch einmal, nahm dann ihr Gesicht in beide Hände und küsste ihre Stirn. «Sie würden mich zu einem glücklichen Mann machen.»

Außer Atem gab Elisabeth ihm einen kurzen Kuss auf den Mund. «Ich würde Sie liebend gerne glücklich machen.»

Gillford reichte ihr seine Hand. «Würden Sie sich von meiner Hand durch ein Leben führen lassen?»

Elisabeth schaute ihn an. «Ich würde mich sehr gehorsam von Ihnen führen lassen. Sir!»

Wieder lagen sie sich in den Armen und Gillford küsste sie stürmisch. Damit war offen ausgesprochen, was es hieß und Elisabeth war sich vollkommen im Klaren, auf was sie sich einlassen wollte.

Als sie sich voneinander lösten, nahm Gillford ihre Hand. «Wir müssen uns um unsere Gäste kümmern.» Er ließ ihre Hand nicht los und ging mit ihr aus dem Schlafzimmer und Hand in Hand die Treppe hinunter.

Mit Erstaunen nahm Olivia wahr, dass Gillford mit Elisabeth an seiner Hand zurück in das Wohnzimmer kam und ihr wurde klar, dass dies kein reines Geschäftstreffen war. Es rührte sie zutiefst, da sie von Elisabeths Wunsch wusste, einen Lebenspartner zu finden, was augenscheinlich jetzt wohl begonnen hatte. Außerdem schwirrten ihr immer noch die Sätze durch den Kopf, die Alan ihr gesagt hatte.

Lord Gillford bat alle zum Dinner in das Esszimmer. Der Tisch war sorgsam mit herrlichem Porzellan eingedeckt und als Auftakt wurde eine Suppe serviert. Gillford erwähnte mehrmals, dass er sich jetzt als Aktionär einer der führenden Londoner Banken sehr wohlfühle und sicherte Alan und Olivia zu, dass er zur Aktionärsversammlung kommen würde. Er nahm sein Glas in die Hand.

«Lasst uns mit einem Schluck Wein anstoßen. Ich möchte einen ganz besonderen Toast auf Mrs. Barron aussprechen, als ein Dank an sie, dass sie mich mit Ihnen, Mr. Hemmings, Miss Ashton, bekannt gemacht haben und wir ein äußerst gutes Geschäft vereinbaren konnten. Ich bin ihr sehr dankbar. Zum Wohle.»

Nach der Suppe gab es gebackenes Lammkarree aus dem Ofen mit einer Rotwein-Balsamico Reduktion als Sauce, und grüne Bohnen mit Kartoffelgratin.

«Ich liebe Lamm», rief Olivia begeistert aus, als sie den ersten Bissen genommen hatte. «Lamm ist mein Lieblingsgericht und das hier, Lord Gillford, ist exzellent.»

Gillford erzählte, dass es auch sein Verlangen sei, mindestens einmal die Woche Lamm zu essen und er das Fleisch alle zwei Wochen von einem Bauern aus dem Cornwall bekomme.

Höflich bedankte sich Alan nach dem Dinner, für die Gastfreundschaft, als sich alle erhoben hatten und Gillford einen Wechsel in den Wohnraum vorschlug. Aber Alan verabschiedete sich mit den Worten, er habe morgen einen schweren Tag vor sich. Auch Olivia schloss sich dem an, da sie nach Hause müsse.

Elisabeth, die Anstalten machte, sich Alan anzuschließen, wurde von Gillford zurückgehalten. «Elisabeth. Mein Fahrer wird Sie nach Hause bringen und ich werde Sie begleiten. Leisten Sie mir aber noch einen Moment Ihre Gesellschaft bei einem Sherry.»

Rettung

Am folgenden Tag kam Elisabeth in Alans Büro und schloss die Türe hinter sich.

«Alan. Kann ich dich sprechen?»

«Natürlich», antwortete er und stand von seinem Schreibtisch auf. «Hast du dich gut mit Lord Gillford unterhalten können?»

«Ein wundervoller Mann. Soviel Stil. Wir haben uns unglaublich gut verstanden und angeregt unterhalten. Er hat mich dann nach Hause gebracht.»

«Fein, dass du dich so gut mit ihm verstehst.»

«Alan!» Elisabeth zögerte und blickte ihn an. «Alan, wärst du mir böse, wenn ich einen neuen Reitlehrer habe?»

Alan schmunzelte. «Das hast du gut gesagt. Ich habe es erwartet, Elisabeth, und wenn ihr beiden euch so gut versteht, dann wünsche ich dir alles Glück dieser Erde. Du hast es verdient und hast die letzten Monate eine schwierige Zeit gehabt. Du hast alles wieder gut gemacht. Lassen wir beide in Zukunft gute Freunde bleiben und ich verspreche dir, dass alles was vorgefallen ist, aus meinem Gedächtnis gestrichen ist.»

«Danke, Alan. Du bist so verständnisvoll.

Ich danke dir, dass du mich mit Lord Gillford bekannt gemacht hast. Es ist wie eine Tür, die sich für mich geöffnet hat. Du bist so selbstlos.»

«Nein, überhaupt nicht. Ich habe auch an Henry gedacht. Ich kenne ihn vom Club her seit Jahren und kannte auch seine verstorbene Frau. Er hat dich verdient und du würdest mit ihm eine glückliche Frau werden. Aber ich bestehe darauf, dass, wenn es ernsthaft wird, ich eine Einladung bekomme.»

Elisabeth ging auf ihn zu und gab ihn einen Kuss auf die Wange.

Als Lord Ashton vom Goldfixing zurückkam, schaute er bei Alan vorbei. «Ich habe von Olivia gehört, wie erfolgreich ihr gestern bei Lord Gillford ward. Gratuliere. Den Earl of Headfort als Aktionär zu haben ist sehr wertvoll. Sobernheim soll die Buchung durchführen, das wird unserem Kurs gut tun.»

«John, ich habe ein Manuskript zu der australischen Minen Anleihe fertiggestellt. Schau es dir bitte an, dann können wir es publizieren. Gestern haben Olivia und ich natürlich leicht improvisiert.»

«Aber es ist euch wohl sehr gut gelungen. 200.000 ist nicht schlecht.»

«Olivia bekommt damit ein brandneues

Angebot für ihr Portfolio und kann es besonderen Kunden anbieten, die nicht so groß einsteigen wollen, wie Gillford.»

«Ja, das machen wir.»

Am späten Nachmittag stand Rowland plötzlich in Alans Büro.

«Hallo, Kollege!», rief er, als er noch in der Türe stand.

«Rowland! Komm rein!»

«Wir sind jetzt offiziell Freunde. Unsere beiden Dienststellen arbeiten nämlich ab jetzt gemeinsam an der Sache. Hat sich gestern entschieden und ich bin Kontaktmann zu dir.»

«Na, das ist eine erfreuliche Nachricht.»

«Shrivers muss meinen Boss überzeugt haben. Jefferson ist auch bei uns zur Fahndung ausgeschrieben worden. Aber jetzt kommt eine schlechte Nachricht.

Hunt hatte die Nachtfähre nach Calais geschafft und einer von Leons Leuten hat ihn mit dem Koffer und einer Reisetasche in den Zug zum Gare du Nord einsteigen sehen. Kurz nach Mittag kam der Zug im Gare du Nord in Paris an und Hunt wurde empfangen und in einem Wagen mit gestohlenen Kennzeichen zu einem Mittelklasse Hotel am Montmartre gefahren. Hunt stieg ohne den braunen Koffer aus und bezog ein Zimmer. Der Wagen konnte leider nicht verfolgt werden. Wenig später suchte Hunt eines der teuersten Bordelle am Montmartre auf und amüsierte sich zwei Stunden. Leon musste die Überwachung einstellen. Am frühen Abend fand ein Obdachloser seine Leiche in einer dunklen Gasse in der Nähe des Hotels. Nach ersten Erkenntnissen der Spurensicherung ist er erdrosselt worden. Das Bordell hatte ausgesagt, dass er eine Brieftasche mit sehr viel Geld dabei hatte, aber bei der Leiche fehlte die Börse, alle Taschen waren leer. Er ist aber durch seinen Mantel und den Hut von den Agenten identifiziert worden, die ihm am Gare du Nord gesehen haben.»

«Good Heaven!», stöhnte Alan.

Lange überlegte Alan, bis er schließlich den Stift, mit denen er sich Notizen gemacht hatte, weglegte. «Hmm. Erstaunlich. Es eskaliert.»

«Ich denke», antwortete Rowland, «ihr steckt ganz schön in der Scheiße.»

«Das kannst du wohl sagen. Sie haben den Koffer von Hunt übernommen, ihn bezahlt und dann gemerkt, dass der Koffer nur Packpapier enthält. Dann haben sie sich ihn geschnappt und vermutlich ausgefragt. Jetzt wissen sie Bescheid.»

«Dabei werden sie erfahren haben, dass er seinen Ausweis vorlegen musste und damit er nicht mehr auspacken kann, haben sie ihn umgebracht. Er war eine Gefahr geworden. Warum ist der Kerl in den Puff gegangen? Er hätte sich mit dem Geld schnell wieder nach England absetzen können. Dann hätten wir ihn gehabt, aber er wäre am Leben.»

«Tja. Paris lockt immer mit der Sünde.»

«Wir wissen etwas über ihn. Er war Doktorand an der Universität hier, immer blank, aber unbescholten. Er hat sich anheuern lassen.»

«Damit kann ich diese Spur löschen. Sie bringt uns nichts mehr.»

Alan wählte die Nummer von Ashton, aber der hob nicht ab. Dann erreichte er Barbara, die ihm sagte, dass Lord Ashton wie immer Mittwochabend zum seinem Club gefahren sei.

«Ashton ist schon weg», sagte er zu Rowland. «Zu seinem Club. Ich fahre zu ihm nach Hause und warte auf ihn. Ich habe ein ungutes Gefühl.»

«Brauchst du Hilfe?»

«Nein, ich werde Nad mitnehmen.»

In der Schalterhalle, die gerade geschlossen hatte, ging Alan zu Olivia. «Miss Ashton, könnten Sie Nad mit zu sich nach Hause nehmen? Ich komme auch. Ihr Vater ist zum Club.»

«Ja. Ich weiß. Mittwochs ist er immer da.

Er wird aber erst später kommen, da er dort im Restaurant isst.»

«Nad und ich werden Ihnen nicht zur Last fallen.»

«Ach. Wir haben genug vorrätig. Essen Sie mit mir, wenn Sie möchten.»

«Danke für die Einladung.»

Nach einem kleinen Dinner im Ashton Haus schickte Alan Nad hinaus, er sollte sich die nächste Zeit vor dem Haus umsehen. Olivia bot Alan an, dass er in der Bibliothek Platz nehmen und warten könne und servierte ihm ein Glas Weißwein und bot ihm eine Zigarre an. Danach entschuldigte sich Olivia, die kein großes Verlangen verspürte, sich allein mit Alan zu unterhalten. Sie war im Geist immer noch bei den Sätzen, die Alan in Gillford's Garten zu ihr gesagt hatte.

Alan spürte ihre Reserviertheit, da sie sich auch während des Essens ihm gegenüber recht kühl gegeben hatte. Er fragte sich, ob er gestern zu direkt gewesen war. Andererseits sagte er sich, diese jungen Frauen sind einfach nicht bereit, sich führen zu lassen. Wenn sie 30 oder 35 sind und die ersten großen Enttäuschungen hinter sich haben, dann sehnen sie sich nach einer starken Hand. Olivia verfügt vermutlich in ihrer Schwärmerei über ein gewisses sehnsüchtiges Verlangen, das sie aber noch nicht für eine Ehe reif macht. Alan sagte sich, es sei vielleicht besser so. Wer weiß, wie lange er überhaupt in den Diensten der Bank bliebe.

Kurz nach neun Uhr kam Lord Ashton. «Alan! Ich habe es schon gehört, dass du da bist. Was für eine Überraschung.»

«John. Ich wollte dich sprechen. Es gibt ein paar Dinge, die wir bedenken sollten.»

«Ja, gut. Ich sehe, du hast ein Glas Wein. Ich mache mir jetzt einen Scotch. Dann schieß' mal los.»

«John. Draußen ist Nad. Wäre es möglich, dass er heute Nacht hierbleiben kann?»

«Ja. Wir haben Gästezimmer. Ich lasse eines bereit machen. Ist das denn wichtig?»

«Es würde mich ruhiger schlafen lassen.»

«Gibt es schlechte Neuigkeiten?»

«Wie man es nimmt. Der junge Mann, der Jeffersons Koffer aus dem Schließfach abgeholt hat, ist in Paris ermordet aufgefunden worden.»

John kam mit seinem Glas und ließ sich in den Lehnsessel neben Alan fallen. Er nahm einen tiefen Schluck und stellte sein Glas auf den kleinen Eichentisch vor sich, auf dem einige Zeitschriften lagen, in denen Alan geblättert hatte.

«Das ist keine schöne Nachricht!»

«Ja, ich weiß. Wir vermuten, dass Jefferson oder die Leute um ihn, jetzt natürlich wissen, dass wir sie mit dem Koffer reingelegt haben.»

«Was für Leute um Jefferson?»

«John. Ich bin mit Admiral Shrivers zu der Überzeugung gekommen, dass das alles kein Spiel von Jefferson allein ist, sondern dass er benutzt oder angeworben wurde, um einer kriminellen Gruppe Zugriff auf deine Bank zu ermöglichen.»

«Das ist aber weit hergeholt, Alan.»

«John, Daniel Williams ist erschossen worden, weil er etwas wusste und sehr wahrscheinlich angedroht hat auszupacken. Die Prostituierte ist in letzter Sekunde mit schweren Verletzungen, die man ihr beigebracht hatte, um das Codewort preiszugeben, gerettet worden. Heute, nachdem sie wissen, dass der Koffer leer ist, wäre diese Frau ganz sicher auch umgebracht worden. Ich bin überzeugt, dass sie nur noch am Leben war, weil sie abwarten wollten, ob sie den Koffer samt Inhalt bekommen. Dann dieser junge Mann. Ein einfacher Mann, der sehr wahrscheinlich nur angeworben wurde, um den Koffer abzuholen, um ihn nach Frankreich zu bringen. Alle Spuren und Hinweise versucht man auszulöschen. Das ist nicht Jeffersons Handschrift. Da sind wir uns nach einer

Analyse seiner Person einig. Da steckt mehr dahinter. Konsequentere Leute als Jefferson. Deshalb nennen wir die Leute Gruppe. Sicher ist, dass Jefferson aus irgendwelchen Gründen mit der Bank gebrochen hat und etwas anderes anstrebt oder ihm irgend etwas versprochen wurde, das er so attraktiv fand, dieses Risiko einzugehen. Er scheint auch noch etwas in der Hand zu haben, das ihn für die Gruppe wichtig macht.»

«Wieso vermutest du das?»

«Ganz einfach. Sonst wäre er schon längst tot. Er hat was oder er weiß was, das für die Gruppe verlockend ist.»

«Ich glaube, ich weiß, was du meinst. Ich staune über deine Analyse. Sobernheim hat die Aktienbestände kontrolliert. Es fehlen mehr, als die, die wir im Koffer gefunden haben. Insgesamt etwa 1000 Stück.»

Alan kratze sich am Kopf. «Das sind aber auch nummerierte neue Aktien, die nur für kleine Kapitalerhöhungen benutzt werden.»

«Ja, das stimmt. Ich kann den Handel an der Börse nicht stoppen. Wir können nur versuchen, Aktien von uns aufzukaufen. Ich habe Sobernheim dazu Anweisung gegeben. Gott sei Dank sind wir zur Zeit liquide und können das eine Zeitlang durchhalten.»

«Wer Dividende möchte, muss seinen Bestand bekannt geben.»

«Das ist richtig. Dann würden wir erfahren, wer dahinter steckt.»

Alan hatte sein Notizblock hervorgeholt, blätterte und machte sich Notizen. «Ja. Das ergibt Sinn. Jefferson hat die Aktien und wartet darauf, dass die Gruppe ihm zum Tausch irgendwas liefert. In seiner Wohnung hat er sie nicht.»

«Du warst in seiner Wohnung?»

«Ja, John», lachte Alan. «Von Berufs wegen. Wir sollten morgen alle Bankschließfächer prüfen, die in den letzten acht Wochen angemietet wurden.»

«Du meinst, wir haben noch so ein faules Ei in unserem Tresor?»

«Könnte sein, aber ich glaube es nicht. Vielleicht hat er sie schon in Frankreich an einem sicheren Ort deponiert. Ich habe aber noch eine ganz andere Überlegung. Die Gruppe wird nie in Erscheinung treten. Sie wird jemand vollkommen Unverdächtigen vorschicken, mit absolut sauberer Weste und es wird nicht möglich sein, eine Verbindung nachzuweisen. Vielleicht nur eine Verbindung zwischen Jefferson und ihm. Dass er ihn bei irgendeinen Empfang kennengelernt hat und er ihm die A&M Bank empfohlen hat. Wir vermuten, wer es sein könnte. Weil er sich einmal mit ihm getroffen hat. Wir nennen ihn M. Aber auch M ist nichts nachzuweisen. Millionär, internationales Finanzgeschäft, Lebemann, viele Frauen, lebt vorzugsweise in Monte Carlo. Hat dort viele Freunde, auch einige mit zweifelhaften Ruf. Aber auch denen ist nicht beizukommen.

Jefferson hat die 100.000 in Bar vom Selfridge Konto. Die wird er gut versteckt oder schon über einen Mittelsmann angelegt haben. Vielleicht sogar im Ausland. Von der Rendite kann er dann gut leben. Dann, nicht zu vergessen, die zwei Millionen in der Baer Bank. Was wäre passiert, wenn die Baer Bank das Geld irgendwo hin überwiesen hätte, wo es dann verschwunden wäre und die Geschichte mit der Mine in Südafrika sich in Luft aufgelöst hätte?»

«Daran darf ich gar nicht denken. Das wäre das Ende gewesen.»

«Ja. Aber weiter denken, John. In dieser Situation, jetzt nur so als Gedankenspiel, steht dann plötzlich ein weißer Ritter in der Bank und bietet die Rettung an, in dem er sie übernimmt.»

«Mein Gott. Alan.»

«Und wenn der weiße Ritter die Bank übernommen hat, erhält Jefferson auch noch eine großzügige Provision, kann sich eine neue Identität zulegen und sich irgendwo am Mittelmeer zur Ruhe setzen. Jefferson ist sich zurzeit noch sicher, dass niemand weiß, wo er die Minen-Millionen deponiert hat und er wird es der Gruppe oder diesem M noch nicht preisgegeben haben. Er wird in den nächsten Tagen versuchen das Geld zu transferieren, nach irgendwo hin, wo es für uns unauffindbar würde. Er steht unter Zeitdruck. Jetzt mit der Koffergeschichte, weiß er, dass wir ihm auf der Spur sind. Was er nicht weiß, ist, dass er an das Geld nicht mehr herankommt, weil wir es haben. Das verdanken wir allein Mrs. Barron.»

John nahm sein Glas und lehnte sich weit zurück, zwischen die Ohrlehnen seines Sessels.

Alan hörte ein 'Plopp' und das Geräusch, als ein Projektil in die Lehne des Sessels einschlug, in dem Ashton saß und es zerriss. Instinktiv sprang er aus seinem Sessel hinüber und riss Ashton's Sessel zu Boden. Ein zweites 'Plopp' war zu hören und das Glas auf dem Tisch zersprang. Alan warf den Tisch um und zog Ashton zu sich hinter den Schutzschild aus der dicken Eichenplatte. Zwei weitere Geschosse drangen in die Tischplatte ein. Alan zog seine Beretta und schoss mehrmals, ohne groß ein Ziel zu suchen, in die Richtung, aus der das 'Plopp' gekommen war. Blitzschnell lag er auf dem Boden am Ende der Tischplatte, lugte kurz vorbei in Richtung der Türe, konnte aber nichts erkennen, da es dort zu dunkel war. Trotzdem schoss er dreimal wahllos in die Richtung.

Plötzlich hörte er Geschrei. Es war Olivias Stimme. «Dad! Dad!» Das Licht ging an.

Alan nahm ein Kissen und warf es in die Luft und zweimal war dieses widerliche 'Plopp, Plopp' zu hören. Das aber nutze er, um einen Blick um die Ecke der Tischplatte zu wagen und sah, dass ein maskierter Unbekannter Olivia in seiner Gewalt hatte und seine Pistole ihr unter ihrem Kinn an der Kopf gesetzt hatte. Alan hörte, wie der Mann sagte: «Schön, dass ich dich habe. Brauche ich dich nicht zu suchen.»

«Sir!», rief Alan laut. «Tun Sie ihr nichts. Lassen Sie sie laufen. Lord Ashton ist tot.»

Alan blickte zu Ashton, der gekrümmt hinter der Tischplatte auf dem Boden lag und legte den Zeigefinger auf seinen Mund.

«Sir!», rief er wieder. «Ich ergebe mich. Ich bin nur ein Wachmann. Ich komme hoch.»

Mit erhobenen Händen stellte sich Alan neben dem Tisch aufrecht hin. In seiner Hand hielt er die Beretta. Es gab ein Klick und das Magazin aus seiner Pistole fiel laut krachend zu Boden. «Ich habe das Magazin ausgeworfen. Sie sehen, ich bin wehrlos. Lassen Sie die Frau los!»

Alan sah den Mann, der eine schwarze Wollmütze trug und dessen Gesicht zur Hälfte von einem schwarzen Tuch, das er um seinen Kopf gebunden hatte, bedeckt war. Alans Augen waren auf diesen maskierten Kopf konzentriert und seine Sehnen waren angespannt.

«Schieb' das Magazin zu mir und lass die Pistole fallen!», schrie der Mann. Dabei zeigte er mit seiner Pistole auf das Magazin am Boden.

Es war dieser Bruchteil einer Sekunde, den Alan nutzte. Nicht instinktiv, sondern antrainiert. Er zielte, drückte ab, der Mann stürzte zu Boden und riss Olivia mit sich.

Mit zwei Sprüngen war Alan bei dem Mann, sah, dass sein Gesicht zerfetzt war und nahm die auf dem Boden liegende Pistole mit dem Schalldämpfer an sich.

Olivia, blutüberströmt, schrie wie am Spieß.

«Miss Ashton. Es ist alles gut. Miss Ashton, kommen Sie zu sich! Es ist vorbei!» Mit seinem Jackenärmel säuberte Alan ein wenig Olivias Gesicht, die nur langsam zur Besinnung kam.

«Sind Sie verletzt? Miss Ashton. Sagen Sie mir, ist alles gut?»

Alan schüttelte sie. Kaum zu verstehen, sagte sie: «Mein Arm. Ich hab mir weh getan.

Mein Arm.»

Alan erkannte, dass sie ihren rechten Arm meinte, auf den sie gefallen war.

Nad und Gates kamen angelaufen, weil sie den Schuss gehört hatten.

«Nad!», schrie Alan. «Lauf zur Straße. Schnell. Dort steht ein Fluchtwagen mit laufenden Motor. Schnapp dir den Fahrer!»

Alan war sich sicher, dass der Maskierte nicht allein gekommen war.

Er kniete sich zu Olivia und half ihr aufzustehen. «Wo ist Dad?»

«Es ist alles gut, Olivia. Ihr Vater ist dort drüben», und er führte Olivia mit einer unterstützenden Hand zu ihrem Vater.

Zwei Dienstmädchen kamen. «Kümmern Sie sich um Miss Ashton», rief er ihnen zu.

Alan ging zu Gates, der wie angewurzelt im Türrahmen stand und fragte ihn: «Haben Sie eine Waffe?»

«Ja, Sir. Hier.» Gates holte eine Browning aus seiner Jacke hervor.

«Gates, verschließen Sie die Tür. Bleiben Sie dort. Lassen sie niemand Fremdes herein.»

«Ja, Sir.»

«Und Gates. Rufen Sie Elisabeth Barron an. Sie soll sich ein Taxi nehmen und herkommen.»

Alan ging an der Leiche vorbei zurück zu

Lord Ashton, der sich hinter dem Tisch erhoben hatte und sich mit Olivia in den Armen lag. «Bist du verletzt? John?»

«Nein. Was war das? Was ist passiert?», stammelte John, der sich mit der Hand abstützen musste.

«Ist alles gut?»

«Ja. Aber …?»

«John setz dich da drüben hin und entspann dich. Es ist alles gut. Entspann dich.»

Alan nahm sein Stofftaschentuch und tupfte einige Blutspuren aus Olivias Gesicht. «Miss Ashton, es ist nur Blut. Möchten Sie sich waschen?»

«Nein, ich bleibe bei Dad. Werden die wieder kommen?»

«Nein. Seien Sie unbesorgt. Die kommen nicht mehr. Ich werde Sie beschützen.»

Von der Türe in der Eingangshalle hörte Alan Tumult. Er überprüfte die Waffe des Täters und rannte in die Halle.

Es war Nad, der einen jungen Mann in einem Polizeigriff herbeigeschleppt hatte, ihn nun zu Boden warf und ihn fesselte, während Gates mit gezogener Browning daneben stand.

Nad keuchte. «Er saß im Wagen. Leichtes Spiel. Er war vollkommen überrascht.»

«Gut gemacht, Nad.»

Alan war wieder zu Ashton zurückgekehrt, er ergriff eine Flasche Scotch von einem Sideboard, öffnete sie und nahm einen Schluck aus der Flasche.

«Möchtest du auch einen? John?»

«Gib her.» Ashton trank wie Alan zuvor aus der Flasche. «Das habe ich schon lange nicht mehr gemacht. Alan, danke.»

«Schon gut.»

«Du hattest recht mit deinen Vermutungen. Du hattest immer recht.»

«Ist der Böse tot?», fragte Olivia.

Alan schaute zu der Leiche. «Ja. Er kann kein Unheil mehr anrichten. Wir werden ihn gleich wegschaffen. Ihre Tante Elisabeth wird gleich da sein. Ich habe sie herbestellen lassen.»

Aus der Eingangshalle kamen Geräusche und Gates rief nach Alan.

«Es ist der Inspektor», rief Gates und Alan gab ihm ein Zeichen, den Inspektor hereinzulassen.

Inspektor Caffrey von Scotland Yard kam ihm aufgeregt entgegen. «Lassen Sie die Waffe fallen!», schrie er Alan an.

Alan drehte sie herum, ergriff den Lauf und bot sie dem Inspektor an. «Das ist die Waffe des Täters.»

«Was ist hier passiert?»

Lapidar erklärte Alan: «Ich habe einen

Mann erschossen, der Lord Ashton erschießen wollte und Nad hat einen Mittäter festgenommen.»

«Festgenommen? Wer ist Nad? Wieso ist dieser Mann so gefesselt?»

Alan musste dem Inspektor recht geben. Nad hatte den Fahrer des Fluchtwagens nicht nur die Hände auf dem Rücken zusammengebunden, sondern auch, wie es beim Circus Vorschrift war, mit dem Seil die angewinkelten Beine fest verschnürt.

Alan ging an der Leiche vorbei in die Bibliothek.

«Bleiben Sie stehen!», rief der Inspektor hysterisch. «Sonst muss ich sie festnehmen.»

Alan kümmerte sich nicht darum, sondern ging zu Olivia, die bei ihrem Vater saß und strich ihr zärtlich über die Wange. «Alles ist gut. Sie sind eine starke Frau.»

Olivia war von diesen Worten wie verzaubert. Sie schaute zu ihm auf und stammelte ein «Danke, Danke.»

«Hemmigs!», rief Caffrey außer sich. Alan schaute auf und suchte mit einer Hand in seiner Jackentasche. Dann ging er zu dem Inspector und zeigte ihm eine Dienstmarke.

Olivia sah voller Angst zu Alan und dem Inspektor, der die von Alan gereichte Marke betrachtete. Sie hörte, wie der Inspektor stammelte: «Scotland Yard? 99? Innenministerium?»

Aber Alan wandte sich wieder zu Olivia und Lord Ashton. «John, alles wieder gut?»

«Alan! Was war das», stammelte Ashton. «Du hast mir das Leben gerettet. Du hast Olivia gerettet.»

«Sir!», geiferte der Inspektor. «Ich möchte jetzt wissen, wer Sie sind und was passiert ist.»

«Seien Sie ruhig», kam es barsch von Alan. «Ich muss telefonieren.»

Olivia bewunderte Alan, der seelenruhig zum Telefon ging und die 9966 wählte. Es dauerte sehr lange.

Olivia versuchte ihre Gedanken zu ordnen. *Hemmings hat eine Marke von Scotland Yard? Innenministerium? Was ist das denn?* Sie fühlte mit einem Mal, dass sich bestätigte, was sie seit den letzten Tagen vermutete, dass Hemmings irgend etwas Besonderes war. Er war mehr, als nur Banker. Er hat sie von diesem Verbrecher gerettet. Er hat sich einfach mit erhobenen Händen dem Verbrecher gestellt und ihn doch unschädlich machen können. '*Was ist das für ein mutiger Mann. Er hat es für mich getan. Er hat sich selbst in Gefahr gebracht, für mich. Er hätte erschossen werden können.*'

Alan hatte seine Verbindung. «Sir. Entschuldigen Sie, Ja, es ist wichtig. Ich bin im Haus von Lord Ashton, Ich habe einen Mann erschossen und Nad hat einen Fluchtwagenfahrer festgenommen. Es ist versucht worden Lord Ashton zu töten und seine Tochter zu entführen. Ja, Sir. Bis gleich.»

Durch ein Fenster sah man plötzlich ein Blitzlicht aufflammen.

Der Inspektor fuhr wieder Alan an, sodass dem der Kragen platzte. «Caffrey. Seien sie endlich ruhig. Ist das immer Ihre Art, erst die Presse zu schicken, bevor Sie sich hertrauen?»

«Wir haben die Presse nicht informiert, sondern die uns, dass hier eine Schießerei sei.»

«Sagen Sie das nochmal. Sie sind von der Presse informiert worden?»

«Ja. Jetzt sagen Sie mir, was hier los war.»

«Setzen Sie sich und nehmen Sie sich einen Scotch», antwortete Alan ruhig und überlegen. «Ich habe meine Dienststelle informiert, die schicken ein Team.»

Olivia musste innerlich schmunzeln, als sie den Inspektor sah, wie er sich erschöpft auf einen Stuhl fallen ließ und vor sich murmelte: «Dienststelle? Innenministerium? Innenministerium.»

Wenig später kamen etliche Männer ins Haus, gefolgt von einem Mann in Uniform und Schirmmütze.

Als der Uniformierte in die Bibliothek trat, sprang der Inspektor auf. «Wer sind Sie denn?»

Der würdigte ihn aber keines Blickes, sondern ging zu Olivia und ihrem Vater. «Geht es Ihnen gut?» Olivia und der Lord nickten.

Inspektor Caffrey meldete sich. «Darf ich wissen, wer Sie sind und was hier gespielt wird?»

Der Admiral drehte sich ruhig herum. «Ich bin Admiral Shrivers. MI 6. Ich leite die Operation.»

Caffrey verstummte und suchte sich einen Stuhl.

Shrivers Männer fotografierten den Leichnam auf dem Boden, machten Zeichen, säuberten versuchsweise sein Gesicht und photographierten es wieder.

Alan wandte sich an Olivia: «Miss Ashton? Möchten Sie ins Wohnzimmer gehen. Sie brauchen das nicht zu sehen.»

«Nein», antwortete Olivia mit fester Stimmer. «Ich möchte bei Ihnen und meinem Vater bleiben.»

Olivia war erfasst von der Situation. '*Ein Admiral? Und er sagt, er leite die Operation. Wel-*

che Operation? Was ist MI 6? Und Hemmings hat, wie der Mann hereinkam, vor ihm salutiert. Wieso salutiert Hemmings vor einem Mann in Uniform?'

Als die Männer den Leichnam wegschafften, setzte sich der Admiral. «Hemmings. Jetzt erzählen Sie mal, was geschehen ist.»

Ausführlich berichtete Alan sehr sachlich jede Einzelheit. Als er fertig war, stellte der Inspektor eine Frage. «Sagen Sie. Als Sie sich ergeben haben. Oder so getan haben, als wenn sie sich ergeben, da hatten Sie doch nur noch eine Patrone im Lauf.»

«Ja. Das wusste ich und war auch beabsichtigt.»

«Nur eine einzige Patrone. Das hätte schiefgehen können.»

«Nein!»

Dem Inspektor verschlug es die Sprache. «Sie hatten es geplant!»

«Ja. Es war ein Finalschuss.»

«Mein Gott. Sie haben Nerven.»

Der Admiral mischte sich ein. «Diese Fragen bringen uns nicht weiter. Hemmings, was vermuten Sie?»

«Sir. Lord Ashton sollte erschossen werden und seine Tochter entführt. In dem Fluchtwagen hat Nad einen Jutesack und Seile gefunden.»

«Was wäre das Motiv? Hemmings.»

«Morgen wäre der Aktienkurs der A&M Bank abgestürzt. Die Bank hätte die Börsenaufsicht beauftragen müssen den Handel auszusetzen, aber es hätte in wenigen Tagen zum Konkurs der Bank geführt.»

«Lord Ashton? Sehen Sie das auch so?»

«Mr. Hemmings hat vollkommen Recht mit dieser Annahme.»

«Sir», mischte sich Alan wieder ein. «Ich möchte Sie auf etwas außerordentlich Wichtiges hinweisen. Draußen sind Presseleute. Wie ich von Inspektor Caffrey erfahren habe, ist Scotland Yard durch die Presse auf diese Geschehnisse hier aufmerksam gemacht worden.»

«Stimmt das?», fuhr der Admiral den Inspektor an.

«Ja, Sir», kam es kleinlaut von ihm. «Wir erhielten einen Anruf im Yard. Daraufhin wurden wir alarmiert.»

Der Admiral stand auf, ging zum Durchgang. «Schickt Finley zu mir, sofort.»

Wenig später kam ein junger Mann. «Finley», rief ihm der Admiral zu. «Der Yard ist von der Presse auf die Geschehnisse hier informiert worden. Finden Sie heraus, wer und wann den Yard informiert hat und woher er das Wissen hatte.»

«Sir», meldete sich der Inspektor. «Können meine Leute die Fingerabdrücke von den Tätern nehmen?»

«Ja, veranlassen Sie das und untersuchen Sie die Waffe. Schicken Sie mir einen Bericht zu meinen Händen.»

«Jawohl, Sir. Was soll ich im Bericht schreiben?»

«Warten Sie morgen die Entscheidung des Innenministeriums ab.»

«Ja. Sir. Kann ich gehen?»

«Ja. Tun Sie das.»

Alan räusperte sich. «Admiral. Wie viele Vertreter der Presse sind draußen?»

«Ich habe zwei gesehen.»

«Sir. Es wäre hilfreich, wenn Lord Ashton vor die Presseleute tritt und ein kurzes Statement abgibt. Es sei ein Einbrecher überwältigt worden und ansonsten sei alles in Ordnung und er unversehrt.»

«Ja. Das ist vielleicht gut. Lord Ashton, Sir. Meinen Sie, Sie könnten das.»

John erhob sich und fühlte sich auf ein Mal stark. «Das kann ich.»

«Gut. Öffnen Sie die Türe nur ein Stück.» Der Admiral sagte zu Alan. «Schicken Sie Nad mit Lord Ashton, er soll zuerst herausgehen und aufpassen.»

Als der Lord mit Nad vor die Türe trat, sagte der Admiral zu Alan. «Ich habe von Rowland den Bericht bekommen. Schrecklich, was in Paris passiert ist. Aber es unterstreicht ihre Vermutung.»

«Sir. Als ich das heute Nachmittag von Roland gehört habe, hat es mich stark beunruhigt. Ich hatte Ihnen meine daraus gezogenen Schlüsse mitgeteilt. Aber eine innere Unruhe hatte mich dazu bewogen, heute Abend hier zu sein.»

«Hemmings. Sie haben wohl einen siebten Sinn. Wir sprechen uns morgen noch mal. Ich werde Sie verlassen und lass Ihnen zwei Männer über Nacht hier. Ach, lassen Sie mich noch was sagen. Ihr Finalschuss, Klasse.»

Olivia hatte das Gespräch mitgehört und als der Admiral den Raum verließ, ging sie zu Alan und umarmte ihn. «Mr. Hemmings. Ich möchte mich bei Ihnen bedanken. Ich kann gar nicht ermessen, was ich Ihnen schuldig bin.»

«Sie brauchen sich nicht zu bedanken. Miss Ashton. Das war meine Pflicht und auch meine Verpflichtung Ihnen gegenüber.» Aber dann rutschte Alan ein Satz heraus, den er eigentlich nicht sagen wollte. «Für Sie würde ich alles tun.»

Olivia sah ihn mit weit aufgerissenen Augen an und dann drückte sie ihm einen blitzschnellen Kuss auf den Mund. Einen Moment blieben sie aneinander, Kopf an Kopf gelehnt, schweigend umarmt stehen.

Butler James führte Elisabeth an dem Dienstmädchen vorbei, das den Parkettboden von den Blutspuren säuberte, in die Bibliothek. Sie stieß einen Schrei aus, als sie Olivia in ihrem blutverschmierten Kleid sah. «Olivia. Was ist passiert? Wie geht es dir?»

«Tante Elli. Gut, dass du kommst. Es war schrecklich. Aber ich bin nicht verletzt.»

«Komm, wir gehen hoch in dein Zimmer.»

«Nein, ich will bei Dad und Mr. Hemmings bleiben.»

«Dann komm wenigstens mit, säubere dich etwas und zieh dir ein neues Kleid an. Dann können wir ja wieder hinuntergehen.»

Widerwillig folgte Olivia Elisabeth, die kurz zum Lord blickte, der zustimmend nickte.

Lord Ashton forderte Alan, der den Eichentisch untersuchte auf, mit ihm in das Wohnzimmer zu folgen. «Alan, lass uns hinübergehen. James kann das Zimmer wieder richten. Nicht wahr? James?»

«Ja. Sir. Sir, das Telefon im Wohnzimmer läutet. Soll ich das Gespräch annehmen?»

«Fragen Sie, wer es ist. Ich komme.»

Als John mit Alan zu James kam, reichte der den Hörer. «Es ist Julius Baer aus Zürich.»

John nahm den Hörer. «Hallo Julius.»

«Hallo John. Ich hatte Spätnachmittag noch bei dir angerufen, aber in der Bank, die schon geschlossen war, sagte man mir, du seist zu Hause. Ich hab deine Privatnummer von Rothschild erfahren, aber es war lange Zeit die Leitung nach London gestört. John, ich muss dir etwas Wichtiges sagen. Heute Nachmittag, kurz vor Schluss kam Jefferson in unsere Bank und wollte bei dem Schalterbeamten einen Überweisungs-Auftrag erteilen. Er hat ihm sogar seinen Ausweis gezeigt. Ich war zu der Zeit nicht in der Bank. Mein Mitarbeiter hatte dann nachgesehen und ihm gesagt, dass von dem Konto keine Überweisungen getätigt werden können, da es leer sei. Jefferson muss sofort fluchtartig die Bank verlassen haben. Ich bin erst eine Stunde später informiert worden.»

«Julius. Danke, dass du mir das sagst. Hatte Jefferson gesagt, wohin das Geld überwiesen werden soll?»

«Nein, dazu kam es nicht.»

«Julius, ich muss dir auch etwas sagen. Vor einer Stunde bin ich in meinem Haus überfallen worden. Mir ist nichts passiert. Alles ist gut. Die Polizei und auch die Presse waren schon hier. Wenn du morgen also etwas über einen Einbrecher bei mir hörst, dann mach dir keine Gedanken. Du kannst mich morgen in der Bank erreichen.»

«James!», rief John, nachdem er aufgelegt hatte. «Bringen Sie den Scotch und den Humidor. Alan, möchtest du auch eine Zigarre?»

«Ja, John. Das ist eine gute Idee. Was wollte Baer?»

John erzählte, was er von Julius erfahren hatte und Alan schüttelte mehrmals ungläubig den Kopf.

Als sich beide eine Zigarre anzündeten, meinte Alan «Das ging jetzt aber schnell. Alle Achtung.»

«Was meinst du mit Achtung?»

«Achtung vor dem Gegner. Jefferson ist wahrscheinlich in der Schweiz unter anderem Namen unterwegs, sonst hätte ihn das Deuxième Bureau an der Grenze geschnappt. Er hat seinen richtigen Pass nur in der Bank gezeigt, weil er die große Überweisung machen wollte.»

«Wer zum Teufel ist das Deuxième Bureau?»

«Eine Dienststelle, mit der wir zusammenarbeiten. Jefferson wird geschockt gewesen sein, deshalb hat er die Bank so schnell verlassen. Er wird irgendjemand informiert haben und der oder diejenigen haben heute diesen Anschlag initiiert. Deswegen habe ich gesagt, alle Achtung.»

«Mensch Alan. Was erzählt du da? Was bedeutet das?»

«Das bedeutet, dass sie gefährlich sind. Wir müssen aufpassen.»

Alan paffte den Rauch der Zigarre hoch in die Luft und fuhr fort. «Weil die Presse einen Tipp bekommen hat, nehme ich an, dass die Verbrecher sich sicher waren, dass ihr Anschlag gelingt und dass sie weiter für Gerüchte sorgen wollen. Du musst morgen zur Börseneröffnung in die Börse und dich zeigen. Nad wird mit dir gehen. Er wird auch morgen mit dir und Gates in deinem Auto zur Bank fahren. Ich werde mit Admiral Schrivers eine Bewachung für dich organisieren. Gates soll immer vor deiner Bürotüre stehen und niemand hereinlassen, den du nicht vorher angekündigt hast.»

«Ja. Wenn du meinst», gab sich John ergeben.

«Ja, John. Und ich werde deine Tochter morgen bis Anfang nächster Woche an einem sicheren Ort verstecken.»

«Du machst mir Angst.»

«Nein John. Ein paar Tage Ruhe einkehren lassen. Das hilft uns.»

«Wo willst du sie verstecken?»

«Ich weiß ein kleines Häuschen im Süden. Das kennt niemand. Dort ist ein großes Gästezimmer. Du kannst mir vertrauen.»

«Natürlich Alan. Wem sollte ich mehr vertrauen? Aber, mal sehen, wie Olivia reagiert.»

«John, du musst es ihr befehlen. Sie hat dir zu gehorchen. Sie ist in Gefahr. Ich weiß nicht genau, was die Entführer mit ihr geplant hatten. Sicherlich keine Lösegeldforderung.»

«Was?»

Der Gedanke war Alan nur so herausgerutscht. Er versuchte zu beschwichtigen. «War nur so ein Gedanke. Ich will mit allem rechnen.»

«Gut, du hast bewiesen, dass du mit deinen Vermutungen recht hattest. Ich vertraue dir.»

«Ich werde täglich vom Post Office anrufen. Weil es in dem Haus keinen Telefonanschluss gibt.»

«Niemand weiß es?»

«John, es darf niemand wissen. Aber zu deiner Beruhigung, Admiral Shrivers, der weiß es.»

«Dann bin ich beruhigt.»

*

Elisabeth half Olivia sich im Bad zu säubern, sich herzurichten und anschließend ein neues Kleid anzuziehen. Die ganze Zeit hatte

Olivia erzählt, was vorgefallen war.

Elisabeth war schockiert. «Oh, mein Gott, was für eine Tat. Gott sei Dank ist dir nichts passiert.»

«Ich bin auf den Arm gefallen, als Mr. Hemmings den Mann erschossen hat und der mich mitriss. Aber ist nur ein blauer Fleck. Hemmings hat mich gerettet.»

«Er hat den Mann einfach erschossen?»

«Der Mann wollte mich entführen und hatte mir seine Pistole an den Kopf gesetzt. Es ging alles so schnell, blitzschnell und ich lag auf den Boden. Aber Mr. Hemmings hat mich …!»

«Mein Gott, was ist das für ein Mann!»

«Ja. Du hast recht. In letzter Sekunde. Ein Engel, den der Himmel geschickt hatte.»

«Das kann ich gar nicht glauben.»

«Er hat auch Dad gerettet.»

«Wieso?»

«Der Mann hatte vorher versucht Dad zu erschießen. Hemmings hat ihn gerettet, in dem er den Tisch umwarf. Das hat mir Dad erzählt. Der Mann hatte noch ein paar Mal auf ihn geschossen und Hemmings hat zurückgeschossen. Die Pistolenschüsse hatte ich gehört und bin hingelaufen. Da hat mich der Mann gepackt.»

«Du hast dich in Gefahr gebracht.»

«Das konnte ich doch nicht ahnen. Ich

dachte, Dad sei etwas passiert. Aber Hemmings muss das blitzschnell erkannt haben. Ein unglaublicher Mann.»

«Du magst ihn? Nicht wahr?»

«Ja. Das stimmt. Ein toller Mann. Er hat sich als Erstes sofort um mich gekümmert. Der Inspektor von Scotland Yard war hier, aber den hat er überhaupt nicht ernst genommen. Erst als ein hoher Navy Offizier, ein Admiral mit etlichen Leuten kam, da war er wie ausgewechselt. Vor dem hat er salutiert und ihn immer mit Sir angeredet. Der Admiral hat gesagt, er leite die Operation und hat das Innenministerium erwähnt.»

«Ja. Ich glaube Hemmings arbeitet mit denen zusammen.»

«Er scheint machtvolle Freunde zu haben. Der Inspektor war ganz kleinlaut geworden. Es war eindrucksvoll, wie Hemmings mit diesen ganzen Leuten immer so überlegen gehandelt und gesprochen hat. Bewunderungswürdig. Obwohl er mir bei dem Spaziergang im Garten bei Gillford einige Sätze gesagt hat, die, wie soll ich sagen, ... schwer verdaulich waren.»

«Was hat er da gesagt?»

«Dass er in einer Ehe von seiner Frau gewisse Regeln beachtet haben möchte.»

Elisabeth lachte. «Kleines. Das ist das Natürlichste der Welt. Das ist der Esprit in einer Ehe. Ich kann es mir gut vorstellen, dass er das gesagt hat und bei der Dominanz, die er ausstrahlt, kann man voraussetzen, dass er den Esprit zu schätzen weiß. Ist das nicht ein interessanter Mann?»

«Ich weiß nicht. Er ist doch viel älter.»

«Aber erfahrener.»

«Ich weiß doch auch gar nicht, ob er Gefühle für mich hegt. Er ist immer so distanziert. Er hat doch sicher genug Verehrerinnen.»

«Ja. Es kann sein, dass er dich für unbelehrbar hält. Was du auch wirklich manchmal bist.»

«Obwohl, heute Abend war er ganz anders. So fürsorglich.»

«Ich denke, von solch einen Mann könntest du eine Menge lernen.»

«Hmm, was soll ich denn lernen?»

«Olivia. Du bist schon wieder aufsässig. Ich denke da an so gewisse Spielarten der Liebe, die Frauen in den Glückshimmel führen können. Die du alle nicht kennst. Die nur erfahrene Männer kennen.»

«Du meinst, in so was hat er Erfahrung?»

«Ja, da bin ich mir sehr sicher. Er hat mir einiges aus seiner Zeit in Ägypten erzählt. Nicht direkt, aber ich habe es aus seinen Andeutungen herausgehört. Sehr persönliche Sachen.»

«Versteht ihr euch schon so gut?»

«Ja. Er hat soviel Stil und ist so erfahren. Wenn ich jünger wäre, würde ich ihn mir angeln.»

«Tante Elli!»

«Darf ich dir einen Rat geben? Schnapp ihn dir. Einen besseren Mann findest du nicht. Er ist außergewöhnlich.»

Erkenntnisse

Zufrieden setzte sich Olivia an den Frühstückstisch. Nach langer Zeit saß sie wieder mit ihrem Vater, Tante Elli und zwei Gästen, Nad Cromburg und Mr. Hemmings, im Esszimmer zusammen. Das letzte große Frühstück war mit drei ihrer Freundinnen nach einem Masquerad Ball, 'The Chelsea Arts Ball' in der Albert Hall in Kensington gewesen, den sie gemeinsam bis weit nach Mitternacht besucht und dabei ausführlich getanzt hatten.

Als Alan eingetreten war, hatte sich Olivia erhoben, war zu Alan gegangen, hatte ihm die Hand gereicht, ihm einen «Guten Morgen» gewünscht und sich für ihre Rettung bedankt.

Die Ereignisse des gestrigen Abends waren natürlich ein vorherrschendes Thema am Frühstückstisch.

Am Ende sagte John: «Ich muss los. Ich will zur Börseneröffnung da sein. Elli, Mr. Cromburg, wir machen uns auf den Weg. Olivia, es ist besser, wenn du heute nicht in die Bank kommst. Du wirst ein paar Sachen zusammenpacken und mit Mr. Hemmings zu einem sicheren Ort fahren.»

«Wohin denn?»

«In ein Internat», antwortete Alan grinsend.

«Was!?»

«War ein Scherz. Aber es dient zu Ihrer Sicherheit, Miss Ashton. Vertrauen Sie mir. Nehmen Sie nur ein paar sportliche Sachen mit. Es ist ein schönes Gebiet.»

Olivia war entgeistert «Ich soll mit Ihnen irgendwohin fahren?»

«Olivia, ich verlange es», befahl ihr Vater. «Du gehorchst. Es ist das Beste.»

Alan setzte beschwichtigend hinzu: «Sie wollen doch sicherlich nicht mehr einem solch dunklen Mann wie gestern begegnen? Da, wo wir hinfahren, gibt es die nicht.»

Hilflos blickte sie zu Elisabeth, aber die nickte ihr aufmunternd zu.

«Aber wir fahren mit meinem Wagen. Ich fahre!», erwiderte sie trotzig

Alan schmunzelte. «Selbstverständlich, Miss Ashton.»

«Dann ist gut.» Olivia zeigte sich zufrieden, als hätte sie etwas Großartiges durchgesetzt.

«Wir müssen allerdings erst zur Bank. Dort werden Sie Ihrer Kollegin sagen, dass Sie ab heute Mittag die Bank verlassen werden und erst Dienstag oder Mittwoch kommender Woche wieder in der Bank sind.»

Alan stand mit Nad vor dem Haus, als Gates den Rolls-Royce vorfuhr.

«Gates? Sie haben Ihre Waffe?», fragte er ihn, als der ausstieg.

«Ja. Die Browning.»

«Können Sie damit gut umgehen?»

«Nun. Ich schieße sehr regelmäßig einmal im Monat hinter dem Gartenhaus. Ich war Ranger bei der Army.»

«Oh. Gut, Gates. Dann werden Sie auf Lord Ashton aufpassen.»

«Darauf können Sie sich verlassen, Sir», strahlte Gates.

Nachdem John mit Elisabeth und Nad abgefahren war, kam Olivia mit einer großen Reisetasche. «Ich hoffe, Sie haben nicht viel Gepäck. Der Kofferraum ist sehr klein.»

«Nein. Keine Sorge», entgegnete Alan. «Ich brauche nichts mitzunehmen. Ist alles schon da.»

Olivia schaute ihn fragend an, aber unterließ es weiter nachzufragen.

Während der Fahrt quälte sich Olivia durch die mit den roten Doppeldecker-Bussen, unzähligen Autos und Pferdekarren, Taxen und Lieferwagen vollkommen verstopfte Londoner City zur Lombard Street.

«Alle Achtung», lobte Alan. «Sie fahren

sehr gut und selbstsicher. Ich fühle mich geborgen.»

«Es freut mich, dass Sie sich bei mir geborgen fühlen», antwortete Olivia ein wenig spitz, aber sie blickte zu ihm und lächelte. Sie hatte sich nicht nur damit abgefunden, sondern sie sah es als ein Abenteuer, und eine Gelegenheit diesen undurchsichtigen Mr. Hemmings näher kennenzulernen. «Wann wollen wir denn los?»

«Heute Mittag. Wir werden unterwegs eine Rast einlegen und essen.»

«Ist es weit?»

«Wenn Sie zügig fahren, etwas mehr als zwei Stunden.»

«Selbstverständlich, Sir!»

Alan ging sofort hoch in Johns Büro. Der hatte auf seinem Schreibtisch die heutige Ausgabe der Daily Mail und der auf lachsfarbenem Papier gedruckten Financial Times liegen.

«Die Financial Times berichtet gar nichts. Die Daily Mail hat auf der fünften Seite einen kleinen Artikel, dass bei einem Bankdirektor eingebrochen wurde und die Täter festgenommen werden konnten.»

«Das ist doch gut.»

«Aber Amandus de la Roy, von der Société Générale hat aufgeregt angerufen.

Es würden Gerüchte in Paris gestreut, ich sei erschossen worden.»

«Das habe ich erwartet. Sie wissen noch nicht, dass der Versuch gescheitert ist. Aber wir sind doch gewappnet. Du gehst zur Börseneröffnung?»

«Ja, das werde ich. Das wird mir eine Freude sein. Ich werde jeden, den ich kenne, mit der Hand begrüßen. Danach werde ich beim Fixing sein und Rothschild alles erzählen. Wann willst du los?»

«Gegen Mittag. Ich muss noch ein paar Telefonate führen.»

«Und mit Olivia ist alles in Ordnung?»

«Ja, ich glaube, sie sieht es ein.»

Alan ging zu Sobernheim und sprach mit ihm über die verschwundenen Aktien. Beide rätselten darüber, wie Jefferson es gelungen sein konnte, unbemerkt die Aktien herauszuschaffen und sie fragten sich, ob bei der Aktionärs Hauptversammlung irgendjemand die Aktien vorlegen würde, um die Dividende zu kassieren.

Danach ging er in sein Büro und rief Rowland an.

«Ich habe es schon gehört», meldete sich der. «Schlimme Sache. Hast du gut gemacht.»

«Wir haben aus Paris gehört, dass dort im Umfeld der Börse das Gerücht gestreut wird,

Ashton sei erschossen worden. Die Kerle wissen anscheinend noch nicht, dass ihr Plan nicht aufgegangen ist. Wird sich sicher im Laufe des Tages auch in Paris rumsprechen. Unsere Partnerbank dort wird ein Statement herausgeben.»

«Ich habe von Claude nur gehört, dass diese Jessica in einer ersten Vernehmung ausgesagt hat, das Jefferson sie in dem Haus von diesem Bertrand an unbekannte Männer übergeben hatte, die sie direkt in den Keller geführt, gefesselt und geschlagen haben. Die Männer seien immer nur Abends gekommen und hätten ihr Wasser hingestellt und ein belegtes Baguette. Anfang der Woche sei sie nackt ausgezogen und mit einer brennenden Zigarette gezwungen worden, das Codewort für das Bankschließfach preiszugeben. Jefferson hätte sie nie gesehen.»

«Wenn dein Claude sie nicht herausgeholt hätte, hätten die Kerle sich am Abend mit ihr vergnügt und sie dann umgebracht. Das ist russische Handschrift.»

«Ja. Sieht so aus, aber sie wollten sie nicht töten. Zwei Kerle sind natürlich am Abend später von Claude's Leuten gefasst worden. Sie waren mit einem Lieferwagen vorgefahren, der sogar auf einen von ihnen zugelassen war. Sie haben ausgesagt, sie seien auf dem Montmatre angesprochen worden, um eine Frau aus dem Keller zu holen. Sie seien nie vorher in dem Haus gewesen. Sie sollten die Frau zu einer Adresse in Marseille bringen, zu einem Khaled, der sie dann bezahlen würde. Natürlich gibt es keinen Khaled an der Adresse. Irgendjemand hätte sich dafür ausgegeben, die zwei Kerle bezahlt, hätte Jessica übernommen und aufs nächste Schiff gebracht. So sei es üblich, meinte Claude.»

«Gut möglich», antwortete Alan nachdenklich. Er wusste aus seiner Zeit in Ägypten, wie junge Frauen aus Frankreich, Spanien und Italien von Alexandria aus weiterverkauft wurden. Die Händler scheuten sich nicht mal, englische Offiziere oder Geschäftsleute in ihr Haus einzuladen und die Mädchen anzubieten.

«Bist du noch da?»

«Ja. Sprich weiter.»

«Jessica hat bestätigt, dass dies nicht die Männer sind, die vorher bei ihr waren, weil sie nur Französisch sprechen. Bei den Männern, die die Abende vorher da waren, hat nur einer etwas Englisch sprechen können und er hatte sich mit den anderen in einer arabisch klingenden Sprache verständigt. Noch was. Der Besitzer des Hauses, Bertrand, ist an seinem Hauptwohnsitz in der Nähe von Marseille festgenommen und überprüft worden. Er wusste nichts von einem Jefferson, da er sein Haus in Paris an eine Agentur zur Vermietung übergeben hatte. Die Agentur hat zwar den Namen des Mieters herausgerückt, von dem sie auch das Geld im Voraus für zwei Monate erhalten hatte, aber die Angaben führten ins Nichts. Einen Mieter mit dem Namen gibt es nicht.»

«Wieder eine Spur weniger.»

«Ja. Tut mir leid.»

«Rowland! Ich bin ein paar Tage weg. Aus Sicherheitsgründen. Wenn es irgendetwas Wichtiges gibt, informiere Shrivers.»

«Ja, ist gut. Erhole dich!»

Lachend legte Alan auf.

Barbara, Ashton's Sekretärin schaute zur Tür herein. «Ah, ich sehe Sie haben aufgelegt. Admiral Shrivers möchte Sie sprechen. Ich verbinde Sie.»

«Sir, entschuldigen Sie», begann Alan. «Ich hatte gerade ein Gespräch mit Rowland.»

«Hemmings. Nach unseren Erkenntnissen in Zusammenarbeit mit Inspektor Carrey, besteht kein Zweifel, dass mit der Pistole von gestern Abend auch der Mitarbeiter Daniel Williams erschossen wurde. Da Scotland Yard mit dem Metropolitan Police Fingerprint Bureau über die modernste Technik verfügt, Fingerabdrücke zu vergleichen, hat sich das auch dadurch bestätigt. Die Fingerabdrücke auf der Waffe stimmen mit denen, die am Tisch von Williams und an einem Glas gefunden worden waren, überein. Aber die Fingerabdrücke vom Täter und von dem Fahrer sind bisher nicht erfasst worden, also unbekannt. Den Fahrer haben wir zum Latchmere House gebracht, dort wird er auseinandergenommen und wir werden vielleicht mehr erfahren.»

Alan grinste. Er kannte Latchmere House, das Verhörzentrum des Circus.

Er berichtete dem Admiral den Anruf des Bankiers Julius Baer in Zürich, dass Jefferson sich dort persönlich gemeldet hatte, um die eingegangenen Gelder zu überweisen.»

«Weiß man, wohin er überweisen wollte?»

«Nein, Sir. Er hat fluchtartig die Bank verlassen, als er erfuhr, dass das Konto leer ist. Übrigens, Rowland wird Ihnen einen Bericht zukommen lassen, in dem er berichtet, was er heute aus Paris erfahren hat. Ich habe es eben von ihm gehört, aber alle Spuren führen ins Nichts.»

Shrivers stöhnte. «Nicht einfach. Wir haben die Sicherheitsvorkehrungen für das Ashton House verstärkt. Zwei Mann sind abwechselnd Tag und Nacht dort. Nad wird hier in der Bank sein?»

«Ja, Sir. Ich werde aber mit Ashtons Tochter bis Anfang nächster Woche in Brighton in meinem Haus sein. Das weiß weder Lord Ashton noch seine Tochter. Sie erfährt es erst, wenn wir da sind. Sie ist, wie soll ich sagen, manchmal sehr ungebremst. Es soll niemand wissen, wo ich mit ihr bin. Nur sie wissen es jetzt. Ich werde täglich anrufen.»

«Was sagt ihr Vater dazu?»

«Er hat es begrüßt.»

«Ja, gut. Melden Sie sich.»

Brighton

Nach anderthalb Stunden Fahrt bat Alan Olivia, die London Road zu verlassen und in die Innenstadt von Redhill zu fahren. Vor dem Hotel Restaurant *The White Swan Inn* ließ er sie halten.

«Hier wollen wir einen Lunch nehmen. Steigen Sie aus, Miss Ashton.»

Olivia betrachtete das weiße mit schwarzen Fachwerkbalken versehene hübsche Haus. Begeistert war sie, als sie eintraten. Eine warme, einladende Atmosphäre, die man von einem englischen Landgasthaus erwarten konnte, empfing sie.

«Das Swan Inn ist ein charmantes, traditionelles Dorfgasthaus voller Charakter», erklärte Alan Olivia und ließ sich von einer Kellnerin an einen Tisch führen.

Olivia fühle sich behaglich. «Das ist wirklich ein schönes Restaurant. So heimelig.»

Alan und Olivia nahmen die Menükarten entgegen.

«Was möchten Sie trinken?»

«Ich nehme ein Wasser», antwortete Olivia.

«Ich gönne mir ein Bier!» Alan schlug die Karte auf. Nach kurzem Lesen hatte er sich entschieden.

«Ich nehme die gebackene Wildentenkeule mit Heritage Karotten und Rüben, Brunnenkresse Püree und Roggen Croute.»

«Dem schließe ich mich gerne an», strahlte Olivia und fragte: «Ist es noch weit, bis zum Internat?»

«Nein. Nur noch eine knappe Stunde.»

«Was macht man denn da den ganzen Tag?»

«Zum Beispiel eine Wanderung durch die Dünen oder zu den Seven Sisters Cliffs. Eine einmalig schöne Küste.»

«Aha. Es liegt an der Küste.»

«Ja, direkt am Meer.»

«Das hört sich gut an. Gibt es in dem Internat auch eine Bibliothek?»

«Oh, Ja. Jede Menge Bücher.» Alan holte tief Luft. «Miss Ashton, ich habe Ihnen gesagt, es ist kein Internat. Er ist ein schönes Cottage.»

«Ich nenne es Internat, schließlich muss ich dahin.»

«Lassen wir besser das Thema!» Alan ging die Neckerei auf den Nerv. «Das Essen kommt. Guten Appetit»

Beleidigt sprach Olivia während des Essens keinen Ton.

Erst als Alan die Rechnung bezahlt hatte, bedankte sich Olivia höflich und lobte das gute Essen.

Im Wagen zeigte Alan ihr den Weg um die Ecke zu einem Village Grocery und Olivia parkte davor.

«Wir müssen Lebensmittel einkaufen. Überlegen Sie, was Sie zum Frühstück, zum Lunch und zum Dinner möchten.»

Im Geschäft wurden sie von einer freundlichen Frau an einer langen Theke bedient, die alle von Olivia gewünschten Waren zu ihnen brachte. Marmelade, Butter, Eier, Kuchen, Brownies, Orangen, Bananen. Alan kaufte eine ganze Holzkiste Weißwein, Brot, Käse, Wurst, Schinken und Speck, Kartoffeln und vier kleine Steaks. Das alles, bis auf den Wein bekamen sie in einem Jutesack gepackt und gingen zu Olivias Auto. Alan versuchte etliche Sachen in den vollen Kofferraum zu stopfen und nahm schließlich zu Olivias Belustigung den Rest mit in den Innenraum zwischen seine Beine.

Nach einer Stunde Fahrt las Olivia das Schild Brighton und freute sich. Sie kannte Brighton von früher und war ein paar mal mit ihrem Vater im Sommer hier gewesen.

Alan leitete sie, nicht weit von der Innenstadt Brightons, zu der einsamen Uferstraße vor den Cliffs am östlichen Ende des Stadtteils Seaford, wo nur fünf Häuser standen. Ein kleines Cottage, eineinhalbgeschossig mit Reetdach, empfing sie.

Olivia stieg aus und stellte sich neben Alan. Sie hakte sich zu Alans Verwunderung mit ihrem Arm bei ihm ein.

«Das ist also das Internat.»

«Das ist das Hemmings Cottage!»

«Es ist schön» und Olivia schaute sich um. «Grandiose Lage, direkt am Meer. Sehr schön. Es gefällt mir.»

«Da bin ich aber froh. Hatten Sie ein altes Backsteingebäude erwartet?»

Olivia grinste ihn an.

Alan führte sie durchs Haus, zeigte ihr das im gemütlichen englischen Stil eingerichtete Wohnzimmer mit dem großen Fenster und dem Kachelofen mit Sitzbank, die Küche, das WC und ging mit ihr die Treppe hoch.

«Das ist Ihr Zimmer», sagte er, als er sie in das Gästezimmer führte. «Nebenan ist ein Bad mit kaltem Wasser. Wenn Sie warmes Wasser möchten, müssen Sie die Kannen hier aus den Aussparungen des Kamins vom Kachelofen nutzen, den ich gleich anheizen werde. Wenn Sie baden möchten, müssen Sie heißes Wasser von der Küche hoch tragen. Mein Schlafzimmer ist gegenüber.»

Als sie ihr Gepäck und die Lebensmittel ins Haus getragen hatten, begann Alan den

Kachelofen anzuheizen.

«Es dauert etwas. Aber dann wird es gemütlich warm. Der Wind hier an der Küste kühlt das Haus immer schnell aus.»

«Es gefällt mir», strahlte Olivia ihn an. «Ein Internat ohne Gouvernante finde ich gut.»

«Wenn ich mir einen Rock anziehe, kann ich auch die Gouvernante spielen.»

Olivia musste herzhaft lachen. «Hier wohnen Sie also.»

«Ich habe es von meinem verstorbenen Vater geerbt. Aber ich habe ja auch die kleine Wohnung in London.»

Nachdem sich Olivia in ihrem Zimmer eingerichtet hatte, kam sie die Treppe hinunter und sah, dass Alan mit der Hand prüfte, ob der Kachelofen schon warm wurde. Er zuckte die Achsel. «Dauert noch. Kommen Sie, ich zeige Ihnen den Garten.»

Es war ein süßer kleiner Garten mit einigen Rosenstöcken und gewaltigen Hecken an den Rändern. «Die Hecken sind gut bei den Winterstürmen und halten den Schnee etwas ab.»

«Das stelle ich mir sehr romantisch vor, wenn man dann auf der Bank beim Kachelofen sitzt.»

Alan lächelte sie an. «Komm Sie mit zur

Klippe. Halten Sie aber immer Abstand. Der Rand ist brüchig. Hier geht es zwar nur zwei, drei Meter hinunter, aber man weiß nie.»

«Ein herrlicher Blick auf das Meer.»

«Es ist der Kanal. Bei extrem guten Wetter kann man das Leuchtfeuer von Calais sehen. Begleiten Sie mich zu meiner Nachbarin. Ich will ihr Bescheid geben, dass ich im Haus bin. Sie putzt auch bei mir.»

Als sie vor der Türe der Nachbarin standen, hakte sich Olivia wieder unter den Arm von Alan und strahlte die Nachbarin an, als sie die Türe öffnete.

«Oh, Mr. Hemmings. Sie sind zurück? Und in Begleitung?»

«Mrs. Hampton. Ich bin für ein paar Tage zurück. Ich muss aber nächste Woche wieder nach London. Darf ich Ihnen vorstellen, das ist Miss Ashton aus London.»

«Angenehm, Miss Ashton. Mr. Hemmings, soll ich morgen früh frische Rolls vom Bäcker mitbringen?»

«Ja. Das wäre sehr freundlich.»

Alan amüsierte die Herausforderung durch Olivia, in dem sie ihren Arm untergehakt hatte. Er wusste genau, das hatte sie bewusst getan. Zur Bestrafung hielt er beim Rückweg zum Erstaunen Olivias ihre Hand fest.

«Es freut mich, dass Sie Halt bei mir suchen, Miss Ashton.»

Olivia lachte. «Bitte, Mister Hemmings, nennen Sie mich Olivia. Darf ich Sie Alan nennen?»

«Nur, wenn Sie was Nettes sagen!», kam es von Alan schlagartig zurück.

«Ich bin doch immer nett», antwortete sie mit enttäuschter Stimme und Alan nickte stumm.

Alan hatte Kartoffeln geschält und zwei Steaks zu den Röstkartoffeln gebraten, als er Olivia zum Küchentisch rief.

«Oh, sogar Barbeque Sauce», rief Olivia aus, als sie sich setzte. «Mmmh. Die Bratkartoffeln sind herrlich. Habe ich schon lange nicht mehr gegessen. Du bist ein guter Koch, Alan.»

«Hier musste ich es lernen. Aber es macht Spaß. Es freut mich, dass es dir schmeckt, wenn auch die Steaks mittelmäßig sind.»

«Sie schmecken mir. Ist gut so. Darf ich morgen kochen? Ich kann das auch.»

«Oh ja. Gerne. Ich helfe dir auch, wenn notwendig. Wir können morgen ins Städtchen fahren und mehr einkaufen.»

«Au Ja, da freue ich mich drauf.»

Alan hatte sich nach dem Abendessen umgezogen und kam mit seinem dicken weißen Rollkragenpullover ins Wohnzimmer. Olivia saß auf der Bank am Kachelofen und hielt ein Modemagazin in der Hand.

«Liebst du Rollkragenpullover?»

«Es ist ein Navy Pullover. Er ist warm.»

«Na ja. Hier geht das. Sieht sehr männlich aus. Aber als du das erste mal in der Bank warst, da habe ich einen Schock bekommen.»

«Hmm, das habe ich bemerkt. Ist nicht üblich in London, nicht wahr?»

«Hast du in Ägypten denn Rollkragenpullover getragen.»

Alan lachte. «Nein, da bestimmt nicht. Immer offenes Hemd mit Halstuch. Ich hatte kein anderes Gepäck dabei, als ich zu euch in die Bank kam. Ich war direkt von hier aufgebrochen. Wenn ich das geahnt hätte, dann hätte ich natürlich einen Anzug mitgenommen. Ich habe gegen Mittag ein Telegramm erhalten mit der Instruktion nach London zu kommen. Nachmittags war ich da. Ich wusste nicht, dass ich bei euch lande.»

«Mein Vater hat dir ein Telegramm geschickt?»

«Nein, Olivia.»

«Darf ich das nicht wissen?»

«Es kam vom Chef des Admirals, den du gestern Abend gesehen hast.»

«Du hast hohe Tiere unter deinen Freunden.»

Alan musste herzhaft lachen. «Ja, meine Freunde.»

«Sind sie nicht deine Freunde?»

«Olivia, bitte. Ich arbeite mit ihnen zusammen. Das muss genügen.»

«Entschuldigung. Ich versuche, dich zu verstehen. Du hast mich gestern gerettet, dann darf ich das doch.»

«Ja, Olivia. Aber erzähle niemanden etwas.»

«Du bist nicht von der Polizei. Das habe ich daran gemerkt, wie du mit dem Inspektor umgegangen bist.»

«Der Kerl hat mich genervt.»

«Aber dann, dieser Admiral. Der ist ein hohes Tier, nicht wahr? Er hat was vom Innenministerium gesagt.»

«Ja, Olivia, das sind Leute, die uns helfen, die Bank zu retten.»

«Steht es so schlimm um uns?»

«Ja!»

Olivia verstummte und war lange in Gedanken versunken.

«Alan. Bitte. Warum setzt du dich da hinten hin. Du bist immer so unnahbar. Setz dich doch zu mir. Hier ist es schön warm.»

Alan stand auf und setzte sich zu ihr auf die warme Steinbank.

Olivia schob ihm ein Kissen zu und schaute ihn an. «Muss ich immer noch Angst haben?»

«Wenn du auf mich hörst, nicht.»

«Ja, das werde ich. Bei dir fühle ich mich sicher.»

«Du hast das doch gut weggesteckt. Du bist eine starke Frau.»

«Danke.»

«Ich hoffe, dein Vater hat sich auch so gut von dem Schock erholt.»

«Dad ist auch ein starker Mann. Ich habe heute morgen mit ihm länger gesprochen. Er ist wohlauf.»

Alan wollte das Thema wechseln. «Du siehst drüben, die ganze Wand ist ein Bücherregal. Kannst ruhig herumstöbern.»

Olivia sprang auf und begann ihre Entdeckungsreise, während sich Alan ein Glas Wein einschenkte.

Nach einigen Minuten zog Olivia ein Buch aus der Mitte eines Fachs. «Memoirs of a Woman of Pleasure?»

Erschrocken schaute Alan auf und sah, wie Olivia das Buch aufschlug.

«Memoirs of a Woman of Pleasure, von G. Fenton, 1749. Private edition 1922», las sie laut vor.

Alan stöhnte. «Was hast du denn da herausgesucht?»

Olivia zeigte mit dem Buch in ihrer Hand zu Alan und fragte keck. «Erinnerungen einer Frau der Lust? Ist das interessant?»

Alan schüttelte ungläubig den Kopf. «Das Buch ist nur für …!»

«Für Erwachsene? Ich bin erwachsen. Es ist erotisch, nicht wahr?»

«Ich wollte sagen, es ist für Leser, die sich nicht erschrecken.»

«Dann lese ich es!»

Alan gab sich noch nicht geschlagen. «Leg es wieder zurück. Das ist ein verbotener Nachdruck der Erstausgabe vom February 1749. Ein Gericht hat geurteilt, es sei ein obszönes Buch und nach Inhalt und Darstellung geeignet, im Leser unzüchtige Interessen zu wecken. Dein Vater würde mich verfluchen, wenn er davon wüsste."

Olivia setzte sich mit dem Buch zu ihm auf die Bank. «Dad hat auch solche Bücher. Tante Elli würde es mir sofort geben.» Sie rückte ganz nah an Alan. «Würdest du mir wenigstens sagen, wovon es handelt. Ist es richtig schlimm?»

«Das Buch ist auch bekannt als Memoiren der Fanny Hill.»

«Ich glaube, den Namen hat Tante Elli schon mal erwähnt. Sag es mir.»

Alan gab auf. «Fanny Hill war als junges

Waisenmädchen nach London gekommen und wurde von einer erfahrenen Kupplerin zu einer Prostituierten ausgebildet. Doch der Gentleman Charles rettete sie aus dem Bordell und zeigte ihr die wirkliche körperliche und seelische Liebe. Als Charles jedoch geschäftlich nach Übersee musste, war Fanny wieder alleine und wurde in einem Edelbordell zu einer begehrten Prostituierten, weil sie beträchtliche erotische Künste beherrschte. Schließlich erbte sie von einem Verehrer ein Vermögen und Fanny konnte Charles Ehefrau werden.»

«Och, wie romantisch. Ich darf es lesen, ja? Darf ich?»

Schmunzelnd nickte Alan wortlos.

«Beträchtliche erotische Künste beherrschen! Kann man das lernen?»

«Olivia! Hör auf. Lies es meinetwegen heimlich und erzähl niemanden davon.»

«Ich lese es jetzt!», kam es von ihr trotzig und Alan stand auf, um sein Glas mit Wein zu füllen. Mit dem Glas in der Hand blieb er stehen und sah, wie Olivia das erste Kapitel aufschlug. Er betrachtete sie schmunzelnd, nahm noch einen Schluck aus seinem Glas und setzte sich dann in seinen Sessel.

*

Ein von Alan liebevoll vorbereiteter und eingedeckter Frühstückstisch erwartete Olivia, als sie in Pullover und weißer Sporthose die Treppe herunterkam. «Ah, es duftet nach Kaffee. Guten Morgen.»

«Guten Morgen Olivia. Gut geschlafen?»

«Sehr gut. Oh, frische Brötchen.»

«Mrs. Hampton hat sie gebracht. Ich habe sie auf dem Herd aufgewärmt.»

«Wie stilvoll. Danke.»

«Sie hat auch frische Milch mitgebracht – und für mich die Post und eine Zeitung.»

«Sie kümmert sich sehr um dich.»

«Sie ist sehr zuverlässig, das weiß ich an ihr zu schätzen.»

Als Alan fertig gefrühstückt hatte, fragte er: «Was wollen wir heute machen? Ich hätte einen Vorschlag, wir wandern zu den Sister Cliffs. Von dort oben hat man eine überwältigende Aussicht und es gibt einen kleinen Gasthof, wirklich sehr klein, aber dort gibt es immer was zu Essen.»

«Oh ja. Sister Cliffs. Das klingt aufregend.»

«Sie heißen Seven Sister Cliffs, weil es sieben aneinandergereihte Kreidefelsen sind.»

Der Weg führte von Alans Haus zunächst

die Dünen entlang und dann eine lange Strecke am weiten Sandstrand.

«Es ist schön hier. Ich war mit Dad mal in einem Hotel in Brighton gewesen, ist aber schon eine Ewigkeit her», plapperte Olivia unbekümmert vor sich hin, als sie nebeneinander auf dem Strand direkt am Wasser wanderten. «Als Kind hatte ich es nicht so mit dem Wandern, ich wollte lieber spielen. Ich bin froh, dass du mir gesagt hast, ich solle Wanderschuhe mitnehmen. Ich habe sie erst einmal getragen. Letztes Jahr. Ich musste mit Freundinnen in Surrey wandern gehen. Es war furchtbar langweilig. Nur grüne Wiesen.»

Alan lachte. «Hier sind die Wiesen auch grün, aber man hat immer die Aussicht auf das blaue Wasser.»

«Es ist toll. Ob man hier Muscheln findet?»

«Jetzt ist noch Flut. Erst wenn das Wasser zurückgeht, dann wird der Strand hier mehr als doppelt so breit, mit vielen Muscheln.»

Nach einer Meile sagte Alan: «Wir müssen jetzt nach links rüber auf die Wiese, von da an geht es bergauf. Wenn wir am Strand bleiben, kommen wir nachher nicht hoch.»

«Wie hoch ist es denn da?»

«Die höchste Stelle ist 500 Fuß, der Kreidefelsen mit dem Namen Beachy Head.»

«So hoch.»

Alan ging auf dem ausgetretenen Pfad, der sich im sicheren Abstand zum Klippenrand befand, voran. «Ja, komm, wir schaffen das», rief er zurück.

«Die weißen Kreidefelsen sehen wunderbar aus. So majestätisch», keuchte Olivia und strengte sich an, Alan zu folgen.

Nach einer Stunde Auf und Ab erreichten sie Beachy Head und setzten sich auf eine Bank.

«Wenn du etwas näher zum Klippenrand gehst, dann kannst du unten den berühmten Leuchtturm von Beachy Head sehen. Aber sei vorsichtig.»

Olivia war begeistert. «Das sieht toll aus. Der ist ins Meer gebaut.»

«Jetzt habe ich Hunger und Durst», meinte Alan nach der Ruhepause und erhob sich. «Dahinten, landeinwärts, das kleine Cottage, das ist das Birling Gap Inn. Lass uns gehen, dort gibt es leckeres rustikales Essen.»

Der Gastraum war winzig und durch die winzigen Fenster kam kaum Sonne hinein, aber er war einladend und beide bestellten sich Ham and Eggs und ein Bier.

Den Rückweg fand Olivia anstrengender, als den Hinweg, aber der Gedanke, gleich einen breiteren Strand mit vielen Muscheln vorzufinden, spornte sie an.

Und in der Tat war der Strand, als sie ihn erreicht hatten, fast doppelt so breit geworden und von der zurückweichenden Flut mit Algen und Muscheln übersät.

«Hast du deine Taschen schon voll?», fragte Alan die sich pausenlos bückende Olivia.

«Die sind schön. Die nehme ich alle mit.»

Erschöpft erreichten sie das Hemmings Cottage und zogen ihre Schuhe aus. «Lass sie stehen und trocknen, dann können wir sie abbürsten», schlug Alan vor. «Zeit für eine ordentliche Tea Time.»

«Wie spät ist es?»

«Nach Vier. Wir waren fast sechs Stunden unterwegs.»

«So lange? Aber es hat Spaß gemacht. Die frische Luft tut gut.»

«Auf alle Fälle besser als in London», lachte Alan. «Ich mache Tee.»

«Ich packe den Kuchen aus!»

Die zwei Stücke Schokoladenkuchen waren schnell verzehrt und Olivia hatte es sich auf der warmen Bank am Kachelofen mit vielen Kissen gemütlich gemacht. Alan setzte sich in einen Sessel, zündete sich eine schmale Zigarre an und nahm die Zeitung.

Ab und zu hörte Alan von Olivia ein *Oh* oder *mein Gott*.

«Liest du wieder im verbotenen Buch?»

«Es ist unglaublich. Es ist wirklich sehr direkt. Aber es ist stilvoll geschrieben.»

Auf einmal murmelte Alan: «Och, morgen ist der Summer Ball im Pier. Das hab ich gar nicht mehr in Erinnerung.»

«Ein Sommer Ball?»

«Ja. Im großen Westpier am Strand. Es wird vom Hutchingson Club veranstaltet, der auch den Queen Charlotte's Ball in London organisiert.»

«Auf Charlotte's Ball war ich letztes Jahr mit einer Freundin», Olivia legte ihr Buch weg und kam zu Alan, der ihr den Artikel mit dem Foto vom Pier zeigte.

«Das ist die Brighton Weekly News. Der Ball ist tatsächlich morgen.»

«Wolltest du dahin gehen?»

«Wenn man mich nicht zu einer Bank in London gerufen hätte, wäre ich hingegangen. Triff man immer Freude.»

«Und Freundinnen?

Alan grinste. «Ja, und Freundinnen.»

«So richtig mit Tanzen?»

«Ja, natürlich. Auf einen Ball wird getanzt. Es gibt auch Showeinlagen und gutes Essen.»

«Ich tanze für mein Leben gerne. Würdest du mit mir hingehen?»

«Möchtest du das?»

«Ja», meinte Olivia verträumt und legte

ihre Hand auf seine Schulter. «Wenn du mich ausführen würdest, käme ich gerne mit.»

Schnell überkam Olivia aber die Ernüchterung.

«Ich habe kein Ballkleid. Die sind alle zu Hause.»

«Willst du denn wirklich auf einen Ball?»

«Ich liebe Bälle. Bitte. Gibt es ein gutes Modegeschäft in Brighton. Ich kaufe mir eines. Ich habe genug Geld dabei.»

«Gut. Du kannst ja mal schauen. Ich muss sowieso gleich in die Stadt zum Post Office. Ich will einen Anruf tätigen.»

«Oh ja. Alan! Lass uns fahren. Bitte. Ich ziehe mir schnell was anderes an. Dann fahren wir, ja?»

Olivia hatte es Alan überlassen, zu fahren und Alan war von dem kleinen Sportflitzer angetan. Auf der Kings Road, mitten in Brighton hielt er an.

«Dies ist die Einkaufsstraße von Brighton. Wenn du etwas hochgehst, findest du *Barrance & Ford Ladies' Tailors* und gegenüber *Swears & Wells,* das größte Modegeschäft. Ich versuche Karten für den Ball zu bekommen und gehe dann rüber zum Post Office. Sagen wir, in einer halben Stunde treffen wir uns wieder hier?»

«Eine halbe Stunde? Nein. Ich muss in

Ruhe schauen und anprobieren. Mindestens eine Stunde.»

«Ja, gut. Ich gehe anschließend in das Pub hier hinter uns. Dort werde ich auf dich warten.»

«Danke Alan. Das ist ganz lieb», flötete Olivia und sprang aus den Wagen.

Vor der langen Brücke zum Pier parkte Alan den Wagen und ging zum Schalterhaus, vor dem einige Leute standen.

Eine Frau, die ihn beobachtete hatte, wie er aus Olivias rotem Riley ausgestiegen war, kam zu ihm und sprach ihn an. «Sir. Es gibt keine Karten mehr, nur noch in den hinteren Rängen auf der Empore. Sie haben einen schicken Wagen und sind sicher aus London. Ich habe zwei Karten für den Mittelpavillon, direkt an der Tanzfläche. Aber sie sind teuer.»

Alan überlegte nicht lange. «Wie viel wollen Sie für die Karten?»

«Für beide, 10 Pfund.»

«10 Pfund?»

«Sir. Sie gehören meinem Mann und der ist krank. Sie haben ein schönes Auto und möchten sicher Ihrer Angebeteten eine Freude machen.»

Die Frau machte auf Alan einen aufrichtigen Eindruck und er verließ sich auf seine Menschenkenntnis. Er fischte eine Zehnpfundnote aus seiner Börse und erhielt die Karten. Als er sich die Karten ansah, konnte er lesen, dass es stimmte, was die Frau sagte, aber er sah auch den ursprünglichen Preis, und der war jeweils ein Pfund gewesen.

«Sir. Ja, sie sind teurer, aber es sind die besten Plätze – und sie helfen mir. Ich danke Ihnen.»

Schmunzelnd ging Alan zurück zum Wagen. '*Die Frau hat den Wagen gesehen und sich gedacht, der hat Geld. Sie hat bestimmt schon länger gewartet. Ein horrender Preis, aber das ist es mir wert.*'

Alan stand innerhalb des Post Office in einer Zelle und wartete auf die Verbindung.

«Ah. Sir? Ja, hier ist Hemmings.»

«Wie geht es?»

«Sehr gut, Sir. Alles in Ordnung.»

«Hier war es ruhig. Der Bericht von Rowland ist überaus dramatisch. Das, was er über diese Jessica schreibt! Da hat sie wohl immenses Glück gehabt. Die Nachforschung nach Jefferson ergab bis jetzt nichts. Mit seinem Pass hat er keinen Grenzübertritt getätigt. Er muss also von Frankreich in die Schweiz mit anderen Papieren gereist sein. Er war auch in keinem Hotel in Zürich gemeldet. Da er mit seinem britischen Passport nach Frankreich eingereist ist, nehmen wir an, er hat einen neuen Pass mit einer anderen Identität in Frankreich erhalten.»

«Das habe ich mir schon gedacht.»

«Z hat Monte Carlo verlassen und ist auf dem Weg nach Istanbul. M lebt unauffällig in Monte Carlo, wenn man von seinem Lebensstil absieht. Mehr Nachrichten gibt es zurzeit nicht. Um Lord Ashton wird sich, wie besprochen, gekümmert. Ich wünsche Ihnen ein schönes Wochenende.»

«Danke Sir. Das wünsche ich Ihnen auch.»

Ein kurzes Gespräch, stellte Alan erleichtert fest und ging zum Schalter, um eine Verbindung zu Lord Ashton zu bekommen.

«John. Alan hier. Wie geht's?»

«Nun ja. Wie erwartet gab es aufgrund der Gerüchte Diskussionen. Unser Kurs war kurzzeitig um fünf Prozent abgerutscht, hat sich aber wieder erholt. In Paris muss es heftiger gewesen. Hat dort länger gedauert, bis sich herumgesprochen hatte, dass das eine Falschmeldung war. Na, bis Montag haben wir jetzt Ruhe. Übrigens, Danke. Neben Gates und Nad, laufen hier noch zwei weitere nette Männer im Haus und draußen herum. Was macht Olivia?»

«Sie ist zurzeit auf Shopping Tour in zwei Modehäusern gegenüber.»

«Daraus entnehme ich, dass sie brav ist.»

«Ja. John. Sie ist in Ordnung und hat das von dem Abend wohl gut verarbeitet.»

«Das freut mich zu hören. Also dann schönes Wochenende.»

«Danke, John. Wünsch ich dir auch.»

Alan ließ sich auch noch zu Rowland verbinden.

«Ah, du bist es, Alan. Alles klar?»

«Hallo Rowland. Alles in Ordnung. Hast du irgendwas gehört? Schrivers hatte auch nichts Wichtiges.»

«Nein. Ich auch nicht. Einer unsere Leute von unserer Botschaft in Paris hat mit Jessica gesprochen. Er hat im Großen bestätigt, was ich dir schon gesagt hatte. Aber sie hat erzählt, dass der Kerl, der ihr mit der Zigarette auf dem Handrücken die Brandmale gesetzt hat, um das Codewort aus ihr herauszupressen, davon gesprochen hat, dass er ihren schönen Körper nicht verletzen will, da der beim Verkauf doch so wertvoll sei. Sie hätte das nicht verstanden, was er meinte. Sie haben ihr aber, bevor sie sie verließen, Drogen verabreicht. Ihr sei schwindlig geworden und am nächsten Tag, als sie befreit wurde, wusste sie nicht, was vorging. Ihr war alles egal, auch die erste Vernehmung durch Claude's Leute.»

«Klar, Rowland. Sie sollte für den Transport und den Verkauf schon vorbereitet werden. Perfide. Ich bin sicher, dass Jefferson das angeordnet oder er es als Hilfe von seinen Hintermännern angenommen hat, um sie loszuwerden.»

«Möglich. Claude sagte, dass ein schwunghafter Handel rüber nach Algier besteht. Die Preise liegen bei 1000 Pfund oder mehr pro Mädchen. Marseille ist der führende Ort für den Handel mit Drogen und europäischen Mädchen.»

Alan pfiff durch die Zähne.

«Tja, Alan. Mehr hat das Gespräch mit Jessica auch nicht gebracht.»

«Danke, Rowland. Ich rufe dich Montag wieder an.»

«Ja, tu das. Bis dann.»

Im Pub saß Alan bei einem Glas Bier und starrte sein Glas an. *Warum diese versuchte Entführung von Olivia,* fragte er sich. *Das muss doch einen Grund haben. Wenn Jefferson dahinter steckt, was will er damit bezwecken? Weiß Olivia irgendwas, was er nutzen kann oder was ihn schädigen könnte? 'Ich muss Olivia nochmal ausfragen, was da mit Jefferson wegen der geplanten Verlobung wirklich passiert ist. Hasst er sie jetzt und will sich rächen?'*

Auf ein Mal hatte Alan einen ungeheuerlichen Gedanken. '*Was, wenn er sie ins Aus-*

land entführt? Wenn er sie unter Drogen setzt? Sich mit ihr mithilfe eines gekauften Priesters und Standesbeamten, der die Papiere ausstellt, verheiraten lässt? Wenn dann Ashton stirbt und Olivia Erbin der Bank wird? Dann muss er sie nur noch loswerden, sie muss sterben, damit er das Erbe seiner Frau antreten kann. Das hat es in England auch schon gegeben.'

Alan bezahlte und ging wieder zum Post Office.

Wenig später hatte er Rowland in der Leitung.

«Du, Rowland, ich muss dich noch mal sprechen.»

«Macht nichts. Was ist los?»

«Du, ich habe einen ganz abwegigen Gedanken.» In kurzen Sätzen erklärte er, dass es eindeutig das Vorhaben des Täters bei Ashton war, Olivia zu entführen und was das für Gründe haben könnte. Dann erklärte er ihm seine Vermutung, was vielleicht möglich sein könnte.

Rowland schwieg.

«Ist das verrückt?», fragte Alan.

«Nein», antwortete Rowland sehr gefasst. «Eine Hypothese, aber nicht abwegig. So einen Fall gab es sogar in London, vor ein paar Jahren. Die Angehörigen haben dann Druck gemacht, dass es untersucht werden sollte und es hatte sich herausgestellt, dass der frische gebackene Ehemann tatsächlich an den Titel und an die Güter seiner Frau heranwollte und sie in einem Teich ertränkt hatte, damit es so aussehen sollte, als sei sie ertrunken.»

«Frag mal deinen Freund Claude, ob in letzter Zeit so etwas publik geworden ist und wie einfach in Frankreich geheiratet werden kann.»

«Ja, das werde ich machen. Auf alle Fälle ist es interessant zu wissen.»

Olivia wartete mit einem Kleidersack vor dem Pub. Als sie Alan kommen sah, rief sie ihm schon entgegen. «Du hast ja länger gebraucht, als ich zum Einkaufen.»

«Na, hast du denn was Schönes gefunden?»

«Oh ja. Wundervoll. Ich werde es dir zeigen. Ich habe auch passende Stöckelschuhe gekauft. Aus Paris. Sogar die original Cervin Silk Seidenstrümpfe, von Germain Massal. Ein guter Laden und eine sehr nette Bedienung. Sie kommt morgen auch zum Ball. Hast du noch Eintrittskarten bekommen?»

«Ja, habe ich.»

Im Auto erzählte Olivia aufgeregt, was sie alles von der Verkäuferin erfahren hatte. Dass der Summer Ball nicht so traditionell steif, wie der Queens Ball in London ist und dass man auch keinen Hofknicks machen muss. Obwohl, vor zwei Jahren auch der Prinz of Wales auf dem Ball war. Und dass viele Menschen aus London angereist waren, um den Ball zu besuchen. Die Hotels waren alle voll. Es ist das gesellschaftliche Ereignis an der Südküste.

«Danke, dass du sagst, es habe dir geschmeckt», meinte Alan zu Olivia nach dem Abendessen. «Das Steak war wirklich lausig, aber es musste weg. Morgen früh gehen wir zum Metzger hier im Vorort. Da kaufen wir was Gutes für Sonntag und Montag.»

«Ich möchte gleich hochgehen und das Kleid nochmal anprobieren.»

«Geh gleich», schmunzelte Alan, der sah, dass Olivia unruhig wurde. «Ich räume hier auf.»

«Danke, Sir!

Vor dem Haus hatte Alan aus dem abgedeckten Block mit Holzscheiten einige entnommen und den Kachelofen neu bestückt. Das würde für die Nacht genügen und bis zum Frühstück den Kamin und die Wand warm halten. Dann hatte er sich eine Zigarre angezündet und ein Glas Wein eingeschenkt.

Olivia brauchte lange, bis sie in legerer Kleidung herunterkam und sich auf der

Ofenbank einrichtete.

«Olivia. Ich habe da mal eine Frage. Darf ich wissen, was mit dir und Jefferson passiert ist? Da war doch irgendwas auf einem Empfang geschehen.»

«Du weißt davon?»

«Ich sag es dir offen. Elisabeth hatte es mir angedeutet. Was ist wirklich vorgefallen?»

«Ach, dieser Mistkerl von Jefferson hat mich genervt. Er begann plötzlich mir kleine Aufmerksamkeiten zu schenken, lud mich zum Dinner ein, schickte mir auch Blumen. Aber ich habe ihm nie was gesagt, was er als Andeutung hätte werten können, dass ich von seinem Werben begeistert bin. Er hat mir richtig den Hof gemacht und ich glaube, er hat sich auch bei Dad eingeschmeichelt.»

«Ab wann geschah das genau?»

«Ist das wichtig?»

«Ja, Olivia.»

«Ich denke, so ab Anfang Februar. Da war er von einer Dienstreise aus Paris zurückgekommen.»

«Im Februar war er auch in Paris gewesen?»

«So alle zwei Monate reiste er zur Société Générale. Als er zurückkam, hat er mir das erste Mal etwas geschenkt. Eine ganz teure lederne Handtasche von Hermès, Paris. Deshalb erinnere ich mich daran.»

«Das war im Februar?»

«Ja. Die Tasche war von der Dienstreise.»

«Wie ging es dann weiter?»

«Er wollte mich immer einladen, aber ich interessierte mich nicht für ihn. Dann war er ein paar Mal bei uns zu Haus zum Dinner eingeladen. Um Vater einen Gefallen zu tun, bin ich mal mit ihm ausgegangen. Ins Theater. Das hat mir zwar gefallen, aber ich habe gemerkt, dass er mehr wollte. Bei einem Dinner ist er sehr deutlich geworden und hat mich wissen lassen, dass er mich für die tollste Frau der Welt hält und furchtbar verliebt sei. Ich habe ihm darauf gar nicht geantwortet und seine Hand, die er öfter auf meine legte, zurückgewiesen. Aber das hat ihn gar nicht gekümmert. Er fasste mich immer wieder an oder umarmte mich sogar in der Bank. Er schrieb mir zwei Liebesbriefe, in denen er mir seine Liebe offenbarte und ewige Treue schwor. Richtiges Gesülze. Ein wenig fühlte ich mich natürlich auch geehrt, dass er als Direktor so offen um mich warb.»

«Und wie kam es zum Krach?»

«Ich begleitete ihn zu einem Empfang bei Anthony Fane, den 16th Earl of Westmorland, dort wurden wir Louis Mountbatten und seiner Frau Edwina Ashley vorgestellt. Lady Ashley war von mir angetan und ich hatte mich an diesem Abend sogar sehr lange mit ihr unterhalten können. Sie zeigte richtiges Interesse an mir. Ihre Mutter war nämlich die Tochter des Bankiers Sir Ernest Cassel und Edwina als Enkelin hatte von ihrem Onkel, als er verstarb, ein Vermögen von zwei Millionen Pfund geerbt. Sie hielt mich für Jeffersons Verlobte und ich sagte ihr, dass es noch nicht soweit sei. Jefferson kam später dazu und machte ihr gegenüber mehrere Bemerkungen in Richtung einer bevorstehenden Verlobung. Darauf hin lud sie uns zum nächsten Fest zu ihrem Landsitz in Hampshire zu einer gemischten Festlichkeit ein. Sie gab fast jede Woche Feste.»

«Und da bist du mit Jefferson hin.»

«Ich wollte nicht, aber selbst Dad sagte mir, ich müsse dahin, schließlich sei es Lord Mountbatten, der zum engeren Kreis der königlichen Familie gehört. Der Abend war zunächst schön. Tolles Essen, Tanz und man wurde verschiedenen Leuten vorgestellt, Barone, Earls, Lords, es wimmelte nur so davon. Alle Damen in tollen Kleidern.»

«Wann war der Abend genau?»

«An dem Mittwoch, bevor er wieder zu einer Dienstreise nach Frankreich fuhr. Ich weiß das deshalb, weil ich froh war ihn danach nicht mehr sehen zu müssen.»

«Also Anfang April. Erzähl!»

«Kurz vor Mitternacht kam Lady Ashley zu mir, umarmte und küsste mich. Sie hätte von Jefferson etwas Großartiges gehört und sei ganz aufgeregt – und ich müsse jetzt mitkommen. Sie führte mich zurück in den großen Gesellschaftsraum und kündigte den Anwesenden an, es sei ein historischer Tag. Dann trat Jefferson vor, fiel vor mir auf die Knie, hielt mir einen Ring entgegen und machte mir einen Heiratsantrag.»

«Oh je!»

«Ich habe ihm direkt gesagt, nein. Daraufhin stand er auf und sagte mir, ich soll auf all die Leute blicken, die uns für ein Traumpaar halten. Aber ich wollte nicht und sagte wieder, nein. Dann ergriff er barsch meine Hand und sagte, ich soll nicht so störrisch sein, aber ich sagte wieder, nein. Dann versuchte er mich grob zu küssen und ich habe mich gewehrt und ihm eine Ohrfeige versetzt.»

Alan holte tief Luft. «Was geschah dann?»

«Er hielt mich immer noch fest, fester als zuvor. Da kam ein junger Mann in Uniform und forderte ihn auf, mich in Ruhe zu lassen. Ich bin dann aus dem Haus geflohen und der junge Mann hat mich mit seinem Wagen nach Haus gebracht.»

«Aufregende Geschichte. Jetzt wird mir etwas klar. Damit hat er sich gesellschaftlich ruiniert. Er wird in England nie mehr zu einer adligen Familie von Rang eingeladen werden.»

«Ja, das ist auch gut so. Ich wahrscheinlich auch nicht, aber das ist mir egal. Meine Freundinnen halten alle zu mir und laden mich nach wie vor ein.»

«Mutig. Du bist eine mutige Frau! Was hat dein Vater dazu gesagt?»

«Er hat mich getröstet und hatte vollstes Verständnis für mich. Das hat mir sehr geholfen.»

«Was geschah, als Jefferson wieder in der Bank erschien?»

«Als er aus Frankreich zurückkehrte, war er wie ausgewechselt. Er redete kein Wort mehr mit mir. Er behandelte mich wie ein Nichts, aber das machte mir nichts aus. Ich war froh, dass ich seine Belästigungen nicht mehr ertragen musste.»

«Olivia, ich bin dir sehr dankbar, dass du mir das erzählt hast. Du solltest dich auch nicht zu sehr damit belasten. Ob du von den Mountbattens eingeladen wirst oder nicht, spielt doch keine Rolle. Wichtig ist dein Leben.»

«Das sind liebe Worte. Danke. Ich freue mich auf morgen Abend. Ich möchte tanzen.»

«Ich verspreche dir, das wird ein schöner Abend. Möchtest du ein Glas Wein?»

«Ja, bitte. Ein kleines. Ich werde noch etwas lesen, dann gehe ich ins Bett.»

Im Sessel sitzend drehte Alan einen Zigarillo in der kleinen Flamme des Streichholzes und es erschien ihm klar vor Augen. '*Es muss so gewesen sein, auch wie Elisabeth es erzählt hat. Nach dem Krach ist er mit Jessica nach Paris und Monte Carlo gefahren. Da muss er seine Pläne geändert haben. Jetzt will er sich für diese Schmach rächen und das wird sein zweites Motiv sein. Zum einen will er Chef der Bank werden und zum anderen will er die Tochter, damit er sie spüren lassen kann, was sie ihm angetan hat. Er wird zutiefst verbittert sein und voll von Hass, er wird nicht mehr normal denken.*'

Als Alan am nächsten Vormittag in seinem Schlafgemach war, eilte Olivia zu ihm. «Was hast du denn für heute Abend? Der Anzug von der Bank ist unpassend.»

Alan öffnete seinen Schrank und entnahm ihm einen schwarzen Anzug.

«Nein», rief Olivia entsetzt, «der ist doch ganz zerknittert. Den kannst du nicht anziehen. Hast du keinen Tuxedo. Was hast du denn da noch im Schrank?»

Sie schob einige Anzüge zur Seite. Dann entdeckte sie eine Uniform und zog sie heraus. «Ist das deine?»

«Ja.»

«Die ist doch toll. Zieh die an. Das macht was her.»

«Ich bin offiziell nicht mehr bei der Navy.»

«Zieh die Jacke mal an. Bitte!»

Widerwillig warf sich Alan in seine Uniformjacke.

«Du siehst toll aus», jubelte Olivia.

«Ich weiß nicht, ob das richtig ist.»

«Darfst du sie nicht mehr anziehen?»

«Ja und nein. Ich hab doch gesagt, eigentlich bin ich nicht mehr im Dienst.»

«Aber dein Admiral trug doch auch eine Uniform und ist nicht auf einem Schiff.»

Alan musste lachen. «Es ist schön, welche einfachen Erklärungen du immer hast.»

Olivia kam zu ihm, zog die Jacke stramm. «Was ist das für eine Uniform?»

«Oberleutnant der Navy.»

«Und dieses größere Abzeichen hier, neben den vielen anderen?»

«Commander.»

«Du bist Commander?»

«Ja.»

«Mein Commander. Wie passend.»

«Olivia. Ich weiß wirklich nicht, ob das richtig ist.»

«Du siehst schick aus in der Uniform. Ein richtiger Mann. Ein solcher Mann darf mich zum Ball ausführen. Er darf mich auch beim Tanzen kommandieren.»

«Olivia», stöhnte Alan.

«Wie wird man Commander?»

«Ich habe spezielle Kommandos übernommen.»

«Auf einem Schiff?»

«Nein in Istanbul und in Ägypten. Darüber darf ich nicht reden, sonst mache ich mich strafbar.»

«In Ägypten warst du aber bei einer Bank!»

«Olivia, ich warne dich. Ich diene der Krone und muss jeden, der sich strafbar macht, ins Gefängnis stecken.»

Olivia lächelte ihn einnehmend an. «Ist gut, ich werde nicht mehr darüber reden, mein Commander.»

«Komm mit mir. Wir gehen zum Metzger und fragen auch seinen Sohn, ob er uns heute Abend zum Ball fährt. Er hat nämlich ein Auto.»

Alan reichte Olivia seinen Arm und sie hakte sich ein, als sie über die Holzplanken der langen Brücke zu dem auf hunderten Holzpfählen errichteten riesigen Glaspavillon im Meer zuschritten. Erst als sie aus dem Auto ausgestiegen waren und Alan seine weiße Kommandanten Schirmmütze mit dem Gold bestickten Schirm aufgesetzt hatte, wurde Olivia sich der Bedeutung dieser Uniform bewusst.

«Alan, du siehst gut aus. Ein richtiger Commander.»

«Danke. Dein Kleid ist wunderschön. Es freut mich, eine solch attraktive Begleitung neben mir zu haben.»

«Danke für das Kompliment, Alan. Ich bin auch ganz glücklich, es gefunden zu haben.»

«War es teuer?»

«24 Pfund.»

«24 Pfund? Du bist wahnsinnig.»

«Ich habe es von meinem Geld bezahlt. Ich wollte es, es ist traumhaft.»

Alan musste ihr recht geben. Sie sah umwerfend aus. Die langen Haare elegant hochgesteckt und ein schickes Seidentuch als Stola über die Schultern gezogen. Es war ein tolles Paillettenkleid, dem man ansehen konnte, dass es teuer gewesen war.

Das bodenlange Kleid machte den Körper schlank und der wunderschöne Ausschnitt legte die Andeutung eines Dekolletés frei, um elegant Haut zu zeigen. Dieses Kleid war bereit für den Ball, es war wie geschaffen für Olivia. Alan war zufrieden und Olivia wusste um die Wirkung ihres Kleides und war stolz. Erst recht als sie am Eingang des ersten kleinen Pavillons auf wartende Gäste stießen, unter denen sich einige junge Offiziere in ihren braunen und blauen Uniformen befanden, die zum Erstaunen Olivias beim Vorübergehen vor Alan salutierten.

«Sie grüßen dich!»

«An den drei Goldstreifen auf den Ärmeln erkennen sie meinen Rang.»

«Oho. Du bist ein hohes Tier!»

Ihren Arm bei Alan untergehakt, schritten sie weiter zum hinteren großen Pavillon. Olivia, die nie zuvor den Hauptpavillon betreten hatte, war überwältigt. Der riesige Saal mit mehr als 60 Yards Breite, die hohe, teilweise verglaste Kuppel und die vielen Gäste, die an den runden Tischen schon Platz genommen hatten, erzeugten einen mehr als festlichen Rahmen.

«Alan!», rief Olivia freudig aus, als sie von einem Oberkellner zu ihrem Tisch geführt wurden. «Was hast du für tolle Karten bekommen? Unglaublich, mittendrin. Wie schön.»

«War sehr schwierig gewesen», flunkerte Alan grinsend.

Der Tisch war für acht Personen eingedeckt und Alan und Olivia begrüßten die drei Paare, die schon Platz genommen hatten. Es waren zwei junge Paare und ein älteres – und wie sich herausstellte, waren die zwei jüngeren Paare aus London angereist.

Alan bestellte eine Flasche Wein und alle warteten gebannt auf den Beginn.

Bevor Olivia die kleine Menükarte studierte, schaute sie sich um und schätzte die Gesamtzahl der Gäste auf weit über Tausend. Sie fühlte sich mehr als wohl. Bälle und insbesondere Tanzen mochte sie.

Der Ball startete mit einem musikalischen Auftakt, einer Ansprache des Bürgermeisters und dann erschien eine Sängerin.

Leise fragte Alan Olivia, was sie essen möchte. Aber Olivia schaute nur begeistert zu der Sängerin und flüsterte, er solle bestellen, was er für richtig halte.

Nach einem weiteren Potpourri gab es eine Orchesterpause und Alan bestellte beim Kellner das Essen.

Danach spielte das zwanzigköpfige Orchester einen Medley verschiedener moderner Swing Songs von Benny Goodman, unter anderem sein berühmtes *He's Not Worth Your Tears*. Beifall brandete auf, als die Musiker endeten.

Kurz danach wurde das Essen von unzähligen Kellnern und Kellnerinnen an den Tischen serviert.

«Was gibt es denn?», fragte Olivia.

«Du hast es doch gesehen. Es gab nur zwei Menüs zur Auswahl. Ich habe Chargrilled Hampshire Lendensteak mit gekochten Wedges und Béarnaise und Secretts Leaves bestellt.»

«Das hört sich toll an, und es sieht auch gut aus. Danke, Alan. Du scheinst meinen Geschmack zu kennen.»

«Ich bemühe mich. Guten Appetit!»

«Dafür gehört dir gleich der erste Tanz.»

Olivia strahlte, als Alan sie auf die Tanzfläche führte und sie sich endlich in seinen Armen liegend, führen lassen konnte.

«Du bist ein guter Tänzer, Alan. Hätte ich einem Seemann gar nicht zugetraut.» Anstelle einer Antwort führte er Olivia mit festem Griff in eine doppelte rasante Drehung.

«Uiih», kreischte Olivia.

Sie war überglücklich. '*Er kann führen. Er tanzt traumhaft, so locker und doch so bestimmend. Ganz so seine Art. Ein toller Mann.*'

Im Verlauf des Abends gab es immer wieder Unterbrechungen für Showeinlagen, ein Ballettpaar trat auf und später schritten circa fünfzig Debütanten Paare zur *Fächerpolonaise* von Carl Michael Ziehrer auf die Tanzfläche.

Olivia wurde auch einmal von ihrem Sitznachbarn aufgefordert und war glücklich, dass sie danach mit Alan zum modernen Swing ausgelassen tanzen konnte.

Um Mitternacht, gerade recht, als Olivia ausgelassen, aber erschöpft mit Alan von der Tanzfläche kam, wurde eine Showeinlage aus dem *Winter Garden Theatre* angekündigt, dem Theater am Broadway in New York.

Es erschienen die berühmten *Ziegfeld Follies,* die in London gastierten. Die mehr als leicht bekleideten Girls zeigten Auszüge aus ihrer Show. *The Parisian Dance at Moulin Rouge* und *A Night in Paris* waren die Höhepunkte und einige Girls ließen stilvoll für Sekunden in ihren fließenden Bewegungen eine nackte Brust sehen.

Olivia hatte vor Aufregung und Begeisterung Alans Hand ergriffen. Es war eine hocherotische Tanzvorführung und da sie so nah an der Tanzfläche saßen, kamen die Girls immer wieder bis zu ihrem Tisch.

Später, bei einem Blues schmiegte sich Olivia eng an Alan und ließ sich führen. «Das war eine sehr gewagte Showeinlage. So etwas wäre beim Queens Ball nicht möglich gewesen. Brighton gefällt mir», flüsterte sie Alan ins Ohr.

«Ja, es hat mir auch gefallen.»

Sie drehten sich zur Musik und es fühlte sich gut an in seinen Armen. Sie blickten einander tief in die Augen. Bevor sich Olivia versah, beugte sich Alan vor und küsste sie.

Der Blitz des Begehrens, der durch ihren Körper zuckte, kam so unerwartet, dass sie nicht dagegen protestierte. Im Gegenteil, sie schlang ihre Arme um seinen Hals und erwiderte seinen Kuss. Atemlos hielten sie inne und sahen sich an. Der Kuss danach geriet ausführlicher und leidenschaftlicher als der Erste. Olivia gefiel es, ausnehmend gut sogar. Sie spürte, wie ihr abwechselnd heiß und kalt wurde. Alan ergriff sie fest in der Taille, presste sie an sich und führte sie mit kaum wahrnehmbaren Tanzschritten.

Atemlos gingen sie nach einer ganzen Reihe von Tänzen in Richtung ihres Tisches. Da stieß Olivia einen kurzen Schrei aus. «Da sind Emily und Alice aus London. Und Vivianne mit ihrem Mann Anthony.»

Olivia lief zu deren Tisch und umarmte sie.

Als sie zu ihrem Tisch zurückkehrten, erkannten Olivia und Alan, dass die Ehepaare ihrer Tischgesellschaft den Ball verlassen hatten. Sofort drehte sich Olivia um und kam wenig später mit ihren Freundinnen zurück.

Alan wurde von ihr stolz als Commander Hemmings, Baron of Alderley vorgestellt und zufrieden konnte Olivia in den Gesichtern ihrer Freundinnen deren Erstaunen sehen. Dann stellte sie Alan Emily, als Baroness Lennox und Alice als Duchess of Portland vor.

Olivia zog Alan nah zu sich. «Das sind Vivianne und Anthony Russel, der Earl of Bedford.»

«Hallo Vivienne, Anthony. Nett euch hier zu treffen.»

«Ihr kennt euch?», fragte Olivia überrascht.

«Ja, schon lange», antwortete Alan, «Wir kennen uns vom Jokey Club. Anthony ist ein fantastischer Reiter – und Reitlehrer.»

Anthony lachte.

Alan lud alle ein, an ihrem Tisch Platz zu nehmen und bestellte noch eine Flasche Wein, aber die Damen, auch Olivia, wollten einen French 75. Der Modecocktail der letzten Jahre.

Olivia bestand darauf, dass er je einmal mit Emily, Vivienne und Alice tanzte und mit viel Lachen wurde sich am Tisch angeregt unterhalten. Auch Olivia wurde von Anthony aufgefordert. Die Damen bestellten noch eine Runde French 75 und Olivia zog Alan stolz zur Tanzfläche. Zu seiner Überraschung küsste sie ihn, noch bevor sie von der tanzenden Menge verdeckt wurden und zufrieden lächelte Olivia zu ihren Freundinnen.

Denn tatsächlich konnte die Beiden kaum die Augen voneinander lassen! Im großen Ballsaal legten sie eine wirklich verliebte Show aufs Parkett. Andauernd flogen Blicke zwischen den beiden hin und her, die mehr als tausend Worte sagten. Olivia sah aber auch wirklich bezaubernd aus: ihr schickes Kleid, das sie mit einem dezenten silbernen Gürtel kombiniert hatte, ihre dunklen langen Locken, die sie zwar hochgesteckt hatte, aber jetzt dennoch einzeln hinausschauten, begeisterten Alan. Ein echtes Traumpaar, wie auch Olivias Freundinnen feststellten!

Alan zog sie nah zu sich. «Seit ich dich kenne, gibt es für mich kein *Ich* mehr, sondern immer nur ein *Wir*. Ein gemeinsames Leben mit dir wäre die schönste Vorstellung für mich.»

Ganz eng aneinander geschmiegt, ihren Kopf an seinem Ohr, flüsterte Olivia: «Sind wir jetzt verlobt?»

Alan zuckte zurück und blickte in ihr warmes Lächeln.

«Dazu müsste ich deinen Vater fragen», entgegnete Alan nüchtern.

«Würdest du das tun?», fragte sie keck. «Es ist so romantisch, wenn du mir das hier versprichst.»

Alan war mehr als überrascht, aber zugleich überwältigt.

Er stand vor einer der wichtigsten Entscheidungen seines Lebens und wurde mutig.

Er stellte sich vor Olivia, ergriff ihre Hand, setzte einen Fuß vor und sank mit dem anderen auf die Knie.

Ihre Hand festhaltend, schaute er zu ihr auf: «Olivia», sagte er beherrscht und feierlich. «Für immer will ich morgens in deine schönen Augen sehen, für immer abends mit dir schlafen gehen, für immer möchte ich mein Leben mit dir verbringen. Würdest du mich zu deinem Mann nehmen?»

Olivias Herz schlug höher. Sie stieß einen Schrei aus. «Oh, Alan. Ja, ja. Ich will. Was für ein schöner Antrag. Ich liebe dich. Heirate mich. Wie romantisch. Hier auf dem Ball, vor allen Leuten. Komm hoch zu mir.»

Wieder küssten sie sich leidenschaftlich und Olivias Knie wurden weich. Sie hing in seinen Armen und als Alan ihr sagte, dass er bei ihrem Vater um ihre Hand anhalten werde, presste sie wieder ihren Mund auf den seinen.

Eng umarmt gingen sie zum Tisch zurück.

«Emily, Alice, Vivienne », rief Olivia enthusiastisch. «Ihr seit die Ersten, die es erfahren. Alan und ich haben uns eben verlobt!»

Es folgten aufgebrachte Glückwünsche und Umarmungen mit Küssen rechts und links auf die Wangen. Sofort wurde wieder eine Runde French 75 bestellt und auf die Verlobung angestoßen.

Olivia erzählte stolz ihren Freundinnen, dass Alan zwar Commander der Navy sei, aber seit kurzen als Direktor in die Bank ihres Vaters eingestiegen sei. In bester Stimmung wurde wieder mit allen auf die Verlobung angestoßen.

Olivia forderte Alan auf, nochmals mit Emily und Alice zu tanzen, während sie am Tisch der jeweils zurückgebliebenen Freundin und Anthony stolz von ihrer Eroberung vorschwärmte.

Dann zog sie Alan erneut zur Tanzfläche. Ausgelassen tanzten sie und gaben sich immer wieder herzerfrischende Küsse.

«Das ist zwar ein kleiner Kreis, aber die schönste Verlobung, die ich mir vorstellen kann», begeisterte sich Olivia.

Bei der nächsten Runde French 75, der den Damen außerordentlich gut schmeckte, warnte Alan Olivia, nicht noch mehr zu trinken. Aber Olivia war in absoluter Feierlaune und ließ sich nicht davon abbringen, immer wieder mit ihren Freundinnen anzustoßen.

Aussprache

Sonntagmittag hörte Alan die ersten Geräusche von oben. Mit einem Glas Wasser bewaffnet ging er hoch zum Gästezimmer und wusste, was ihn erwartet.

Olivia saß aufrecht im Bett und hatte das Laken bis zum Kinn hochgezogen.

«Mir geht es so schlecht. Oh je, mein Kopf.»

«Hier, ich habe dir zwei Nicholas ASPRO und ein Glas Wasser mitgebracht. Das ist das stärkste Aspirin. Das hilft gegen die Kopfschmerzen.»

Olivia steckte eine Hand aus der Bettdecke hervor und nahm dankbar das Glas entgegen. Nachdem sie das Glas geleert hatte, fragte sie unsicher: «Was ist passiert.»

Alan war sich nicht sicher, ob Olivia sich daran erinnern konnte, dass sie sich gestern Abend verlobt hatten.

«Nicht Schlimmes. Wir haben gefeiert.»

«Wie bin ich ins Bett gekommen. Ich weiß gar nichts mehr.»

Unsicher tastete sie unter der Bettdecke.

«Wieso bin ich nackt im Bett?», und als sie sich umsah, rief sie laut: »Wo ist mein Kleid?»

«Alles gut. Ich habe es zu Mrs. Hampton gebracht.»

«Zu Mrs. Hampton?»

«Meine Uniform auch. Sie bekommt es wieder hin. Beruhige dich. Du hast dich gestern Abend ein wenig unwohl gefühlt.»

«Unwohl?»

«Du hast dich erbrochen.»

«Was?», schrie Olivia entsetzt aus und sie fiel mit dem Kopf zurück aufs Kissen. «Nein. Wie schlimm. Furchtbar. Hier im Haus?»

«Nein, im Taxi. Den Fahrer konnte ich mit einem guten Trinkgeld beruhigen.»

«Sag, das das nicht wahr ist. Ich weiß nichts mehr.»

«Ja, du warst danach wie bewusstlos. Ich habe dich ins Haus getragen und ins Bett gebracht.»

«Du? Du hast mich ausgezogen?»

«Nun ja, wie soll ich sagen, du warst sehr beschmutzt. Ich habe dich gesäubert.»

«Du hast mich nackt ausgezogen.»

«Ich habe immer die Augen zugehalten!»

Olivia stöhnte. «Das kann nicht wahr sein. Wie peinlich. Oh, mein Kopf. Mir geht es so schlecht.»

«Ich ziehe die Vorhänge zu, damit dich die Sonne nicht blendet. Schlaf nochmal ein oder zwei Stunden, dann wirkt das Aspro und dir geht es besser. Ich bin unten.»

Alan musste insgeheim lachen, als er hinunterging. ' *Ich hatte sie gewarnt, sie war so süß.'*

Nach einer Stunde kam Olivia, bekleidet mit einem leichten Morgenmantel ins Wohnzimmer und setzte sich zu Alan auf seinen Schoß.

Alan gab ihr einen Kuss. «Geht es dir besser?»

«Ja. Wirklich. Ich bin aufgewacht und habe mich sofort erinnert.» Sie erwiderte seinen Kuss. «Wir haben uns verlobt!»

«Ja, du warst so süß.»

«Das war so romantisch. Ich weiß es wieder. Du hast mitten auf der Tanzfläche gekniet und mir einen Antrag gemacht. Das war so lieb von dir.»

«Du hast «Ja» gesagt.»

«Ja, ich liebe dich.»

«Ich liebe dich auch, über alles!» Alan gab ihr einen weiteren Kuss.

«So eine traumhafte Verlobung und ich habe alles versaut.»

«Nein, das hast du nicht. Du warst ein wenig aufgedreht.»

«Verzeihst du mir?»

«Natürlich, meine Liebe. Du warst gar nicht zu bremsen, um mit deinen Freundinnen zu feiern.»

«Es war so schön. So einmalig. Es war so romantisch. Du hast mit meinen Freundinnen auch mehrmals getanzt.»

«Ja. Emily ist nett. Sie hat mir gesagt, wenn du mich nicht willst, sie würde mich nehmen.»

«Och. Der werde ich Bescheid sagen.»

«Das war scherzhaft gemeint. Sie mag dich sehr und war richtig glücklich mit dir.»

«Ja. Sie ist eine treue Freundin. Haben wir denn soviel getrunken?»

«Es waren etliche Runden French 75.»

«Oh. Das habe ich noch nie gemacht. Aber er schmeckte so gut. Ich war so glücklich.»

«Der ist aber gefährlich, das hast du gemerkt.»

«Oh ja. Mein Kopf. Ich spüre es jetzt noch. Warum heißt er eigentlich French 75.?»

«French 75 hieß eine kleine, kraftvolle Artillerie-Kanone in Krieg. Die French 75mm field gun, von 1916. Schnell einsatzfähig, extrem leicht zu bedienen und sehr wirkungsvoll.»

«Hast du sie auch bedient?»

«Nein, ich war ja bei der Navy im Mittelmeer, auf einem Zerstörer. Wir hatten stärkere Kanonen. Aber die 75er war bei der Armee sehr beliebt.»

«Und warum heißt der Drink so?»

«Das ist die Rezeptur aus dem Savoy Cocktail Book von Harry Craddock, von 1930. 1 oz. Gin, 1/2 oz. Sirup, 1/2 oz. Lemon Juice, aufgefüllt mit Champagner. Der Gin haut einen um, das ist sicher, und er ist leicht zu trinken und sehr wirkungsvoll.»

«Oh, mir wird jetzt noch schlecht, wenn ich daran denke. Aber es war so lustig und wir haben so viel getanzt. Himmlisch.»

«Irgendwann konntest du aber nicht mehr gerade stehen, da sind wir gegangen.»

«Ich konnte nicht gerade stehen?»

«Sagen wir, ich musste dich festhalten. Und auf der Holzbrücke ging gar nichts mehr. Ich habe dich zum Taxi getragen.»

«Mein Gott. Wie furchtbar.»

«Dann hast du mich ins Haus gebracht. War der Taxifahrer ernsthaft böse?»

«Kann man wohl sagen. Aber ich habe ihn beruhigen können. Ich habe dich über meine Schulter gelegt und hochgetragen.»

«Du hast mich ausgezogen und nackt gesehen!»

«Du bist wunderschön.»

«Dann hast du doch die Augen aufgehabt!»

«Nur eins! Du bist die schönste Frau der Welt.»

«Oh, Alan, was hab ich getan?»

Alan hob mit seiner Hand zärtlich ihr Kinn an und küsste sie. Im Nu war sie verzaubert und gab sich seiner drängenden Zunge hin. Olivia verschmolz förmlich mit ihm.

Alan hatte Olivia zum Sofa geführt und sie gebeten, sich hinzulegen. Er nahm eine Wolldecke und deckte sie damit bis zum Kopf zu. «Ruh dich noch etwas aus. Entspann dich und schlaf noch mal. Das hilft.»

«Danke. Alan.»

Es dauerte nicht lange, und Olivia schlief in dem warmen Wohnzimmer schnell wieder ein und Alan zog sich in die Küche zurück.

Als die Dämmerung einbrach erschien Olivia in der Küche, ging zu Alan, der am Küchentisch saß und las, und kniete sich neben ihn.

«Alan. Das war der schönste Heiratsantrag. Mir ist alles wieder eingefallen, jedes Detail, wie du vor mir gekniet hast, vor all den Leuten und dann die wunderschönen Sätze von dir. Ich werde sie nie vergessen. Ich liebe dich.»

«Ich liebe dich über alles», antwortete Alan und küsste sie.

«Ich habe einen Bärenhunger. Soll ich was zu essen machen?»

«Nein. Das mach ich schon. Geh ins Bad und mach dich frisch, dann kreiere ich was Leckeres.»

Alan hatte Lammkoteletts mit gedünstetem Gemüse gezaubert und Olivia hatte dazu feierlich den Küchentisch mit Tischdecke, Weingläsern und Besteck eingedeckt.

«Du bist ein begnadeter Koch. Es schmeckt hervorragend.»

«Dann geht es dir wieder richtig gut?»

«Nun ja, Ich habe bis jetzt nichts gegessen.»

«Trink mit mir ein Glas Champagner.»

Entsetzt antwortete Olivia: «Nein, nie mehr Alkohol.»

«Olivia, trink einen Schluck Champagner, das ist das beste Mittel gegen einen Hangover und gut für den Kreislauf. Vertrau mir.»

Sie strahlte ihn an: «Ja, ich vertraue dir. In Allem.»

Mit den Champagnergläsern und der Flasche wanderten sie nach dem Abendessen ins Wohnzimmer und setzten sich beide nebeneinander aufs Sofa.

«Das war gestern wirklich ein schöner Tag, Alan. Trotz dieser Malaise. Ein traumhafter Abend. Der schönste Ball in meinem Leben.»

«Ich verspreche dir, wir werden noch auf einige Bälle gehen.»

«Wirklich? Tanzt du denn gerne?»

«Ich weiß, ich bin ein schlechter Tänzer, der ...»

«Bist du nicht. Du tanzt sehr gut!»

«Na ja. Ich bemühe mich. Ich habe nie viel Gelegenheit gehabt.»

«Die Tänzerinnen von der Ziegfeld Follies, das war schon aufregend. Die waren teilweise nackt!»

«Hat dich das schockiert?»

«Nein, überhaupt nicht, Ich mag es, wenn es erotisch wird.»

«Ja, das mag ich auch. Die Show war aber sehr ästhetisch gestern Abend.»

Sie gab ihm einen Kuss. «Ein traumhafter Ball. Ich danke dir.»

«Ich hatte dich allerdings gewarnt, nicht soviel von dem Cocktail zu trinken.»

«Alan! Es war unser Fest. Ich weiß, ich hätte nicht mit denen dauernd anstoßen sollen.»

«Du warst ungehorsam!»

«Ja, Commander. Entschuldigung.»

Alan setzte sich auf dem Sofa etwas zurück und bedeutete ihr, aufzustehen. Er ergriff ihre Hand, zog Olivia seitlich zu sich und zwang sie, sich nach links über seine Knie zu legen. Er nahm eines der größeren Kissen und schob es zu ihr.

«Leg deinen Kopf auf das Kissen!», befahl er sanft. «Und entspanne dich.»

Behutsam führte Alan ihre Arme ausgestreckt nach vorne, griff um ihre Taille und zog ihren Körper näher zu sich. Seine rechte Hand legte er flach auf das Kleid über ihrem Po und gab ihr ein paar kurze Klapse.

Entsetzt schrie Olivia auf: «Was machst du?» '*Er legt mich übers Knie. Wie ein kleines Mädchen*', schoss es ihr durch den Kopf.

«Wir sind hier in einem Internat, du warst unartig und hast nicht gehört. Außerdem warst du betrunken. Ganz schlimm für eine junge Dame.»

«Verzeih mir, bitte. Ich schäme mich auch.»

«Strafe muss sein!» Er gab ihr zwei weitere Klapse auf den Po.

«Alan, hör auf!»

«Ich habe dir mehrmals gesagt, trink keinen French 75 mehr, aber als typisch böses Mädchen hast du nicht gehört.»

Beleidigt entgegnete Olivia: «Ich bin kein böses Mädchen.»

«Nein?

Ein kurzer fester Klaps schlug auf ihre rechte Pobacke und danach einer auf ihre linke Backe.

Sanft fragte er Olivia: «Was mache ich gerade mit dir?»

«Du legst mich übers Knie!»

Rechts, links erhielt sie zwei Schläge mit der hohlen Hand.

«Ja. Und warum lege ich dich übers Knie?»

Vier Schläge landeten auf ihren Po, ließen sie kurz «Oh, Oh, Ah, Ah», aufschreien und seine Hand strich dann sanft gleitend über die Pobacken hin und her.

«Weil du lernen musst, auf mich zu hören.»

«Das werde ich tun. Ich verspreche es.»

«Ich will, dass du es nicht vergisst.»

«In dem Buch der Fanny Hill wird genau wie in der Geschichte Frank und Ich, die Geliebte von Charles zärtlich übers Knie gelegt.»

«Das fasziniert dich irgendwie. Habe ich recht?»

«Einen zärtlichen Gentleman würde ich mir als Ehemann wünschen.»

«Der dich übers Knie legt?»

«Wenn er mir die Liebe erklärt, warum nicht.»

Alan schob ihr Kleid hoch zur Taille und zog ihr Seidenhöschen herunter.

«Alan! Bist du verrückt? Das ist unanständig!»

«Es gibt nichts Unanständiges zwischen uns.»

Olivia war entzückt von seinen Worten und rekelte sich.

«Nur Aufregendes. Du magst doch auch aufregende Bücher, nicht wahr?» Er strich mit seiner rechten flachen Hand über ihren nackten Po und gab ihr zwei ganz zärtliche Klapse.

«Alan. Das darfst du nicht.»

«Doch. Als dein Verlobter darf ich das. Kennst du nicht den Internatsspruch: 'Bare bottom spanking has the most lasting effect'.»

Alan streichelte die Innenseite ihrer Schenkel mit seinen Fingerspitzen bis hinunter zum Knie, fuhr langsam wieder hoch und berührte kurz ihre Scham. Olivia war vollkommen überrascht und erschrocken. Zugleich spürte sie, wie es sie elektrisierte.

Als Alan ihr einen Klaps auf jede Pobacke gab, schrie sie extra laut «Aua».

«Das ist die Bestrafung, wenn eine Verlobte nicht hört», sprach Alan in einem ganz ruhigen Ton, glitt mit der Hand zwischen ihre Schenkel und streichelte ihre Scham. Zufrieden stellte er fest, dass sie feucht war und gab ihr wieder einen Klaps.

«Alan! Das ist ganz furchtbar schlimm.» Aber als sie versuchte, sich gegen den Druck seiner linken Hand zu wehren, wurde sie wieder gestreichelt und diesmal machte es

Alan intensiver. Olivia begann laut zu atmen und zu stöhnen.

Ein lauter Klaps der hohlen Hand landete auf ihrem Po und sofort war Alans Hand wieder an ihrer Scham.

«Wirst du von jetzt an brav sein?»

«Ja, Liebster.» Olivia genoss den Klaps, der mit seiner hohlen Hand laut auf ihre Haut trafen. So mochte sie es. «Oh! Oh!» Olivia schmiegte ihren Kopf genießerisch auf das Kissen. '*Diese strenge Hand mag ich. Wie aufregend, übers Knie gelegt und geschlagen zu werden.*'

Nach ein paar erneuten Schlägen war die Hand zwischen ihren Schenkeln und streichelte ihre Scham. Olivia stöhnte vor Lust, ein erstes Zittern der Erregung durchflutete sie.

Alan spürte und fühlte ihre Erregung. *Sie ist mehr als bereit für die Liebe,* stellte er zufrieden fest. *Sie ist voller Verlangen* und er warf seine Zurückhaltung über Bord. Er sagte sich, sie soll einen kleinen Vorgeschmack bekommen, wie schön die Liebe sein kann. Sie hat es verdient.

Als Alans Hand nach einem Klaps wieder zwischen ihren Schenkeln landeten und zärtlich ihre Klitoris berührte und dann unausweichlich streichelte, keuchte Olivia nur noch – und ein ganz abgeschwächtes vorwurfsvolles «Liebster!», war von ihr zu hören.

Sie hatte ihren Widerstand aufgegeben und gab sich ganz der Zärtlichkeit Alans hin. Mit vor Scham erröteten Wangen, die mit Hitzewallungen auf das, was Alan mit ihr machte, reagierten, lief ein Beben der Erregung durch ihren Körper. Spitze Schreie der Lust konnte sie nicht mehr verhindern, zu sehr wurde sie von diesem Erleben der Lust gefangen genommen. Alan intensivierte sein Streicheln und immer mehr Wellen der Erregung liefen durch ihren Körper. Die Lust hatte sie erfasst und sie gab sich ihrem Höhepunkt hin.

Langsam, ganz langsam kam sie wieder zu sich und richtete sich auf.

Auf Alans Schoß sitzend gab sie sich seinem Kuss hin, der sie wieder erbeben und zittern ließ.

Noch nach Atem ringend und sich in seinen schützenden Arm kuschelnd, sagte sie zu ihm: «Das war aber schrecklich unanständig, seine Verlobte zu schlagen.»

«Nein, Olivia. Bei mir ist das nicht unanständig, es sind Klapse der Liebe. Egal, was wir beide in unserer Liebe tun werden, es ist nie etwas Unanständiges, weil wir es in Liebe tun – und du magst doch die Liebe, oder?»

«Ja, Alan. Es ist Liebe. Mit mir darfst du alles machen. Ich weiß eigentlich gar nicht so recht, was ich sagen soll. Das war so intensiv, Alan. Ich bin ganz erfüllt von dir und unserer Liebe. Ich spüre dich in jeder Faser meines Körpers und meiner Seele. Ich bin dir so dankbar für diese magische Begegnung.»

«Psst!» Alan legte ihr den Finger auf den Mund. «Du hast mich in freudiger Erregung «Liebster» genannt, feurig explosiv, das war so schön. So liebenswert.»

«Ich sehne mich nach deinen Küssen. Ich sehne ich mich danach, berührt zu werden, von deinem zärtlichen Mund.»

«Es ist etwas Wunderbares, die Liebe gleichzeitig erleben zu dürfen, es ist pure Erotik und innigste Verschmelzung. Wenn wir verheiratet sind, werde ich sie dir schenken.»

Sie schauten sich verliebt an. *Kann Liebe tatsächlich zu einen Feuer werden, was einen einfängt,* fragte sich Olivia und lächelte.

«Warum lächelst du?», fragte Alan.

«Was mich lächeln lässt? Es ist dieses Wissen, was deine Worte mir bedeuten. Der Gedanke an dieses kleine Geheimnis, das wir jetzt miteinander haben. Dieses Verstehen ohne Worte, diese gleichen Gefühle, auch die Gefühle, die du mir schenkst.»

«Ich liebe dich.»

«Ich schließe die Augen und sehe das Bild, als du auf dem Ball vor mir gekniet hast und höre deutlich deine Worte zu mir. Zufälle gibt es. Die Engel haben mich zu dir geführt, du hast mich gerettet, gerne reiche ich dir meine Hand, wenn wir gemeinsam unseren Weg gehen.»

«Wir werden immer gemeinsam gehen, das verspreche ich dir. Ich werde immer da sein, wenn du mich brauchst und werde dich vor allem Bösen beschützen.»

«Für immer bei mir bleiben?»

«Ja, das will ich.»

«Alan. Ich werde dir immer dankbar sein, dass du mich in deine liebenden Arme genommen hast. Ich liebe deine Dominanz und deine Männlichkeit, die mich verzaubert. Ich gehöre dir und will dir eine liebende und gehorsame Frau sein.

Bei dir habe ich das Gefühl, alles in meinem Leben musste so sein und hat mich direkt zu dir geführt, in deine Arme. Plötzlich hat alles einen Sinn. Ich will mich dir bedingungslos anvertrauen, weil ich mich behütet, geborgen und beschützt fühle. Ich werde deine Autorität widerspruchslos anerkennen, ich brauche eine Hand, die mich führt. Fang mich auf, wenn ich falle und weise mich zurecht, wenn ich wieder etwas

Dummes getan habe. Ich weiß, ich bin immer so spontan, aber ich liebe dich.»

Je mehr Zeit Alan mit Olivia verbrachte und sich mit ihr so offen unterhalten konnte, desto weiter öffnete auch er sich ihr gegenüber. Er erfuhr, wie sehr sie ihn begehrte und war ihr unendlich dankbar. Ihm kam es vor, als wenn er Olivia schon lange kennen würde. Den Geruch ihres Parfüms, ihren himmlischen Mund. Sie wollte er behalten - auch für immer.

Neue Woche

Der Montag erwartete sie mit tiefliegenden dunklen Wolken und heftigem Regen. Das Meer schäumte und Wellenbrecher schlugen unterhalb des Cliffs auf das Ufer.

Olivia hatte das Frühstück zubereitet, während Alan den Kachelofen richtig anheizte. Als er das Holz für den Ofen draußen geholt hatte, blies ihm ein kalter Ostwind um die Ohren. Ein Grund mehr, den Kachelofen richtig anzuheizen.

In der Küche war es heimelig warm durch den Herd, den Olivia gut befeuerte hatte und so blieben sie noch lange nach dem Frühstück zusammen in der Küche sitzen.

«Du hast gestern Abend furchtbar viele liebe Worte zu mir gesagt», meinte Olivia und lächelte Alan an.

«Furchtbar?», fragte Alan zurück.

«Nein. Wahnsinnig lieb. Es war schön, dass wir uns so offen unterhalten konnten.»

«Das werden wir immer können. Dazu musst du bereit sein und ich kann dir versichern, dass du mir immer alles sagen kannst, was dich bewegt.»

«Das weiß ich und habe es erkannt. Und das ist wunderbar.»

«Blödes Wetter. Es regnet immer noch heftig. Heute Nachmittag will ich zum Post Office. Ich habe zu telefonieren», sagte Alan, als er gegen Mittag zum Fenster hinausschaute.

Im Wohnzimmer war es warm geworden und Olivia schaute auf, als sie in ihrem Buch las. «Darf ich mit?»

«Möchtest du wieder shoppen?»

«Vielleicht. Wir müssen zu deiner Mrs. Hampton gehen und fragen, ob sie deine Uniform säubern konnte.»

«Und dein Kleid!»

«Das ist nicht so wichtig, wie deine Uniform. Ich kann mir ein Neues kaufen. Wirst du meinen Vater anrufen?»

«Ja, den auch.»

«Darf ich ihn sprechen?»

«Natürlich.»

«Möchtest du ihm etwas zu unserer Verlobung sagen?»

Alan schaute Olivia lange an. «Sollten wir das nicht persönlich tun? Ich meine, ich sollte erst bei deinem Vater vorsprechen. So gehört es sich doch.»

«Du möchtest bei ihm um meine Hand anhalten und um seinen Segen bitten?»

«Ja, das würde ich.»

«Wann würdest du das tun? Ich kann es

kaum erwarten. Können wir nicht zurückfahren?»

«Das bestimme ich.»

«Ja, mein Commander!»

«Wann möchtest du?»

Olivia flog ihn um den Hals. «Am liebsten sofort!»

Alan küsste sie zärtlich.

«Ich spreche mit Admiral Shrivers. Vielleicht können wir morgen fahren.»

«Du bist ein Schatz!»

Nach einer kurzen Tasse Tee am Nachmittag fuhren sie in die Innenstadt.

«Treffen wir uns im Pub?», fragte Alan, als sie sich auf der Kings Road trennten.

«Ja. Eine Stunde?»

«In einer Stunde. Nimm den Schirm mit. Ich brauche keinen.» Er gab ihr einen Kuss, den sie mit Hingabe erwiderte.

Beim Nachmittagstee hatte sich Alan Vorwürfe gemacht und gezweifelt, ob er gestern Abend nicht zu weit gegangen war. Er hatte sich hinreißen lassen, sich nicht im Griff gehabt. Das machte ihm zu schaffen. Ein paar Klapse auf das Kleid hätten genügt. Aber ihr helles Lachen am Anfang, ihre kecken Antworten und dann ihre sicht- und fühlbare Erregung hatten ihn vergessen lassen, dass es sich nicht gehört hat, das zu tun, was er getan hatte.

Jetzt, auf dem Weg zum Post Office, dachte er erneut daran. '*Anderseits hatte sie nicht nur keinen Widerstand und Entrüstung gezeigt, sondern immer mehr Lust und Verlangen. Sie war dazu bereit gewesen, auch angeheizt durch die eindeutige Literatur, die sie so gerne las. So, wie sie danach durchblicken ließ, hatte sie sich vermutlich eine solche Szene in ihren Tagträumen schon öfter vorgestellt. Sie war keine unwissende Frau, es wird auch nicht das erste Mal gewesen sein, dass sie ihre Lust gespürt und Erfüllung genossen hat. Sie ist reif für die Liebe und hat das hohe Verlangen, tief in sie einzutauchen. Sollte ich so ein Glück haben, auf eine solche Frau zu treffen? Eine Frau, die ich nie mehr loslassen darf. Die Sinnlichkeit liebt, sie gar herbeisehnt. Wie kann ich sie beschützen?*'

Schnell hatte er Rowland am Apparat.

«Hallo, Alan. Ich habe nachgeforscht. Du weißt schon, in Richtung deiner Vermutung.

Generell ist eine rechtskräftige Heirat in Frankreich für britische Ehepaare möglich, wenn mindestens einer der beiden Eheleute seinen Wohnsitz 30 Tage vor Aufgebotsbestellung in Frankreich angemeldet hat und zwar in dem Amtsbezirk, in dem auch die Trauung vollzogen werden soll.»

«Oh. Nur einen Monat vorher.»

«Folgende Unterlagen müssen dem Standesbeamten mindestens zehn Tage vor Eheschließung vorgelegt werden: Reisepässe, Aufenthaltsgenehmigung *Carte de Séjour* für mindestens einen der Ehepartner, Wohnnachweis oder Immobiliennachweis, Geburtsurkunde in französischer Übersetzung. Die Aufgebotsfrist beträgt nur zehn Tage. Bei der Trauung müssen zwei volljährige Trauzeugen anwesend sein.»

«Das würde bedeuten, wenn ein Engländer ein Haus in Frankreich hat, kann er innerhalb von zehn Tagen heiraten.»

«Ja. Genauso ist es. Interessant ist auch das französische Erbrecht. War der Erblasser verheiratet, erbt der überlebende Ehegatte neben den Eltern des Erblassers die Hälfte des Nachlasses. Sind beide Eltern vorverstorben, fällt der gesamte Nachlass dem überlebenden Ehegatten zu. In Frankreich geht der Nachlass auf den Erben kraft Gesetzes zum Todeszeitpunkt über. Der Ehegatte ist von der Erbschaftsteuer in Frankreich befreit. Das gilt auch für ausländisches Vermögen, das geerbt wird.»

«Dann wäre es möglich. Kann dein Freund Claude nicht herausfinden, ob Jefferson Grundbesitz in Frankreich hat, vielleicht fernab, auf dem Land?»

«Das werde ich ihn fragen. Übrigens, Jessica wird heute von einem eurer Jungs aus der Botschaft nochmals befragt. Shrivers hatte mich informiert und dass ich darüber einen Bericht erhalte.»

«Danke Rowland. Ich werde sehr wahrscheinlich spätestens ab Donnerstag wieder in der Bank sein.»

Wenig später sprach er mit Admiral Shrivers.

«Hemmings. Rowland White hat mir von ihren Vermutungen, beziehungsweise Befürchtungen berichtet. Wenn dem so ist, sind Lord Ashton und seine Tochter stark gefährdet. Ich kann aber zurzeit nicht mehr Leute zum Schutz abstellen. Scotland Yard hat aber jetzt auch einen Mann sowohl vor Ashton Haus als auch vor der Bank.

Jessica Griffiths wird heute von einem unserer Agenten in der Botschaft noch einmal intensiv verhört. Sie braucht nämlich neue Papiere, weil Jefferson ihr wohl den Pass weggenommen hat. Sie bekommen Bescheid.»

«Sir!, Ich wollte Ihnen sagen, dass ich morgen mit Miss Ashton zurückkehre und im Ashton Haus übernachten und mit ihr täglich gemeinsam zur Bank fahren werde.»

«Das ist gut. Wir sprechen uns dann Mittwoch.»

Als nächstes ließ Alan sich mit Lord Ashton verbinden.

«Hallo, John. Deine Tochter will zurück. Nein, ihr geht es sehr gut. Das geschieht aber nur unter der Bedingung, dass ich die nächsten Tage in deinem Haus übernachten kann und Olivia mit mir täglich zur Bank fährt und nichts alleine unternimmt.»

«Bring sie her. Sie wird gehorsam sein. Dafür sorge ich. Danke, dass du angerufen hast. Ich lasse alles vorbereiten.»

Olivia kam ins Pub, beladen mit zwei Paketen. Überglücklich berichtete sie, dass sie das Kleid nochmal kaufen konnte, da es doch ihr Verlobungskleid sei und sie es bei ihrem Vater anziehen wollte. Alan amüsierte sich und bestellte ihr einen French 75. «Aber nur einen», wie er hinzufügte.

«Und? Waren deine Telefonate erfolgreich?»

«Ja, wir werden morgen zurück nach London fahren.»

Olivia stieß einen jubelnden Schrei aus und fiel Alan um den Hals.

Nachdem sie sich mit unzähligen Küssen bedankt hatte, sprach Alan sehr ernst: «Unter einer Bedingung. Ich habe mit deinem Vater gesprochen. Ich werde für einige Zeit in eurem Haus wohnen und du wirst mit mir täglich in die City fahren und niemals irgendwo alleine hingehen.»

«Ich schwöre es. Ich werde ganz brav sein.»

«So ist gut. Zum Wohl.»

Nachdem sie Olivias Pakete im Wagen verstaut hatten, sagte Alan: «Wir gehen ins *Regency*. Ich lade dich zum Dinner ein. Es ist unten, am Ende der Kings Road, direkt am Strand.»

Als sie in das mit weiten Fenstern zum Strand versehene Restaurant betreten hatten und ein Kellner sie zu einem freien Tisch führte, erzählte Alan: «Dieses palastartige Haus am Meer gehörte einst Harriet Mellon, eine der reichsten Frauen Europas, Witwe des Bankiers Thomas Coutts und Ehefrau des neunten Herzogs von St. Albans. Seit vier Jahren ist es ein Restaurant und führend hier. Bekannt für beste Fischgerichte. Ich kann die Grilled Dover Sole oder den Grilled Salmon empfehlen.»

Olivia schloss die Karte. «Was nimmst du?»

«Ich nehme die Seezunge.»

«Ja. Die nehme ich auch.»

«Das war eine wunderbare Seezunge», meinte Olivia und nahm einen Schluck Wein. «Ich wusste gar nicht, dass von Dover so gute

Seezungen kommen.»

«Nach Dover kommen nicht nur die Fähren, sondern es ist auch ein großer Fischereihafen. Ich komme oft in dieses Restaurant.»

«Richtig schade, dass wir schon wieder weg müssen.»

«Ich denke, du willst zu deinen Vater!»

Olivia legte ihre Hand auf seine. «Ja. Ich will nach Hause. Aber langsam habe ich mich an Brighton gewöhnt. Es ist herrlich hier.»

«Wir können öfter über ein Wohnende herkommen. Mein Haus ist ja da.»

«Ja, das würde mich riesig freuen. Hochzeitsreise nach Brighton?»

«Ja, warum nicht. Zum Eingewöhnen. Und für ein paar Tage rüber nach Frankreich und nach Paris.»

«Ich liebe dich!»

Auf dem Rückweg schauten sie bei der Nachbarin vorbei. Sie bat die beiden ins Haus und zeigte ihnen die Uniform und das Kleid.

«Die Uniformjacke und Hose habe ich hinbekommen. Ist halt guter Stoff. Das Seidenkleid, Ma'am, tut mir leid, das ist ruiniert. Da ist nichts zu machen.» Und spitz fügte sie hinzu: «Sie haben sicher etwas Falsches gegessen!»

Alan bedankte sich mit einem fürstlichen Trinkgeld bei ihr, meinte noch, das Essen sei wirklich schlecht gewesen, und lachend trugen Alan und Olivia die Sachen ins Haus.

Als sie es sich später im Wohnzimmer gemütlich gemacht hatten, stand Olivia vor der Bücherwand und zog sich einige Bücher heraus, blätterte in ihnen und stellte sie zurück.

Dann sagte sie laut: «'*What a Young Wife Ought to Know*'. Ist das ein Buch zur Vorbereitung auf die Ehe?»

Alan antwortete gar nichts, sondern las weiter in seiner Zeitung.

Wieder las Olivia laut vor: «*Emma Frances Drake, 1902, Was eine junge Ehefrau wissen sollte.*»

Sie blätterte und hielt inne. «'*Es ist empfehlenswert, dass die jungfräuliche Braut nicht in den Ehestand ohne theoretische Kenntnisse des Geschlechtlichen eintreten sollte. Aber wichtiger ist die einfühlsame Führung durch den Ehegatten in den Nächten nach der Heirat in die glücklich machenden Momente der körperlichen Liebe. Die Braut sollte sich dieser Führung durch ihren Mann dankbar öffnen.*' Oh, das klingt gut.

'*Es wird sich zeigen, dass der Ehemann, der die Achtung, Zuneigung und Dankbarkeit seiner Frau behalten möchte, in den ersten Wochen des Ehelebens gemäßigt und umsichtig sein wird. Es sei denn, die Frau selbst ist leidenschaftlicher Natur und verlangt häufige Befriedigung. In sol-*

chen Fällen wird der Ehemann den Wünschen seiner Frau nachkommen.' Oho. Hörst du zu?»

Alan murmelte ein: «Ja, ja.»

«'*Ehemänner und Ehefrauen bringen unterschiedliche Stärken und Wünsche in eine Ehe. Für Frauen ist es wichtig, dass man sich geliebt und gewünscht fühlt. Für einen Mann sind Respekt und körperliche Liebe von größter Wichtigkeit. Wenn eine Frau intime Fähigkeiten durch ihren Mann erlernt, wird ihre Beziehung innerhalb kurzer Zeit leidenschaftlich und friedlich.*' Huch! Was die da alles schreibt.

'*Die meisten Männer brauchen körperliche Liebe mehr als Frauen, um sich intim zu fühlen. Sie sind seine einzige Quelle für diese lebenswichtige Form der Verbindung, und wenn die Ehefrau sich zurückhält, verpasst sie eine Chance, die Intimität zu erhalten, nach der sich beide sehnen. Die Ehefrau hat die Macht, eine Beziehung zu beeinflussen, indem sie lustvoll wird, das heißt, Anerkennung für sein Verlangen und seine Bemühungen zu zeigen, statt sie abzulehnen oder zu verwerfen - und im weiteren Sinne, ihn. Eine Ehefrau muss sich öffnen und empfangen, wenn ein Ehemann ihr anbietet, Befriedigung zu erreichen. Sie soll für seine Fürsorge dankbar sein und wird feststellen, wie schnell dies zu mehr Intimität führt, wenn sie die Fähigkeit übt, ihn lustvoll zu empfangen.*' Diese Emma Drake schreibt interessant. Wahnsinn!

'Wir Frauen können eine befriedigende Kultur der Intimität schaffen. Den Ehemann zu respektieren, indem man ihn wissen lässt, was man sich wünscht, anstatt sich ihm zu verweigern. Männer haben eine starke Motivation, ihre Frauen glücklich zu machen, auch in der körperlichen Liebe, um ihr intensive Befriedigung zu verschaffen - das trägt zu ihrem Erfolgserlebnis bei. Sei geduldig und erlaube ihm, seinen eigenen Weg zu finden, dir Befriedigung zu verschaffen. Denke immer daran, er will es. Lass ihn, und er wird es tun'.»

Alan stöhnte und legte die Zeitung zur Seite. «Das ist wohl wieder das richtige Buch für dich?»

«Hast du auch eine starke Motivation, deine Frau glücklich zu machen?»

«Das ist eine ganz dumme Frage. Das ist doch selbstverständlich.»

«Ich nehme es nachher mit hoch und lese noch etwas. Weißt du Alan, viele meiner Freundinnen haben Angst vor einer Ehe. Wenn ich mich mit ihnen unterhalten, stelle ich immer wieder fest, dass sie keine Ahnung haben, aber von einem Mann träumen. Wie und was wissen sie nicht. Einige glauben heute noch, dass es nur aus Händchenhalten und Küssen besteht.»

«Das kann ich mir denken. Es ist eben ein Thema, worüber nicht offen geredet werden kann. Sie wissen nicht, dass ein Mann und eine Frau, die rechtlich miteinander verheiratet sind, gesetzliche Rechte und Pflichten haben, die sich aus dieser Beziehung ergeben. Das gilt auch für die körperliche Liebe.»

«Pflichten?»

«Ja. Auch Pflichten. Einmal verheiratet, ist es die Pflicht der Ehefrau, ihrem Mann zu erlauben, mit ihr zu liegen, so oft er will.»

«Mit ihr zu liegen?»

«So steht es wortwörtlich im Urteil des obersten Gerichts.»

«Und wenn sie es nicht zulässt?»

«Dann kann ein Mann sich scheiden lassen oder aber, er nutzt sein Recht auf Disziplinierung.»

«Wow. Disziplinierung?»

«Zum Beispiel, übers Knie legen!», lachte Alan.

Olivia schaute ihn lächelnd an. «Wann legst du mich das nächste Mal übers Knie?»

«Olivia! Du bist vorlaut!»

Sie kam zu ihm und kuschelte sich eng an ihn. «Ja, ich weiß. Ich bin immer vorlaut. Sei ein strenger Commander, der mich bremst.»

«Ich möchte keine vorlaute Ehefrau haben. Sonst wirst du wirklich übers Knie gelegt.»

«Schon nach der Hochzeit?»

«Olivia!»

«Verzeihung!»

«In der Hochzeitsnacht!»

«Was?»

«Im Brautkleid, wenn ich dich ins Schlafgemach getragen habe.»

«Och, du bist aber streng.»

«Wenn es notwendig ist, ja!»

Olivia schaute ihn an und strahlte über beide Backen. «Wie im Internat, mit Schlägen auf den nackten Hintern?»

«Olivia!»

«Das hast du gestern selbst gesagt», entgegnete Olivia entrüstet und Alan schüttelte schmunzelnd den Kopf.

Olivia sah ihn an. «Ja, sei streng mit mir.»

«Nein! Ich werde dich lieben!»

«Ich habe immer von einem strengen Ehemann geträumt.» Sie machte eine Pause und sagte keck: «Seitdem ich das Buch Frank und Ich gelesen habe.»

«Das scheint dich ja mächtig beeindruckt zu haben.»

Olivia gab ihm einen Kuss auf die Wange. «Es ist wahnsinnig unanständig. Anders als dieses nüchterne Lehrbuch. Es ist voll mit obszönen Wörtern. Die Francis wird von ihrem Geliebten, dem Lord, sehr oft übers Knie gelegt und dann geliebt. Er lehrt sie alle unanständigen Liebesspiele.»

Alan nahm ihren Kopf zärtlich in beide

Hände und strich über ihre Wangen. «Das magst du, nicht wahr?»

«Ja. Lehrst du es mich?»

«Bis zur Hochzeit wirst du als Verlobte brav warten. Du wirst noch nicht einmal daran denken. Ich verbiete es dir!»

«Ja. Commander!»

Bedingt durch das regnerische und stürmische Wetter waren sie am nächsten Tag erst im Dunklen im Ashton House angekommen.

Alan fiel als Erstes auf, das die Souterrain-Fenster neu vergittert waren und dass jetzt hinter der Eingangstüre im weiten Abstand eine zusätzliche schwere Eichentüre den Flur zur Eingangshalle abschloss. James, der Butler hielt sie offen und geleitete sie zu Lord Ashton, der in seiner Bibliothek saß.

Olivia und ihr Vater fielen sich um den Hals und begrüßten sich herzlich.

«Schön, dass ich wieder hier bin. Dad? Geht es dir gut?»

«Mir geht es sehr gut. Wie ihr seht, die Zigarre schmeckt. Habt ihr eine gute Fahrt gehabt?»

«Es hat etwas länger gedauert, als geplant», entgegnete Alan. «Aber Olivia ist eine ausgezeichnete Fahrerin.»

«Freut mich, dass ihr heil zurück seid.

Wenn ihr etwas essen wollt, sagt der Küche Bescheid.»

«Nein, danke», entgegnete Olivia. «Wir haben auf halber Strecke in einem netten Dorfgasthof eine Pause eingelegt und gegessen.»

«Alan, wir haben für dich den roten Salon fertig gemacht. Olivia kann ihn dir gleich zeigen. Nad haben wir in einem der Erker im linken Turm untergebracht. Da kann er den Bereich vor dem Haus gut überblicken. Da hängt nämlich jetzt Nachts eine helle Lampe. Hat der Elektriker gestern angebracht.»

«Ja, ich habe es gesehen, auch, dass einige Fenster neu vergittert sind und eine doppelte Türe den Eingang sichert.»

«Ist alles gestern und heute eingebaut worden. Die zwei Männer von Admiral Shrivers sitzen abwechselnd in dem Lieferwagen vorm Haus. Sie wechseln sich mit denen, die am Tag kommen, ab.»

«Ich habe den Lieferwagen gesehen und erkannt. Das ist gut.»

«Ich bin froh, dass wir wieder zusammen sind. Wir sehen uns morgen beim Frühstück. Ich bin müde und werde hochgehen. Das war ein arbeitsreicher Tag.»

Kurze Zeit standen Olivia und Alan in seinem Zimmer zusammen. «Das ist ein schönes Zimmer. Danke."

«Es ist unser bestes Gästezimmer. Fühl dich hier wohl. Dad war müde. Es war gut, dass du ihn nicht angesprochen hast."

«Ich werde ihn morgen nach dem Dinner fragen. Ganz feierlich."

«Du bist ein Schatz, ich liebe dich."

«Ich liebe dich auch. Schlaf gut, mein Schatz. Morgen fahren wir beide gemeinsam in die Bank." Alan gab ihr einen langen Kuss und Olivia winkte ihm nochmals, in der Türe stehend, zu.

*

An seinem Schreibtisch sitzend, sah Alan etliche Unterlagen und die Post durch, die sich angesammelt hatte. Er besprach mit Sobernheim, was zu tun sei und ging dann zu Elisabeth.

«Hallo, Alan. Seid ihr wieder da?»

Alan lachte. «Olivia hielt es nicht lange im Internat aus.»

«Das glaube ich dir.»

«Aber wir haben uns sehr gut verstanden. Sie ist eine sehr intelligente Frau.»

«Ja, Olivia ist eine kluge Frau. Passend für einen klugen Mann.»

«Du sagst es, Elisabeth.»

«Ich habe die Sachen für Lord Gillford

vorbereitet. Ich habe sie dir auf den Tisch gelegt.»

«Das habe ich gesehen. Ich habe sie schon Olivia gebracht. Sie kann es ihm mitteilen und überbringen lassen.»

«Er wird zufrieden sein. Ich gehe heute Abend mit ihm essen.»

«Na, dann ist ja alles in Ordnung. Das freut mich für dich!» Alan zwinkerte mit dem rechtenAuge.

«Danke, Alan.»

Alan schaute bei John vorbei.

«Was war die vergangenen Tage in der Börse los?»

«Sehr ruhig. Gestern sind einige Aktien von uns gehandelt worden. Sobernheim versucht immer sofort aufzukaufen, aber nach den Handelsauswertungen sind wohl einige an uns vorbeigelaufen. Wer weiß, wer dahinter steckt?»

«Vielleicht bekomme ich bald ein paar Informationen, ganz im Geheimen kann niemand kaufen. Gab es noch irgendwelche Fragen?»

«Du meinst zu letzter Woche? Ja, ein paar. Aber wenn sie die Geschichte über Einbrecher hörten, waren sie zufrieden. Wirst du heute Abend zum Dinner bei uns sein?»

«Danke, gerne. Heute habe nichts anderes mehr vor.»

Nach dem Dinner am Abend waren sie alle vom Esszimmer ins Wohnzimmer gewechselt und Alan brachte John einen Scotch und den Humidor mit den Zigarren.

«John! Olivia und ich haben uns in den Tagen in Brighton», begann Alan umständlich «mit allem Anstand natürlich, kennen und schätzen gelernt. Wir haben bei ausgedehnten Wanderungen, bei Diskussionen über Bücher und dem Erleben eines festlichen Balls, gemeinsam herausgefunden, dass wir viele Gedanken gleichermaßen teilen. Olivia ist eine wundervolle Frau, und sie inspiriert mich dazu, der beste Mann zu sein, der ich sein kann. Sie bringt mich zum Lachen und versteht eigentlich immer, wie ich denke. Wir beide haben festgestellt, dass wir uns sehr mögen.

Mein ganzes Herz gehört deiner Tochter. Ich würde alles tun, um sie glücklich zu machen, ihr das bestmögliche Leben zu bieten und sie immer zu beschützen. John, ich möchte dich um deine Einwilligung bitten, Olivia zu heiraten.»

«Hoho. Hast du sie denn gefragt?»

Alan schmunzelte über Johns Reaktion. «Ja. Ich habe ihr auf dem Ball einen Heiratsantrag gemacht und sie hat Ja gesagt.»

Olivia trat zu Alan und hakte sich unter seinen Arm.

John sah auf. «Ich sehe, ihr seid euch einig. Das freut mich. Ich denke, ihr beiden passt zueinander. Meinen Segen habt ihr.»

Olivia küsste Alan, wandte sich zu ihrem Vater hinunter und küsste ihn auf die Stirn. «Danke, Dad. Ich liebe Alan. Ich bin so glücklich.»

«Wann soll denn die Hochzeit sein?»

Alan schaute Olivia an und die antwortete: «In ein, zwei Monaten, wenn es dir recht ist, Dad.»

«Du kannst es gar nicht erwarten! Nicht wahr?»

Verlegen antwortete Olivia: «Ja, Dad.»

«Wo wollt ihr denn dann wohnen?»

«Alan hat ein kleines Haus in Brighton», rutschte es Olivia raus.

«So, du willst mich also allein lassen.»

«Nein, Dad», Olivia kniete sich zu ihrem Vater und lehnte ihren Kopf an seine Schulter. «Alan und ich haben noch gar nicht darüber gesprochen. Vielleicht werden wir nur die Wochenenden dort sein.»

«Na gut. Da können wir noch drüber reden. Alan, sage bitte James Bescheid, er möchte eine Flasche Champagner öffnen.»

Als der Butler den Champagner offerierte, erhob sich John.

«Well. Einen Toast auf das junge Paar. Ihr seid jetzt einander versprochen. Haltet das in

Ehren. Ich wüsche euch alles Glück dieser Erde. Zum Wohl.»

Nachdem Olivia einen Schluck genommen hatte, sagte sie zu ihrem Vater: «Dad. Würde es dir gefallen, wenn wir am übernächsten Samstag hier ein Verlobungsfest feiern?»

«Das bringt Leben ins Haus. Das soll mir recht sein, aber nur, wenn ich eingeladen werde.»

«Natürlich, Dad. Auch deine Freunde wären willkommen.

Ich möchte eine richtige Verlobungsfeier. Ich habe auch dazu das Verlobungskleid, dass ich beim Ball trug, als Alan vor mir auf den Knien den Antrag machte. Ich habe es neu gekauft, weil es kaputtgegangen war. Ich möchte in diesem Kleid feiern, so richtig, mit all meinen Freundinnen.»

«Na, Alan, was sagst du dazu?»

«Olivias Wunsch ist mir Befehl. Sir.»

Mit großen Augen schaute Olivia Alan an.

Donnerstagmittag bekam Alan hohen Besuch. Rowland platzte in Alans Büro, gefolgt von Admiral Shrivers.

«Hallo, Alan. Der Fahrstuhlführer fährt nicht mehr zum vierten Stock und am Ende der Treppe begrüßte uns euer Gates.»

«Ja, das neue Sicherheitskonzept. Was gibt es?»

«Sensationell. Admiral Shrivers, bitte!»

«Hemmings, die Vernehmung durch einen unserer Leute in Paris, hat einige interessante Offenbarungen gebracht und neue Erkenntnisse zutage gefördert. Es könnte ihre Theorie bestätigen.

Well, lassen Sie mich berichten. Diese Jessica Griffiths hat von ihrer ersten Reise mit Jefferson nach Paris und Monte Carlo berichtet. Sie hat ausgesagt, dass sie bei einem Abendessen mit einem Leon Mantaschev dabei gewesen war, sie aber nichts verstanden habe, weil Jefferson und er sich in Französisch unterhalten hätten. Jefferson hätte sich den darauf folgenden Tag lange Zeit mit ihm getroffen, während sie weggeschickt wurde, um sich Monte Carlo anzusehen. Dann seien sie am nächsten Tag mit einem arabisch anmutenden Herren, der sehr elegant in einem weißen Zweireiher gekleidet war und einen sehr zuvorkommenden Eindruck machte, zusammen gewesen. Er wurde von Jefferson mehrmals mit dem Namen Khaled angesprochen.»

«Aha. Den Namen hatten wir schon einmal.»

«Ja, ich weiß von dem Bericht. Jefferson sei daraufhin am Tag danach mit diesem

Khaled den ganzen Tag unterwegs gewesen und habe ihr am Abend gesagt, dass er alles geregelt hätte und sie nach Paris zurückfahren würden.»

«Wann war das?»

«Sie sagt, es sei zwischen dem zweiten und vierten April gewesen.»

«Das kommt hin», meinte Alan.

«Das habe ich an Rowland weitergegeben, mit der Bitte, er soll seinem Freund Claude einen Tipp geben. Jetzt erzählen Sie, Rowland!»

Rowland holt tief Luft und blätterte sein Notizbuch auf.

«Claude, der mittlerweile durch eine Anfrage unseres Dienstes, offiziell unser Ansprechpartner ist und uns bei den Ermittlungen helfen soll, hat heute folgendes berichtet.

Leon Mantashev lebt in Monte Carlo, er besitzt die Mehrheit an der Tiflis Central Commercial Bank und diese Bank ist das einzige Finanzinstitut im Kaukasus, dessen Aktien an der St. Petersburger Börse notiert sind. Er führt einen sehr extravaganten Lebensstil, besitzt ein Gestüt mit 200 Elite-Pferden, hat unter anderem das World Cup Pferderennen in Paris und voriges Jahr den Ascot Gold Cup beim Royal Ascot Rennen gewonnen. Angeblich ist er am Spielcasino in Monte Carlo beteiligt und Bekannte von ihm sagen, er sei so hart, dass er jeden Tag drei Börsenmakler, drei Pferde und drei Frauen ermüde.»

Nicht nur Alan musste lächeln.

«Na ja. Mantashev logierte zuletzt im Ritz, in Paris. Sein derzeitiger Aufenthaltsort ist im Moment unbekannt. Claude hat aufgrund der Aussage von dieser Jessica die Meldebehörden der Départements an der französischen Riviera überprüfen lassen. Sie haben eine Aufenthaltsbewilligung für einen britischen Staatsbürger, namens Jacob Jefferson gefunden, der ein Haus gekauft hat.»

«Bingo!»

«Und zwar in Saint-André-de-Nizza. Das ist eine ganz kleine französische Gemeinde mit 946 Einwohnern im Département Alpes-Maritimes in der Region Provence-Alpes-Côte d'Azur; sie gehört zum Arrondissement Nizza, zehn Meilen nördlich von Nizza, in einem bergigen Gebiet, 12 Meilen westlich von Monte Carlo und ungefähr 180 Meilen östlich von Marseille. Es liegt am Eingang des Tals De la Banquière und es ist ein kleines Haus auf einem Hanggrundstück mit Oliven- und Obstbäumen. Abgeschirmt, nicht einsehbar und versteckt. Besteht nur aus einer Küche mit Essbereich, einem Wohnzimmer, einem Schlafzimmer und einem Bad.

Der Bürgermeister ist dort alles in einem, Bürgermeister, Chef der Gendarmerie, Standesbeamter und Notar. Claude hatte jemand hingeschickt. Der Bürgermeister hat ausgesagt, der Kaufvertrag wurde von einem Mr. Jefferson unterschrieben und er hat es für umgerechnet 450 Pfund gekauft. Ausgewiesen hat er sich mit seinem britischen Pass. Der Kauf musste vom Bürgermeister nicht weitergemeldet werden, lediglich die Aufenthaltsgenehmigung ging zur Verwaltung des Départements in Nizza. Die werden in der Regel nicht nach Paris weitergereicht.»

«Von wem hat Jefferson das Haus gekauft?», fragte Alan «Ist das bekannt?»

«Du wirst staunen. Es gehörte einem gewissen Ahmad Khaled aus Marseille.»

«Ach. Das ist interessant.»

«Der Bürgermeister hat ausgesagt, dass beide bei ihm waren und den Kaufvertrag unterzeichnet hatten. Claude hat herausgefunden, dass Khaled ein angesehener, sehr reicher Unternehmer in Marseille ist, der unter anderem auch eine kleine Reederei, die Trans-Algerie-Maritimes, mit drei Schiffen besitzt, die hauptsächlich im Import und Export nach Algerien und Spanien unterwegs sind. Khaled sei bei den Hafenbehörden als seriöser und kooperativer Geschäftsmann bekannt. Es habe auf seinen Schiffen immer mal wieder Vorfälle mit Drogenschmuggel gegeben, die aber allein Mitgliedern der Besatzung zugeordnet werden konnten. Er ist nach außen hin sauber.»

«Dann kann man annehmen», meinte Alan, «dass Jefferson und dieser Khaled wohl dicke Freunde sind.»

Rowland erzählte weiter. «Alan, du wolltest, dass ich Claude frage, ob es in letzter Zeit einen ähnlichen Fall in Frankreich gegeben hat. So etwas gab es tatsächlich. Und zwar im Februar. Es stand wochenlang in allen Zeitungen. Eine Josephine Dubois hatte einen englischen Lord kennengelernt und sehr schnell geheiratet. Einen Monat nach der Hochzeit ist ihr Mann in den Bergen oberhalb Monacos in eine Schlucht gestürzt und verstorben. Sie hatte sein ganzes Vermögen in England geerbt. Die Dubois hatte nur Pech, dass ein Jäger von der anderen Talseite mit dem Fernglas das Paar beobachtet und nachher ausgesagt hat, dass die Frau ihren Mann hinuntergestoßen hatte. Aufgrund ihres Reichtums konnte sie sich die teuersten Anwälte leisten und ist freigesprochen worden.»

«Im Februar war Jefferson in Frankreich!»

«Ja. Da denke ich auch, dass er das gelesen hat.»

«Was sagen Sie dazu, Hemmings?»

«Sir. Ich denke es bestätigt meine Vermutung.»

«Ja, das denke ich auch. Was wollen Sie tun?»

«Ich werde einen privaten Wachdienst engagieren, der zusätzlich die Bank bewacht und auch Ashtons Haus. Ich habe mich schon gestern darum gekümmert. Ich will, dass ab nächster Woche zwei mit Gewehren ausgestattete Shiks am Eingang in der Schalterhalle stehen und einer in Ashtons Haus, damit Nad an den Wochenenden entlastet wird. Er macht einen wirklich guten Job.»

«Passen Sie auf die Tochter auf. Lassen Sie sie nie aus den Augen.»

«Ich werde es versuchen. Nad sitzt unten bei ihr in der Schalterhalle. Ich werde anordnen, dass sein Schreibtisch direkt neben ihrem steht.»

Am Abend, als sich Lord Ashton bereits zurückgezogen hatte, saßen Olivia und Alan noch allein in der Bibliothek.

«Ich habe mit Dad gesprochen. Er hat uns angeboten, nach der Hochzeit den rechten Flügel zu beziehen. Wir könnten ihn nach Lust und Laune umgestalten. Es sind vier Gästezimmer mit zwei Bädern und zwei weitere Räume dort, die wir nie nutzen. Daneben wäre der große Mittelraum mit dem kleinen

Balkon, den man als Wohnzimmer einrichten könnte. Was hältst du davon? Natürlich nur, wenn wir hier in London sind.»

Alan lächelte sie an und streichelte ihre Wange. «Ich weiß, dass du das gerne möchtest, mein Schatz. Wenn dein Vater dich in der Nähe wissen will, verstehe ich das. Ich fände es sogar gut.» Sofort umarmte Olivia ihn und küsste ihn leidenschaftlich.

«Aber du musst es einrichten», meinte Alan energisch «ich habe davon nämlich keine Ahnung.»

«Wir fahren auch so oft wie möglich nach Brighton. Ich verspreche es.»

«Dann könnten wir deinen Vater auch mal mitnehmen. Dort hätten wir nämlich dann ein Gästezimmer.»

«Ich liebe dich. Weißt du, was er gesagt hat? Wenn wir hier wohnen, hätten wir Kost und Logis frei.»

«Dein Vater hat Humor. Herrlich.»

«Sicher. Das hat er scherzhaft gesagt. Aber du kannst sicher sein, er meint das wirklich.»

*

Fünfzig Einladungskarten für die Verlobungsfeier hatte Olivia am Freitag geschrieben und Samstag Spätnachmittag hielt Alan auf dem Weg in die City vor einem Postoffice, wo Olivia die Umschläge frankieren und annehmen ließ.

Danach hatte Alan Olivia zum Dinner in das Restaurant Kettner's ausgeführt.

«Hier war ich noch nie», meinte Olivia, als sie eintraten.

«Es zählt sicherlich zu den fünf besten Restaurants in London», antwortete Alan.

Alan empfahl die gegrillte Iberico Schweine-Schulter mit Jerusalem Artischocke und Crispy potato cake mit Truffle Mayonnaise, da es die Spezialität des Kettners war und er sie schon öfter genossen hatte. Zur Vorspeise bestellte er Dorset Krabben in Remoulade.

Als sie auf das Essen warteten, erzählte Alan: «Ich kenne das Kettners schon lange. Es ist vor fünf Jahren renoviert worden. Eigentlich wurde es schon vor einhundert Jahren gegründet. Von einem Auguste Kettner, der Chefkoch von Napoleon dem III war. Er hatte es gegründet, zunächst als Brasserie und Bordell.»

«Huch!»

«Dieses Haus war der bevorzugte Treffpunkt des Königs Edward VII mit seiner Mätresse Lillie Langtry.»

«Woher weißt du das?»

«Bücher! Alles aus Büchern. Ich habe ein Buch über King Edward VII. Er hatte Vorlieben für Glücksspiel, Pferderennen und französische Lebensart, sowie die Welt des Theaters, exklusiven Jagdgesellschaften und Nachtklubs. Insgesamt wurden dem König 55 außereheliche Beziehungen nachgesagt. Die Schauspielerin Lillie Langtry war in den 1870er Jahren seine Dauer-Mätresse.»

«Ein König. Unglaublich!»

«Auch nur ein Mensch. Mit seiner Frau, der Prinzessin Alexandra von Dänemark hatte er nebenbei sechs Kinder.»

«Oh!»

«Solche Geschichten magst du doch, oder?»

Olivia lächelte ihn an.

Beim Dessert fragte Alan: «Hättest du Lust, morgen Reiten zu gehen?»

«Ja, gerne. Ich habe seit letzten Sommer auf keinem Pferd mehr gesessen. Davor war ich bei meiner Freundin Alice. Sie haben zwei Pferde.»

«Ich habe auch ein Pferd. Es steht in einem Gestüt im Süden von London und es sieht so aus, als wenn es morgen ein schöner Tag wird.»

«Oh ja. Das machen wir. Da freue mich drauf.»

Nach dem ausgezeichneten Essen gingen sie ins Regent Cinema, dem modernen Kino in der Regent Street.

Olivia hatte es in der Zeitung gelesen und wollte unbedingt den neuen amerikanischen Spielfilm *Blonde Venus* von Josef von Sternberg mit Marlene Dietrich und Cary Grant sehen.

Als sie Arm in Arm aus dem Kino traten, sagte Olivia verträumt: «Ach, was für ein schöner Film. So dramatisch. Sie hat sich auf eine Affäre mit dem Millionär eingelassen, um ihren Mann zu retten. Dieser Cary Grant ist einfach unwiderstehlich. Er sieht genauso gut aus, wie du!»

«Wie ich?»

«Ja, du hast wirklich Ähnlichkeit mit ihm. Aber du siehst besser aus.»

Alan schmunzelte.

Baroness Leigh

Alan hatte Olivia am Sonntagmorgen zum Jokey Club nach Branton mitgenommen und hatte sie auf seiner Stute reiten lassen. Er war begeistert, wie gut sie reiten konnte und gab ihr anschließend ein paar Tipps, die Olivia dankbar annahm.

«Du bist eine fast perfekte Reiterin», sagte er lobend zu ihr. «Ich denke, wir sollten ein zweites Pferd kaufen, damit wir zusammen ausreiten können. Die Clubstute reite ich nicht gerne. Ich werde es mir überlegen.»

«Das wäre wirklich toll, Alan.»

«Dann könnten wir auch einmal an einem Wochenende einen richtigen Cross Country Ritt zum High Elms Country Park machen und dort in dem Hotel übernachten. Sie haben Reitställe – hübsche Zimmer und gutes Essen.»

«Ja, das machen wir. Vielleicht kaufe ich eine Stute. Ich wollte es schon immer. Das wäre toll.»

«Komm, wir versorgen Bella, dann gehen wir essen.»

Alan führte Olivia zum Anwesen und erklärte: «Links der Gebäudeteil ist der allgemeine Teil des Jokey Clubs mit Gesellschaftsräumen und dem großen Restaurant. Wir gehen aber zum hinteren Teil, auf die Terrasse, dort ist heute Brunch.»

«Wunderschön. Wollen wir uns draußen hinsetzen? Die Sonne scheint gerade so schön.»

«Ja, das können wir nutzen. Das Essen muss man sich innen holen. Die Getränke gibt es hier draußen. Was möchtest du?»

«Ein Wasser bitte. Ein großes. Ich gehe nach innen und hole schon mal zwei Teller. Mal sehen, was es gibt.»

«Du wirst schon das richtige für mich aussuchen.»

Innen betrachtete Olivia den weiträumigen Gesellschaftsraum mit seinen vielen Sitzgelegenheiten, ein riesiger Raum, mit Balkendecke und Durchgang zur Terrasse. Sie staunte über vier große, stehende Bronze-Figuren, die leicht bekleidete, junge Frauen darstellten, die jeweils eine Reitgerte auf ihrer Hand entgegenhielten. Dann entdeckte sie das Buffet, an dem schon einige Leute mit Tellern in der Hand, standen.

Darauf steuerte Olivia jetzt zu, um sich etwas auszusuchen. In der Reihe der Wartenden entdeckte sie Lady Osborne, eine ihrer besten Kundinnen.

«Lady Osborne. Schön Sie zu sehen!»

Die Lady drehte sich herum und ihr

Gesicht erhellte sich. «Miss Ashton, das ist eine Überraschung. Wie geht es Ihnen?»

«Danke. Sehr gut.»

«Mit wem sind Sie hier?»

«Mit meinem Verlobten, Alan Hemmings. Er ist Direktor in unserer Bank.»

«Alan Hemmings ist Direktor. Ja, ich kenne ihn, ich bin ihm hier schon einmal begegnet. Das wusste ich gar nicht. Oh, wie interessant. Ich wollte sowieso demnächst zu Ihnen kommen. Sie müssen wieder etwas für mich lukrativ anlegen.»

«Sie sind herzlich willkommen, Lady Osborn. Ich stehe Ihnen jederzeit zur Verfügung.»

«Ja, das werde ich. Ich sehe, sie sind ausgeritten?»

«Mein Verlobter hat hier eine Stute. Es ist eine traumhafte Anlage zum Reiten.»

«Ja, das ist es. Luxuriös. Das finde ich ganz toll, zu wissen, dass meine Bankberaterin Reitunterricht erhält.»

«Ich reite seit meiner Jungend, aber natürlich ist er eine Hilfe.»

«Ach, wie süß. Das schweißt uns richtig zusammen. Kommen Sie mit mir. Ich muss Sie unbedingt meiner Freundin, der Baroness Sophie Leigh vorstellen.»

Sie zog Olivia an der Hand vom Buffet

fort zu einer Dame, die in der Nähe in einem Sessel saß.

«Sophie! Ich muss dir unbedingt jemand vorstellen. Das ist Miss Olivia Ashton, die Tochter von Lord Ashton, dem Inhaber des Bankhauses A&M.»

«Oh, ich bin erfreut Sie kennenzulernen.»

«Miss Ashton leitet das *Family Office* der Bank und bearbeitet alle meine Anlagen zu meiner vollsten Zufriedenheit. Ich weiß, dass du einiges ändern möchtest. Ich kann dir Miss Ashton nur empfehlen.»

«Ja, das stimmt. Ich muss mein Depot bereinigen.»

«Miss Ashton ist mit Alan Hemmings hier. Er ist einer der Direktoren der Bank. Sie sind verlobt.»

«Ach, das ist interessant. Alan Hemmings. Wenn man so jung ist wie Sie, dann ist das Reiten wirklich wertvoll. Es hält jung.»

Olivia verstand nicht richtig, was die Lady meinte, aber der Gedanke, eine neue Kundin zu bekommen, nahm sie gefangen.

«MyLady, ich würde mich freuen, wenn ich Sie bei uns begrüßen dürfte. Lady Osborn war bisher sehr zufrieden mit meiner Arbeit.»

«Ja. Hundertprozentig», mischte sich Lady Osborn wieder ein. «Das ist doch ein glücklicher Zufall, dass wir uns hier treffen. Sophie, das solltest du nutzen. Du wirst hervorragend beraten werden.»

«Das werde ich tun. Miss Ashton, ich werde morgen oder übermorgen bei Ihnen vorbeikommen.»

Olivia hatte auf zwei Tellern für sich und Alan jeweils einen Grill-Fleischspieß, Gratinkartoffeln und Gemüse angehäuft und brachte sie auf die Terrasse hinaus und setzte sich an ihren Tisch. Alan, der mit einem Ehepaar sprach, sah es und kam.

«Danke. Das sieht gut aus. Ich habe ein Wasser für dich geholt.»

«Danke. Du trinkst Bier?»

«Reiten macht durstig. Guten Appetit!»

Nach ein paar Happen, sagte Olivia. «Diese Figuren, da in dem Innenraum, die sind aber frivol.»

Alan lächelte sie an: «Gefallen sie dir?»

«Wie soll ich sagen. Ungewöhnlich.»

«Es sind Bronze-Skulpturen, gestiftet von einem Mitglied.»

«Drinnen habe ich Lady Osborne getroffen. Sie ist eine gute Kundin von mir. Stell dir vor. Sie hat mich einer Freundin von ihr, Baronin Leigh, vorgestellt und mich ihr als Leiterin des *Family Office* empfohlen. Die Baronin will demnächst zu uns kommen und ich soll sie zu einer Anlage beraten. Toll, nicht wahr?»

«Dies ist ein exklusiver Club und man trifft immer wieder wichtige Leute. Freut mich für dich.»

Nach dem Essen brachte Alan die Teller weg und Olivia sah, wie er auf ein Paar traf, mit denen er sich länger unterhielt. Sie war begeistert von dieser Clubeinrichtung und genoss die Sonne auf ihrem Gesicht.

Auf einmal hörte sie die Stimme Elisabeths hinter sich. «Olivia! Was machst du denn hier?»

«Hallo, Elisabeth. Ich bin mit Alan gekommen. Wir waren Reiten. Hallo, Lord Gillford.»

«Ja, das nenn ich eine Überraschung. Die Bankdirektorin.»

«Ich bin keine Direktorin, ich bin nur Abteilungsleiterin.»

«Das wird aber Zeit, das Sie Direktorin werden. Sie haben ja alles wunderbar für mich arrangiert. Als Aktionär werde ich mich für Sie beim Vorstand einsetzen.»

Olivia lachte. «Danke, Sir. Ich mag das *Family Office,* weil man so nette Leute wie Sie trifft.»

«Oh, das haben Sie sehr schön gesagt. Da fühle ich mich aber geehrt.»

Alan kam mit einem Glas Wasser und

einem Bier zurück zum Tisch, stellte die Gläser ab und begrüßte Elisabeth und den Lord.

Sie unterhielten sich über das Reiten, die Pferde und über die traumhafte Anlage. Da Lord Gillford nichts zu den Ereignissen der letzten Woche sagte und vermutlich auch nicht wusste, schloss Olivia daraus, dass Elisabeth ihm nichts gesagt hatte. Sie sah aber auch, dass sich Elisabeth und der Lord mehrmals die Hände hielten und freute sich darüber, dass Elisabeth in ihm wohl einen netten Mann kennengelernt hatte.

Olivia stieß Alan an. «Meinst du, ich könnte es ihnen sagen? Elisabeth sollte es wissen.»

Alan zuckte zustimmend mit den Schultern.

Elisabeth, die aufmerksam geworden war, schaute zu Olivia.

«Tante Elli», begann Olivia feierlich. «Du weißt es noch nicht. Alan hat bei Dad um meine Hand angehalten und mich gefragt, ob ich seine Frau werden will. Nächstes Wochenende laden wir zu einem offiziellen Verlobungsfest bei uns ein.»

Elisabeth sprang auf und umarmte Olivia. «Das ist eine Neuigkeit. Das ist ja wunderschön. Ich freue mich für dich. Ich gratuliere euch.»

Als Elisabeth Alan gratulierte, nahm Olivia die ausgestreckte Hand von Lord Gillford zum Glückwunsch entgegen.

«MyLord. Natürlich sind Sie auch zur Verlobungsfeier eingeladen. Die Einladungen habe ich gestern verschickt.»

Freudig rief der Lord: «Elisabeth. Dann gehöre ich jetzt zur Familie.»

Der Lord war zur Getränketheke gegangen und kam mit einer Flasche Champagner und vier Sektgläsern zurück. «Das muss schon mal vorgefeiert werden», und ließ den Korken in die Luft knallen.

Nachdem auf das Wohl des Paares angestoßen worden war, unterhielt sich Olivia intensiv mit ihrer Tante und erzählte ihr vom Ball in Brighton und dem schönsten Antrag, den man sich vorstellen kann.

Gillford rückte näher zu Alan. «Weißt du. Eigentlich trage ich mich schon lange mit dem Gedanken, ein größeres Aktienpaket einer Bank anzuschaffen. Ich glaube, eine Bank würde mir mehr gefallen, als eine Eisenbahngesellschaft oder Maschinenfabrik. Können wir darüber reden?»

«Hier?»

«Warum nicht? Die Frauen haben genug zu erzählen. So ein Fest muss geplant werden.»

«Wollen wir eine Runde zu den Koppeln gehen?»

«Ja!»

«Olivia, Elisabeth! Ich entführe Lord Gillford. Wir haben etwas Geschäftliches zu besprechen.»

«Alastair», eröffnete Alan die Unterhaltung. «Ich will offen zu dir sein. Wir haben im Moment Probleme an der Börse.»

«Oh.»

«Es hat sich nicht großartig auf den Kurs ausgewirkt, ganz im Gegenteil. Wir vermuten, dass eine ausländische Gruppe sich bei uns einschleichen will, um einen größeren Anteil an der Bank zu übernehmen. Eine fremde bisher unbekannte Gruppe, die sicher nicht den bisherigen seriösen Weg der Bank weiterführen will.»

«Woher willst du das wissen?»

Alan blieb stehen und sah dem Lord direkt in die Augen. «Alastair, ich habe Vertrauen zu dir und sage es. Ich habe enge Verbindungen zum Geheimdienst ihrer Majestät und daher kommen beunruhigende Informationen über eine ausländische Gruppe.»

«Du bist clever. Du gefällst mir.»

«Gib das bitte nicht weiter. Ich hab eigentlich schon zu viel gesagt.»

«Ehrt dich! Aber was kann man dagegen tun? Wie viel Aktien sind denn im freien Umlauf?»

«Etwa 35 Prozent. 10 Prozent liegen bei Rothschild, 51 Prozent bei uns selbst, beziehungsweise bei Lord Ashton, der Rest ist Streubesitz.

Zurzeit versuchen wir sofort alle Aktien aufzukaufen, die angeboten werden, um die anderen daran zu hindern, was den Kurs diese Woche hat steigen lassen. Das hört sich vielleicht gut an, aber uns ist nicht ganz wohl dabei.»

«Es belastet eure Liquidität!»

«Sehr richtig, Alastair. Du bist Unternehmer, du erkennst das Problem.»

«You need a White Knight!»

Alan lachte. «Ja! Einen weißen Ritter. So nennt man es. Rothschild hat uns gewisse Hilfe zugesichert, aber er ist mit sich selbst beschäftigt.»

«Alan, du gefällst mir. Schnell auf den Kern gebracht und die Lösung erkannt. Also, unter einer Bedingung.»

«Bedingung? Für was?»

«Erst die Bedingung!»

«Das ist ungewöhnlich.»

«Du bist doch offen für ungewöhnliche Lösungen, oder?»

«Ja, das denke ich.»

«Also, ich werde Mitglied des Aufsichtsrats. Wer entscheidet das?»

«Letztendlich der Mehrheitsaktionär.»

«Und das ist Ashton. Kannst du das erreichen?»

«Ich denke schon. Wenn es uns hilft?»

«Ich werde einsteigen. Wenn es sein muss, bis zu den vollen 35 Prozent. Dann kann euch niemand hineinreden. Abgemacht.»

«Abgemacht, Alastair.»

«Gut, Handschlag, wie bei Pferdehändlern üblich.»

Alan lachte, als ihre Hände zusammen klatschten.

«Darauf sollten wir einen trinken. Das muss begossen werden.»

Auf dem Rückweg blieb Alan stehen. «Ich hätte noch eine Idee. Wir könnten dir über eine Kapitalerhöhung durch Ausgabe neuer Aktien sofort einen Anteil von 10 Prozent geben. Das würde zwar den Kurs kurzzeitig drücken, aber der wird sich sehr schnell erholen, wenn bekannt wird, dass diese Kapitalerhöhung bei Ausrufung schon komplett platziert und erfolgreich beendet ist.»

«Da würde ein Raunen durch die Börse gehen. Ich hab's eben schon gesagt. Du bist ein ganz Schlauer. Alle Achtung. Mach das.»

Als sie in Richtung Terrasse gingen,

rutschte es Alastair heraus: «Ich denke, du hast dir die attraktivste junge Frau in London geangelt.»

«Ich denke, du auch!», und Alastair musste herzhaft lachen.

Olivia hatte Elisabeth von ihrem unvergesslichen Ball in Brighton erzählt und das eindrucksvolle Erlebnis, als Alan vor ihr auf der Tanzfläche gekniet und ihr den Antrag gemacht hatte. Das beschämende Ende aber hatte sie sinnvollerweise verheimlicht.

«Wann hat er denn deinen Vater gefragt?»

«Mittwochabend. Nach dem Dinner. Es war ein wunderschöner Abend.»

«Ich freue mich für dich. Alan ist der Richtige, den du dir ausgesucht hast. Einen besseren gibt es nicht.»

«Nächste Woche feiern wir. Nicht wahr? Ihr kommt?»

«Natürlich. Olivia. Wie kannst du anderes denken? Wir waren immer gute Freundinnen.»

«Du, Tante Elli. Darf ich dich was fragen? Mit Lord Gillford und dir, ist da ...?

«Ja», lachte Elisabeth. «Wir verstehen uns blendend. Ich gestehe dir etwas. Ich glaube, es könnte mehr werden, als nur Freundschaft. Er ist ein toller Mann.»

«Dass du mit ihm hier bist, finde ich schön.»

«Du weißt, ich reite gerne und Gillford ist hier Mitglied und sein Rappe steht hier im Stall.»

«Sag mal. Hast du auch schon diese Figuren da drinnen gesehen?»

«Du meinst die Bronze-Skulpturen nackter Frauen?»

«War schon überraschend, als ich das gesehen habe.»

«Hat dir Alan nicht erklärt, was das für ein Club ist?»

«Doch. Das ist der Jokey Club und er hat hier seine Stute Bella. Liebes Pferd.»

«Der Jokey Club ist alles hier. Aber dieser abgetrennte Bereich ist etwas Besonderes. Es ist ein ganz exklusiver Gentlemen's Club. Nur für Männer. Einzig zum sonntäglichen Brunch haben auch Frauen Zutritt. Und auch nur Frauen, die Reitunterricht erhalten.»

«Reitunterricht? Das hat Lady Osborn auch zu mir gesagt. Du kennst sie, ich habe sie drinnen getroffen.»

«Was hat sie gesagt?»

«Das fände sie ganz toll, zu wissen, dass ich Reitunterricht erhalte, das würde uns zusammenschweißen. Dabei kann ich Reiten.»

«Siehst du über den Eingang zum Clubraum das Wappen des Clubs? Dieser separate Gentlemens Club nennt sich der Crop Club. Mit Reitunterricht meinen sie den Unterricht mit der Crop.»

«Versteh ich nicht.»

«Na. Du bist doch sonst helle. Übers Knie legen!»

«Was!? Mit der Reitgerte?»

«Sie nennen es Reitunterricht. Und die Skulpturen, die du drinnen gesehen hast, zeigen junge Frauen, die ihrem Lehrer die Crop anbieten und um Unterricht bitten.»

«Nein!» Olivia musste tief Luft holen.

«Du hast doch genug Bücher von mir gelesen und weißt, dass gestandene Männer es lieben, ihre Frauen mit der Reitgerte zu lehren.»

Ungläubig schüttelte Olivia den Kopf.

«Alan hat mir nichts gesagt. Jetzt verstehe ich auch, was die Baronin Leigh von mir wissen wollte. Unglaublich.»

«Behalte es für dich. Sag Alan nicht, dass du es weißt. Warte, bis er es dir von selbst sagt. Ich weiß, das ist schwer für dich, bei deinem Naturell. Nimm ihm nicht seinen Stolz. Lass dir nichts anmerken.»

«Danke Elli. Deine Ratschläge sind immer richtig. Ich werde nichts sagen. Aber das muss ich erst einmal verdauen. Meinst du wirklich, alle Frauen hier werden übers Knie gelegt?»

«Davon kannst du ausgehen. Soviel ich weiß, ist dieser exklusive Club fast einhundert Jahre alt und in der viktorianischen Zeit war die Reitgerte weit verbreitet. Das weißt du doch. Das ist auch heute bei richtigen Männer beliebt.»

«Elli! Und du? Du?»

«Olivia. Es ist ein Spiel. Und wenn man einen Mann hat, der dieses Spiel beherrscht, dann ist es wunderschön.»

«Ja.»

Elisabeth schaute Olivia offen an. «Hast du etwa schon Unterricht bekommen?»

Olivia strahlte sie stolz an. «Ein bisschen. Ich hatte mich furchtbar daneben benommen.»

Beide fielen sich in die Arme und lachten.

«Elli. Hättest du geahnt, dass Alan solch ein Mann ist?»

«Ich war mir sicher. Sein dominantes Auftreten zeigt, dass er ein ganzer Mann ist.»

«Er ist Commander der Navy. Ich habe ihn in seiner Uniform gesehen.»

«So was habe ich mir gedacht.»

«Mein Commander!»

«Ich gebe dir noch einen Rat. Wenn ihr ganz alleine für euch seid, sehr nah, dann lass dich kommandieren. Es ist das Schönste für ein Liebesspiel und es wird ihn verrückt nach dir machen. Er hat so viel Stil. Er wird dich nie vor anderen Leuten kommandieren, da kannst du sicher sein.»

«Ja, das ist mir nach dem Ball bewusst geworden, dabei habe ich mich da so unmöglich benommen.»

«Was hast du angestellt?»

«Ich war am Schluss ganz schrecklich betrunken. Alan hat mich ganz still herausgeführt, ohne dass meine Freundinnen was bemerkt haben und dann bin ich irgendwie weggetreten und er hat mich ins Taxi und ins Haus tragen müssen. Es war so peinlich, als er mir das am nächsten Tag erzählte. Er hat sich so rührend um mich gekümmert, weil es mir immer noch schlecht ging. Er war so lieb.»

Lachend sagte Elisabeth: «Siehst du. Er kümmert sich rücksichtsvoll um dich. Er wird dich immer lieben und umsorgen.»

Auf ein Mal sah Olivia ihre Freundin Vivienne und ihren Mann auf die Terrasse treten. Sie sprang auf und begrüßte sie freudig.

«Darf ich euch vorstellen? Das ist meine Tante Elisabeth. Elisabeth, das sind Vivienne und Anthony Russel, der Earl of Bedford. Sie waren auch auf dem Ball und wir haben sehr lustig gefeiert. Nehmt euch zwei Stühle und setzt euch zu uns. Alan wird gleich kommen. Schön, euch hier zu sehen.»

Olivia erzählte ihnen aufgeregt, dass Alan bei ihrem Vater offiziell um ihre Hand angehalten hat und dass sie nächstes Wochenende ein Verlobungsfest feiern wollen.

Lustig wurde die Runde, als Alan mit Lord Gillford zurückkehrte und sich alle über das bevorstehende Fest unterhielten.

Olivia beobachtete dabei immer wieder Vivienne. Sie war seit Jahren eine feste Freundin geworden, aber Olivia musste sich eingestehen, dass sie über das genaue Verhältnis von ihr zu ihrem Mann nie etwas erfahren hatte. Sie war eine der wenigen Freundinnen von ihr, die bei den Treffen immer sehr überlegen und wissend auftrat, wenn sich über Männer unterhalten wurde. Der Gedanke, zu wissen, dass Vivienne von ihrem Mann übers Knie gelegt wird, erregte sie plötzlich. Es machte sie sogar stolz, dass Vivienne jetzt wusste, dass sie von Alan '*unterrichtet*' wurde. Bei diesem Gedanken musste sie grinsen und stellte sich Vivienne vor, wie sie nackt über Anthony's Knie lag.

Als Anthony eine Runde French 75 spendieren wollte, winkte Olivia ab. «Nein, nein. Mir war am Tag nach dem Ball so furchtbar schlecht. Ich bleibe bei Wasser und einem kleinen Schluck Champagner.»

Später stand sie mit Vivienne an der Theke, um neues Wasser zu holen. «Das ist wirklich überraschend, dich hier zu treffen, Vivienne. Ich freue mich richtig.»

«Olivia! Sag den anderen aber nichts. Über diesen Club sollten wir nicht reden.»

«Klar, das werde ich. Ich habe euch beiden und Emily, Alice und all den anderen, Einladungen zu der Verlobungsfeier kommenden Samstag zugeschickt. Ihr kommt doch, oder?»

«Natürlich. Gerne, Danke. Das feiern wir. Das wird bestimmt lustig.»

«Aber nicht mehr so viel French 75. Ich war vollkommen fertig.»

«Debbi wird wohl nicht kommen.»

«Och, Deborah?», entfuhr es Olivia enttäuscht. «Sie war doch beim letzten Tee dabei gewesen. Warum?»

«Behalte es bitte für dich und sag den anderen vom Teekreis nichts. Anthony hat eben ihren Mann, Lord Mansfort getroffen. Allein!»

«Wie? Allein!»

«Naja. Sie sind sonst auch fast jeden Sonntag zum Brunch hier ...»

«Deborah? Hier?», schreckte Olivia erstaunt auf.

«Ja. Du kannst es nicht wissen.»

«Nein. Ich bin ja heute zum ersten Mal hier. Beim Tee hat sie nie etwas angedeutet.»

«Ich kenne sie ja schon länger von hier und wir sind sehr eng befreundet. Gestern Morgen hat sie mich angerufen und gesagt, sie überlege, ob sie sich nicht scheiden lassen soll.»

«Och. Wirklich? Warum?»

«Irgendetwas muss Freitagnacht hinter verschlossenen Türen vorgefallen sein. Sie sei heftig übers Knie gelegt worden. Ich habe ihr gesagt, sie solle es sich nochmal überlegen, das sei kein Scheidungsgrund. Es gibt ein Urteil des London High Court von 1916, dass eine angemessene körperliche Disziplinierung der Ehefrau zur Erfüllung ihrer ehelichen Aufgaben, kein Scheidungsgrund ist. Das weiß ich von Anthony.»

«Das Urteil gibt es wirklich?»

«Ja. Aber selbst wenn, sie würde alle ihre Titel verlieren und hätte keinen Anspruch auf irgendwelche Zahlungen. Ich bin sicher, sie wird es sich überlegen. Und du? Willst du es dir nicht auch noch überlegen, ob du dein Ja-Wort gibst?»

Olivia lachte. «Alan ist der liebste Mann auf Erden. Du bist doch auch ganz vernarrt in deinem Anthony. Das hast du mir immer gesagt.»

«Ja», kicherte Vivienne. «Er ist auch der Liebste. Ich kann mir niemand besseres denken.»

«Vivienne, ich finde es toll, dass wir uns hier getroffen haben. Wir werden ganz enge Freundinnen, Ja?»

«Ja. Bestimmt. Lass uns zurückgehen.»

Olivia hatte sich auf der Rückfahrt mit Alan gerade überlegt, wie sie ihn über den Club vorsichtig ausfragen könnte, als Alan zu ihr blickte. «Hat es dir im Club gefallen?»

«Ein toller Club, interessante Leute. Ich liebe Reiten. Werden wir wieder hingehen?»

«Ja, gerne. Wenn du das möchtest. An anderen Tagen können wir vorne zum Jokeyclub gehen. Dort ist ein ganz elegantes Restaurant.»

«Ist die Terrasse nur Sonntags auf?»

«Dieser Teil, wo wir heute waren ist ein abgetrennter Gentleman Club. Ein reiner Herren Club.»

«Ah. Da können sich die Herren zurückziehen und über Politik reden.»

«Ja. Das auch», lachte Alan. «Nur Sonntags dürfen Damen mitgebracht werden.»

«Bist du dort schon lange Mitglied?»

«Ich hatte früher, bevor ich ins Ausland musste, schon mal ein Pferd besessen und es hier untergebracht. Das Reiten steht eben hier im gesamten Areal im Vordergrund.»

«Reiten die Damen alle, die eben dort waren?»

«Ja. Die es nicht so gut können, erhalten Reitunterricht.»

«Wirst du mir auch Reitunterricht geben? Du bist ein sehr erfahrener Reiter, nicht wahr?»

«Das war doch heute schon ganz gut, wie du geritten bist. Wir werden demnächst Mal über Stock und Stein los reiten.»

Olivia lehnte sich an seine Schulter. «Oh ja. Du hilfst mir. Ja?»

Elisabeths Buch *Frank und Ich* kam Olivia mit einem Mal wieder in den Sinn.

'Tante Elli soll es mir nochmal ausleihen. In dem Buch hatte die Francis sich förmlich danach gesehnt, von ihrem Geliebten übers Knie gelegt zu werden. Ich habe es immer wieder gelesen. Wenn der 'Reitunterricht' so ist, wie ich es Sonntagabend mit Alan erlebt habe, dann gebe ich mich ihm gerne hin. Ich liebe ihn.'

Schon am folgenden Montag sprach Baroness Leigh gegen Mittag bei Olivia in ihrem Büro vor. Sie begrüßten sich herzlich und Olivia führte sie in ihrem Büro zu einer Sitzecke mit einem Sofa und Sesseln vor einem kleinen Teetisch.

«Lady Leigh. Darf ich Ihnen Ihren Mantel abnehmen?»

«Ja. Danke. Sehr gerne. Mein Fahrer hat so lange gebraucht. Aber, nennen Sie mich Sophie. Das macht es doch einfacher, liebe Olivia.»

«Nehmen Sie Platz, Mylady, Sophie. Möchtest du einen Tee?»

Die Baroness setzte sich in einen der Sessel und schaute sich in Olivias Office um. «Ach. Das ist ja richtig gemütlich. So wünsche ich es mir, wenn es ums Geld geht. Furchtbar, wie oft ich bei diesen arroganten Herrn in den Banken vor ihren Schreibtischen auf harten Stühlen habe sitzen müssen. Ich bin ja so froh, dass ich Sie getroffen habe, Olivia. Ich empfinde es als einen Glücksfall – und auch noch im *Crop Club*. Sie sind mir sehr sympathisch.»

«Danke, ganz meinerseits, verehrte Baroness!»

«Ach, vergessen Sie es! Mein verstorbener Gatte war Baron. Ich habe den Titel nur geerbt.» Dabei schaute sie Olivia entwaffnend an und lachte.

«Ja, Sophie», entspannte sich Olivia. «Du bist mir auch sehr sympathisch. Nicht nur wegen der Geldangelegenheit, sondern weil du mir gestern so offenherzig entgegengetreten bist.»

«Das kann ich verstehen. Das bleibt auch unter uns, wo wir uns kennengelernt haben.»

«Das versichere ich dir!»

Olivias Sekretärin kam in den Raum und servierte Tee und Gebäck.

«Wunderbar. Das brauche ich jetzt. Mein Fahrer hat mehr als eine Stunde gebraucht, bis wir in der City waren.»

«Ich bin dir sehr dankbar, dass du den Weg zu mir gefunden hast.»

«Ach, Schätzchen. Du wirst noch viel dankbarer sein. Schau mal, was ich habe!» Sie bückte sich und zog aus ihrer weiten Handtasche einen dicken Umschlag hervor und gab ihn Olivia. «Das sind diverse Papiere, die ich bei verschiedenen Banken habe. Ich möchte, dass sie in einer Hand sind. Eine Hand, der ich voll vertrauen kann. Und das ist bei dir, Olivia.»

«Sophie, du kannst dich auf mich verlassen, genauso, wie du dich auf die Seriosität des Bankhauses Ashton & Mortimer verlassen kannst.»

«Ich weiß. Dein Vater ist bekannt als sehr erfolgreicher und seriöser Bankdirektor und Inhaber.»

«Wir sind zwar eine der kleinen Privat-Banken, aber wir haben Kunden, die ihr Vermögen seit Jahrzehnten unserem Bankhaus anvertrauen.»

«So klein seid ihr gar nicht! Ich habe erfahren, dass ihr auch sehr stark im Goldgeschäft tätig seid und zu den zwölf Banken des Akzeptanz-Komitees gehören. Aber was sagst du zu den Papieren?»

«Es sind Depotscheine über Aktien, Pfandbriefe und Schuldverschreibungen.»

Olivia holte ihr dickes Notizbuch vom Schreibtisch. «Ich habe die neuesten Kurse. Ich kann es mal eben überschlagen.» Sie setzte sich hin und machte sich Notizen, während die Baroness ihren Tee trank.

«Mein Gott», sagte Olivia schließlich. «Das sind Summa Summarum an die 150.000 Pfund. Das willst du mir anvertrauen?»

«Natürlich. Du siehst da unten auch Transfer Formulare, die ich mir von den Banken schon vor ein paar Monaten habe geben lassen. Sie sind unterschrieben. Mach damit, was du für richtig hältst und was mir Renditen einbringt.»

«Oh. Ich danke dir für dein Vertrauen!» Olivia konnte es kaum erfassen.

«Schätzchen, wir beide sind doch jetzt echte Freundinnen. Dass wir uns gestern an diesem Ort kennengelernt haben, festigt doch unsere Beziehung. Ich gehe gerne zu diesem Brunch. Man lernt so unglaublich interessante Leute der Gesellschaft kennen.»

«Ja. Ich war sehr überrascht!»

«Nun ja. Du bist eine junge Frau und dein Reitlehrer ist ein toller Bursche. Beneidenswert. Ein richtiger Mann. Und so mutig. Ich habe im Harpers Magazine gelesen, dass er dich und deinem Vater vor einem Einbrecher gerettet hat.»

«Ja, das stimmt. Es war sehr selbstlos.»

«Genau das ist es. Alle Herren in diesem Club sind sich bewusst, wie wertvoll für sie die Frau an ihrer Seite ist und sie behüten und umsorgen sie.»

Olivia wollte wieder zum eigentlichen Thema zurückkehren. «Hat dein Gatte dem Transfer zugestimmt?»

Die Baroness lachte lauthals. «Da hat er nichts zu bestimmen. Im Boudoire, da darf er bestimmen. Ich bin nicht verheiratet. Er ist mein Liebhaber. Schätzchen, ich bin keine Suffragette. Keine Christabel Pankhurst. Und ich suche mir meinen Hengst selbst aus!»

Olivia sah sie erstaunt an.

«Nicht erschrecken, Schätzchen. Ich bin so offen und frei. Darf ich hier rauchen?»

«Ja, bitte schön. Ich hole einen Aschenbecher.»

Olivia war fasziniert , dass diese Frau sich eine Zigarette anzündete. Sie wusste, wie sehr darüber in den Zeitschriften diskutiert wurde, dass Frauen jetzt neuerdings in der Öffentlichkeit rauchten. Sie fand es sehr mutig, hatte es auch mal mit ihrer Freundin probiert, aber es schmeckte ihr nicht.

«Du warst das erste Mal mit in dem Club, nicht wahr?»

«Ja. Ich wusste nichts von diesem Club.»

«Es ist auch sehr verborgen. Sicherlich einer der exklusivsten Clubs. Und du hast sofort ein paar gute Bekannte vorgefunden.»

Olivia lächelte. «Ja. Lady Osborn, deine Freundin! Sie ist schon lange eine treue Kundin bei mir.»

«Schätzchen. Du hast dir den attraktivsten Junggesellen geangelt. Alan Hemmings. Wer hätte das gedacht.»

«Du kennst ihn?»

«Seit Jahren. Mein Gott, was für ein Hüne. Er war ein paar Mal im Ausland. In letzter Zeit habe ich ihn öfter im Club gesehen. Seine Statur, so durchtrainiert, sein Aussehen strahlt allein schon seine Dominanz aus. Er hat es auch gar nicht nötig, das besonders hervorzuheben, wie andere glauben es tun zu müssen. Er wirkt so überlegen, dabei ist er so rücksichtsvoll und konziliant im Gespräch. Ich habe mich aus Neugier schon mehrmals mit ihm unterhalten. Er hört zu! Das tun nicht alle Männer. Traumhafter Mann.»

«Ja. Er liebt mich über alles.»

«Das ist gut, dass du das erkennst. Vielleicht ist es manchmal anstrengend, besondere Wünsche zu erfüllen. Aber so ist es in der Liebe. Nichts macht unsere Männer glücklicher, wenn sie zeigen können, dass sie die Herren sind. Auch wenn sie es nur glauben müssen», zwinkerte die Baroness Olivia zu.

Olivias Gesicht rötete sich und sie zwang sich, zu lächeln.

Die Baroness tätschelte Olivias Hand. «Du wirst noch erkennen, wie schön es ist und wie glücklich es dich machen wird, von einem handfesten Mann ins wahre Leben geführt zu werden. Kommt ihr nächsten Monat zum Rennen nach Ascot?»

«Oh. Ich weiß es nicht. Alan hat mir noch nichts gesagt.»

«Sag ihm, das du gerne mit ihm dahin möchtest. Das wird er liebend gerne hören. Der Club hat nämlich einen eigenen Tribünenplatz. Heiß begehrt von hunderten Frauen und die Männer zeigen sich sehr gerne mit ihren Schönheiten und kaufen ihnen vorher die schickesten Kleider und Hüte.»

«Das würde mir gefallen.»

«Wenn ihr hingeht, dann sag mir Bescheid und wir beide werden vorher zu Jacqueline de la Roche in ihren Laden in der Regent Street gehen. Sie hat die neueste Mode aus Frankreich und auch das gewisse mit Esprit für darunter. Du wirst deinem Reitlehrer damit den Kopf verdrehen. Ich sage es dir.»

Olivia schüttelte lachend den Kopf. Diese Frau amüsierte sie zunehmend. «Das werde ich liebend gerne tun. Ich wäre dir sehr dankbar, wenn du mich dorthin mitnimmst.»

«Siehst du, wir verstehen uns. Es gibt nichts Größeres für Männer, wenn sie erkennen, dass ihre Frau ihnen Träume verwirklichen kann. Und lass es dir gesagt sein, Männer haben alle gewisse heimliche Träume.»

«Ich weiß gar nicht, was ich sagen soll», stotterte Olivia.

«Du bist eine starke Frau, du würdest mit einem Hanswurst nicht glücklich werden. Das sehe ich dir an. Du weißt doch, was du willst und hast auch deine Träume. Oder?»

«Ja, die habe ich.»

«Wann soll denn die Hochzeit sein?»

«Nächsten Monat.»

«Sehr gut. Ich verspreche dir, ich werde dich zur La Roche mitnehmen. Du kannst dich auf mich verlassen und wenn du irgendwann einmal jemanden brauchst, mit dem du dich aussprechen möchtest, dann komm zu mir.»

«Danke, Sophie. Das ist sehr nett von dir.»

«Ich finde dich sehr symphatisch. Eine so junge Frau, voller Leben, in leitender Position in einem renommierten Bankhaus. Du wirst deinen Weg gehen und auch deinen Mann sehr glücklich machen. Ich habe aber noch etwas für dich.»

Sie überreichte Olivia ein Papier. «Das möchte ich dir auch anvertrauen. Ich möchte sie verkaufen. Sie lagern in Paris, bei der Societe Generale.»

Olivia konnte es kaum fassen. Es war eine Depotbescheinigung mit angehefteten Übergabeauftrag über 20.000 Stück Aktien der Suez Kanal Gesellschaft.

Olivia nahm wieder ihr Notizbuch. «Der Kurs ist in diesem Jahr wieder gestiegen, er war auf 22, dann runter auf 18 und jetzt bei 21 Pfund. Das sind ja fast eine halbe Millionen Pfund!»

«Ja. Hol die Aktien hierher und verkauf sie, so wie es möglich ist. Ich will sie nicht. Der Suez Kanal ist mir zu weit weg und Paris auch. Den Franzosen traue ich nicht. Und dauernd geht der Kurs rauf und runter. Mein Mann hatte sie vorm Krieg gekauft. Sieh, was du erreichen kannst und lege das Geld für mich bei euch in Gold und Goldanleihen an. Das ist mir sicherer und lässt mich ruhiger schlafen.»

«Ich müsste meinen, äh, Verlobten fragen. Er hat Erfahrung mit dem Suez Kanal. Er war mehrere Jahre Direktor einer Bank in Ägypten.»

«Schätzchen, *dir* gebe ich den Auftrag, *dir* vertraue ich. Das soll nicht heißen, dass ich etwas gegen deinen zukünftigen Mann habe. Ganz im Gegenteil. Er würde mir schon gefallen. Aber ich möchte ausschließlich mit dir zu tun haben. Ist dir das recht?»

«Ja, natürlich. Baroness, ich meine Sophie. Entschuldigung, ich bin ganz aufgeregt. Ja, ich bin zuständig. Ich bin Leiterin des *Family Office* und betreue private Anleger. Selbstverständlich werde nur ich dich persönlich betreuen.»

«Na, dann sind wir uns einig. Ich muss zurück. Heute Nachmittag erwarte ich eine Reihe von Freundinnen zum Tee. Alles Freundinnen vom Crob Club. Himmlisch. Wenn du Lust hast, lade ich dich gerne dazu ein.»

«Danke. Sehr lieb, Sophie. Aber ein anderes Mal. Heute kann ich nicht. Ich müsste das auch mit Alan besprechen.»

«Ja. Frag ihn nur. Das ist die richtige Einstellung. Er wird *ja* sagen. Und wenn nicht, bekommt er Ärger mit mir. Denk an meine Worte. So einen Reitlehrer bekommt man nicht alle Tage und sei dir bewusst, da sind bestimmt hundert Frauen, die sich gerne von ihm unterrichten lassen würden. Und so, wie du deinen Reitlehrer gestern angehimmelt hast, lässt du dir gerne Unterricht geben, nicht wahr?»

«Ja. Es ist aufregend!»

Lachend verabschiedeten sie sich und Olivia begleitete die Baroness bis hinunter zum Portal.

Olivia dachte an das, was sie einmal gelesen hatte. Ein berühmter Banker sagte, am besten gewinne man einen Kunden dadurch, dass man sein Freund wird. Menschen vertrauen ihre Geschäfte Menschen an, die sie mögen.

In Gedanken an das eben erlebte, lief Olivia grinsend die Treppenstufen hinauf. ‚*Von einem Reitlehrer unterrichtet werden*'. Olivia war klar, was damit gemeint war.

Freudestrahlend trat sie in Alans Büro, der sich sofort erhob und sie in die Arme nahm. «Ich sehe an deinem Gesicht, dass deine neue Bekanntschaft von gestern angenehm war.»

«Nicht nur für mich, sondern auch für die Bank», rief Olivia und wedelte mit dem Briefumschlag. Als Alan danach schnappen wollte, zog sie die Hand zurück. «Langsam, mein Liebling. Das ist meine Verantwortung. Sie hat darauf bestanden.»

Alan lachte, zog Olivia zu sich näher und gab ihr einen Klaps auf den Po. «Ich bin dein Vorgesetzter!»

«Baroness Leigh wünscht ausdrücklich eine persönliche Betreuung durch mich. Setzt dich hin, du wirst es nicht glauben.»

Alan nahm auf seinen Stuhl hinterm Schreibtisch Platz, aber Olivia folgte ihm, setzte sich auf seinen Schoß und gab ihm einen Kuss.

Als Alan die Unterlagen durchgesehen hatte, schüttelte er nur den Kopf. «Ich kann es nicht glauben! 150.000 Pfund! Wahnsinn!»

«Da kommt noch mehr!»

«Unglaublich», rief Alan aus, als er es sah. «20.000 Aktien der Suez Company. Mein Gott. Olivia!»

«Alan. Eine unglaubliche Frau, diese Baroness. So selbstsicher und selbstständig. Ihr kennt euch, nicht wahr? Sie fand es ganz toll, dass sie mich gestern in dem Club kennengelernt hat. Deshalb hätte sie auch ein solches Vertrauen zu mir. Das würde uns zusammenschweißen!»

«Ja, das tut es. Das ist doch wunderbar. Lady Osborn wird auch noch zu dir kommen. Die meisten Frauen, die mit zum Brunch in den Club mitkommen, sind sehr selbstsicher und lassen es alle mit erhobenen Hauptes wissen, dass sie unterrichtet werden.»

«Ja, das habe ich bemerkt.»

«Hat sie etwas zu gestern gesagt?»

«Sie meinte, man hätte mir angesehen, dass ich gerne von diesem tollen Mann Reitunterricht bekomme. Damit meinte sie dich!»

Alan lachte. «Ja. Die Baroness ist manchmal sehr vorlaut!»

«Hilfst du mir mit den Suez Aktien?»

«Hmm! Schwierig!»

«Was muss ich tun, damit du mir hilfst?»

«Sehr lieb sein!»

Olivia schlang ihre Arme um Alans Hals und küsste ihn. «Ich liebe dich!»

«Also. Pass auf. Das wird ganz einfach. Du sendest per Kurier die Unterlagen der Baronin nach Paris, an Amandus de la Roy, von der Société Générale, mit dem Auftrag, die Suez Aktien bestmöglich an der Börse dort zu verkaufen. Die lassen sich in Frankreich besser verkaufen, als in London. Dann kann er uns über sein Goldkonto bei Rothschild eine Gutschrift ausstellen. Dabei fährt er auch eine kleine Provision ein und wir bekommen das Geld von Rothschild und deine Baronin kann entscheiden, was damit geschehen soll.»

«Du bist ein Schatz!»

Abends, nach dem Dinner, als alle drei im Wohnzimmer saßen, sprach Alan John an. «Deine Tochter hat heute für die Bank ein sensationelles Geschäft gemacht. Sie hat eine neue Kundin überzeugen können, für sie 20.000 Aktien der Suez-Kanal Gesellschaft zu verkaufen und anzulegen.»

«Olivia! Was höre ich da? Gratuliere. Das ist ja wunderbar.»

«Dad, das war die Baroness Sophie Leigh. Ich hatte mich gestern mit ihr zauberhaft unterhalten und sie ist heute sofort gekommen. Aber das ist noch nicht alles. Sie hat mir Aktien, Pfandbriefe und Schuldverschreibungen mit den nötigen Transferbescheinigungen übergeben, damit wir sie liquidieren und die Erträge in Gold Anleihen anlegen.

«Das sind erfreuliche Nachrichten, Olivia. Ich bin stolz auf dich. Ich denke, du solltest Vice-Direktorin werden.»

Olivia stand auf, ging zu ihm hinüber und gab ihm einen Kuss auf die Stirn. «Das hat noch Zeit. Die Arbeit macht mir Spaß.»

«Na ja. Darüber werden wir noch einmal in Ruhe sprechen. Alan, du bekommst eine tatkräftige Frau.»

«Ja. Das weiß ich zu schätzen.»

«Solche Neuigkeiten mag ich!»

Alan räusperte sich. «Du, John, ich hätte da vielleicht auch eine gute Neuigkeit.»

«So, so! Was hast du denn zu berichten?»

«Tja. Ich weiß nicht, ob das der richtige

Moment ist und es ist mir heute den ganzen Tag durch den Kopf gegangen.»

«Nun los! Trau dich!»

«John! Was würdest du davon halten, wenn wir einen Aktionär bekommen, der unsere Probleme an der Börse mit einem Schlag lösen kann?»

«Wie soll ich das verstehen? Hast du einen Engel getroffen?»

«Nein, eher einen weißen Ritter.»

John schaute Alan streng und fragend an.

«John, ich weiß es kling unglaublich. Ich hatte gestern ein langes Gespräch mit Sir Henry Gillford, dem Earl of Headfort.»

«Den kenne ich vom Turf Club. Was will der denn?»

«Ich kenne ihn persönlich seit Jahren, er ist ein enger Freund von mir.»

«Da hast du aber einen schwerreichen Freund. Der ist doch Großinvestor in der Schwerindustrie.»

«Er bietet uns an, alle in Zukunft angebotenen Aktien aufzukaufen, letztendlich bis zum Volumen der 35 Prozent frei gehandelten Aktien.»

«Das will er? Das kostet ihn Millionen!»

«Die hat er. Das wäre für ihn leicht möglich. Der eigentliche Grund ist, er möchte gerne an einer Bank beteiligt sein. Ich kenne sehr gut seine Mentalität, er ist einerseits knallharter Unternehmer, aber andererseits hat er ein fast kindliches Gemüt, wenn es um seine Stellung in der Gesellschaft geht. In einer Bank sieht er sich lieber, als in einer Eisenbahngesellschaft oder Lokomotivfabrik, wie er mir sagte.»

John lachte. «Das ist sein Ernst?»

«Sein völliger Ernst.»

«Damit wären alle Probleme gelöst. Sag ihm, er hat unsere Unterstützung. Wir werden auf seine Rechnung alles aufkaufen, was möglich ist. Das kann aber Monate dauern.»

«Das weiß er.»

«Wenn er die Sperrminorität erreicht hat, kann er sich in den Aufsichtsrat wählen lassen»

«Genau das würde ihm gefallen. Könnten wir nicht das Kapital um zehn Prozent erhöhen? Die er dann sofort zeichnen würde. Es würde dem Renommee unserer Bank einen Schub geben, wenn eine Kapitalerhöhung bei Auflegen bereits voll gezeichnet ist.»

John schaute Alan an und meinte schelmisch: «Das ist deine Idee. Nicht wahr?»

«Ja. Ich gestehe.»

«Das hast du ihm gesagt?»

«Ja, John. Und er ist bereit dazu.»

Lange sagte John nichts.

«John, was du noch wissen solltest. Gillford ist mit Elisabeth liiert und das entwickelt sich zu etwas Ernsthaften.»

«Jetzt begreife ich.» John strich sich mit der Hand über die Stirn und nahm einen Schluck Scotch. «Heißt das, er gehört bald zur Familie?»

«Ich bin nahezu sicher.»

«Olivia, wusstest du das?»

«Dad. Ich war durch Elisabeth mit bei ihm zu Hause eingeladen und er hatte mir da schon einen Auftrag zum Aktienkauf gegeben. Ich habe gestern von Elisabeth gehört, dass es sehr ernsthaft ist.»

Ungläubig schüttelte John den Kopf. «Welch seltsame Fügung. Da müssen wir Elisabeth sehr dankbar sein. Alan, lade ihn demnächst zum Dinner zu mir ein. Dann werde ich ihn fragen, ob er sich bei der nächsten Aufsichtsratssitzung zur Wahl stellen möchte.»

«Dad. Elisabeth und er werden zur Verlobungsfeier kommen.»

«Na, wunderbar. Dann haben wir noch einen Grund zu feiern.»

SS Oxus

Auf der Fahrt zur Bank hatten sich Alan und Olivia angeregt darüber unterhalten, was sie am heutigen Dienstag alles unternehmen wollten. Olivia bat Alan, ihr bei der Abfassung des Schreibens an die Partnerbank in Paris wegen der Suez Kanal Aktien zu helfen und am Abend wollten sie sich die Modenschau mit Modellen der Designerinnen Jeanne Lanvin und Coco Chanel aus Paris im Fashion Showroom im Selfridges Kaufhaus ansehen.

Pünktlich um halb zehn waren sie in der Bank und verabschiedeten sich im Schalterraum mit einem Kuss.

Wenig später stand Alan in seinem Büro und ordnete ein paar Notizzettel mit den Erkenntnissen aus den Unterredungen mit Rowland und Shrivers von gestern und steckte sie mit einer Nadel an die Rückseite eines Plakates aus Pappe, das er an die Wand neben der Eingangstüre aufgehängt hatte.

Lange betrachtete er es und wechselte ab und zu ein paar Zettel um. Dann setzte er sich hinter seinen Schreibtisch und dachte nach.

'*Sollte dieser Jefferson wirklich eine solch mörderische Idee haben? Ist es vielleicht die fal-*

sche Spur? Habe ich mich in diesen abstrusen Gedanken verrannt?'

Er wandte sich ab. '*Es ist viertel nach zehn. Um halb will ich rüber zu Rothschild, zum Fixing. Danach mache ich mir Gedanken wegen der Kapitalerhöhung, um Alastair an Bord zu holen. Ich brauche für John einen hieb und stichfesten Plan.'*

Nad stürzte in Alans Büro. Außer Atem keuchte er: «Olivia ist entführt worden!»

«Was?!»

Mit beiden Händen stützte sich Nad auf seine Knie. «Sie ist rüber gelaufen. Zum Bäcker. Ich habe es gerade noch mitbekommen. Sie war schon auf der anderen Straßenseite. Ich bin nur bis zur Mitte der Straße gekommen.» Nad musste wieder Atem holen. «Zu viele Autos. Da sah ich es. Ein schwarzer Austin 7. Ein Mann zerrte sie hinein. Sofort losgefahren. Ich bin hinterher. Viel Verkehr. Ich war ein paar Mal nah dran. Die Kings Road runter. Wollte auf die Reifen schießen. Da kam ein Bus. Hab den Wagen wiedergesehen. Über Eastcheap am Tower vorbei. Ich hab abgekürzt durch den Tower Park. Aber auf der East Smithfield Road ist er mir entkommen. Richtung Docks.»

«Hier nimm meinen Tee!»

Hastig nahm Nad einen Schluck.

«Schwarzer Austin 7, Limousine. Mit roter Aufschrift. Konnte ich nicht lesen. Drei Männer. Fahrer, Beifahrer und hinten einer.»

Alan ließ sich auf seinen Sessel fallen. «Frauen können nicht hören.»

«Sir. Ich weiß, ich war zu spät. Ich …!»

«Nad. Ist nicht deine Schuld. Du hast dein Bestes gegeben.»

«Was sollen wir jetzt tun?»

«Kannst du fahren?»

«Ja, Sir.»

«Nimm meinen Wagen. Fahr Richtung Docks. Vielleicht siehst du ihn irgendwo. Such den Wagen. Ich informiere Shrivers.»

Nad stand sofort auf und ließ sich die Schlüssel geben.

«Nad! Ruf immer mal wieder an!»

«Ja, Sir!»

Eine Minute später hatte Alan Shrivers am Apparat.

«Sir. Ashtons Tochter ist entführt worden. Ein schwarzer Austin 7. Richtung Osten.»

«Ich komme!»

Nachdem Alan auch Rowland informiert hatte, ging er zu John.

«John!»

«Was ist los? Du bist ja ganz blass?»

«John. Olivia ist in ein Auto gezerrt worden. Nad hat noch versucht dem Wagen zu folgen.»

«Mein Gott. Nein!»

«John, Admiral Shrivers kommt her.»

Lord Ashton sank in seinem Sessel hinter dem Schreibtisch zusammen. «Du hast es geahnt. Du hast wieder Recht gehabt. Wir hätten auf dich hören sollen. Du wärst besser mit ihr in Brighton geblieben. Verdammt. Wir hätten sie besser bewachen müssen.»

«Sie ist ohne Nad zur Bäckerei rüber gelaufen. Nad ist hinterher, konnte den Wagen aber nicht erreichen.»

«Sie hört nicht! Sie hat nie gehört! Verdammt.»

«Wir werden einen Weg finden.»

«Schick mir Elisabeth.»

«Ja, John.»

Rowland war als Erster bei Alan. Er hatte es vom Thames House, in Millbank, Westminster, dem Sitz des MI 5 nicht weit gehabt.

Alan informierte ihn über alles.

«Wir brauchen eine Karte vom Osten!»

«Ich lass eine kommen. Kann ich telefonieren?»

«Geh zu Barbara. Ich ruf Rothschild an. Ich will Bescheid sagen, dass ich beim Fixing nicht dabei bin.»

Rowland kam zurück. «Karte kommt gleich. Aber wir haben zu wenig Leute. Sie hatten uns für dieses Jahr noch mehr Mittel gekürzt. Aber ich habe einen Wagen losschicken können, der Richtung Osten nach dem Austin sucht. Hat Nad ihn näher beschrieben?»

«Nein. Er war nicht nah genug dran. Die Seitenaufschrift konnte er nicht lesen.»

«Das Kennzeichen mit UG am Anfang hilft uns vielleicht. Mein Mann wird danach suchen.»

«Mehr hat Nad einfach nicht erkennen können. Er ist dem Wagen fast eine Meile nachgelaufen.»

Eine Viertel Stunde später brachte eine Frau aus Rowlands Office die Karte.

Rowland breitete sie auf Alans Schreibtisch aus und gemeinsam ließen sie ihre Blicke darüber schweifen.

«Nad hat dir gesagt, der Wagen fuhr, als er ihn zuletzt gesehen hat, auf der East Smithfield Road Richtung Osten?»

«Ja. Da war weniger Verkehr und der Wagen konnte entkommen.»

«Das Gebiet dahinter ist sehr weiträumig. Siedlungen, Handwerksbetriebe und dann das Hafengebiet.»

«Ich weiß.»

Wenige Minuten später, um elf, erschien Admiral Shrivers und grüßte Alan und Rowland.

«Wie ist der Status?»

Alan erklärte, was er von Nad wusste und zeigte die Karte.

Der Admiral fasste sich ans Kinn. «Den Wagen da zu finden wird unmöglich sein. Austins gibt es jede Menge. Ich habe ein Team alarmiert. Aber wohin sollte ich sie schicken?»

«Sir!», meldete sich Alan. «Sir. Ich weiß es klingt ungewöhnlich, aber ich denke, Lord Ashton sollte dazu bewegt werden, sein Testament zu ändern.» Der Admiral schaute ihn erstaunt an. «Wie kommen Sie jetzt darauf, Hemmings?»

«Sir. Es ist mir bewusst, es ist diffizil. Aber sollte das eintreten, was wir vermuten, dann wäre es hilfreich, wenn Lord Ashton sein Testament ändert. Wenn es bekannt würde, könnte es Olivias Leben retten. Aber Lord Ashton ist in genauso großer Gefahr.»

«Da haben Sie recht, Hemmings. Oh je oh je.»

«Sir. Könnten Sie mit Lord Ashton über dieses Thema sprechen?»

Shrivers schaute Alan an. «Tja. Ich werde es wohl tun müssen.»

Shrivers begab sich zu Lord Ashton,

erklärte ihm so schonend wie möglich, was man aus Frankreich wusste und was Hemmings und er daraus vermuteten. John brach förmlich zusammen.

«Das gibt es doch gar nicht. Das kann sich doch nur ein Wahnsinniger ausdenken.»

«Sir. Ich gebe Ihnen Recht. Ich glaube es langsam auch, dass wir es wirklich mit einem Wahnsinnigen zu tun haben und Commander Hemmings mit seiner Vermutung richtig liegt. Ein versuchtes Attentat auf Sie, Sir, und eine versuchte und jetzt tatsächlich stattgefundene Entführung Ihrer Tochter zwingen uns aber, eine Wahnsinnstat für möglich zu halten. Ich habe mit Admiral Sinclair gesprochen. Wir werden den Schutz für Ihre Person erweitern. Die Frage ist, was können wir tun, um das Leben Ihrer Tochter zu schützen – und was wäre möglich, um eine Übernahme der Bank durch Jefferson und seine Hintermänner zu verhindern? Es gibt uns einen Vorteil, zu wissen oder zu ahnen, was er vorhat.»

Ashton sackte wieder in sich zusammen.

«Sir? Geht es Ihnen gut?», bemühte sich Shrivers um ihn.

«Barbara!», rief Shrivers. «Bringen Sie mir Wasser!»

Dankbar nahm Ashton das Glas Wasser entgegen und trank es leer. Nach einiger Zeit, in der er nachgedacht hatte, sprach er. «Admiral. Ich bin in Ordnung. Ich bin gesund und kräftig – und nach wie vor voller Tatendrang und habe vom ersten Moment an, als mich ein Kunde am Telefon auf gewisse Unregelmäßigkeiten durch Jefferson hinwies, gehandelt. Am selben Tag habe ich über Rothschild mit Ihrem Admiral Sinclair gesprochen und um Hilfe gebeten. Er hat mir Hemmings geschickt, der mir nicht nur das Leben gerettet hat, sondern sich auch als fähiger Bankdirektor entpuppte. Ich werde diesem Verbrecher das Feld nicht kampflos überlassen. Sagen Sie mir, was ich tun kann. Lösegeld bereitstellen, ist wohl sinnlos.»

«Sir. Es freut mich, Ihren starken Willen zu sehen. Ja, ich denke auch, es handelt sich nicht um eine Entführung mit Lösegeldforderung, sondern es geht um mehr. Erlauben Sie mir eine indiskrete Frage. Wie würde Ihre Tochter im Falle einer Erbschaft bedacht?»

«Ganz einfach. Sie wäre Alleinerbe der Bank. Es gibt da ein paar Personen, die ich mit Beträgen in meinem Testament bedacht habe, zum Beispiel meine Cousine Mrs. Barron. Aber, es stimmt. Olivia wäre Alleinerbin der Aktienmehrheit und damit der Bank. Ob sie dann selbst einmal die Bank leiten würde oder will, das steht in den Sternen. Die Entscheidung wäre auch ihr überlassen.

Mein Gott. Was wird dieser Wahnsinnige ihr antun? Wir müssen sie retten!»

«Wir werden alles versuchen, was uns möglich ist.»

Ashtons Sekretärin rief: «Ein Gespräch für Admiral Shrivers!»

Während der Admiral telefonierte, ging Ashton in Alans Büro und sah Alan mit Rowland sprechen. Er begrüßte Rowland und wandte sich an Alan: «Der Admiral hat mich über eure Befürchtungen informiert. Es ist schlimm, aber, ich muss ihm Recht geben, es könnte wahrscheinlich möglich sein, dass dieser Verbrecher genau das vorhat. Wir haben über die testamentarischen Möglichkeiten gesprochen. Alan, ich habe da eine Idee. Wenn ich Elisabeth 10 Prozent meiner Anteile an der Bank überschreibe, dann muss ich das veröffentlichen. Dann hätte ich zwar nicht mehr die Mehrheit, aber jedem anderen, auch Jefferson müsste schlagartig klar werden, dass der Plan, die Bank einfach übernehmen zu können, nicht mehr aufgehen kann.»

«John. Das ist ein überzeugender Vorschlag. Mach das. Das könnte langfristig Olivias Leben retten und Jefferson vielleicht veranlassen, aufzugeben. Das müsste aber in den nächsten Tagen geschehen.»

«Natürlich, ich spreche mit unserem Anwalt.»

«John. Vordergründig geht es jetzt aber darum, Olivia zu finden.»

«Alan. Ich wollte dich nur wissen lassen, dass ich deine Analyse für glaubwürdig halte und ich daher alles, was möglich ist, tun werde. Ich will kämpfen.»

«Danke, John. Danke für dein Vertrauen. Es ist immer schwierig, der Wahrheit gegenüber zu stehen, aber ich habe gelernt, dass man besser immer mit dem Schlimmsten rechnet. Das ist kein Pessimismus. Ich will einfach vorbereitet sein.»

«Das glaube ich dir. Such sie und finde sie. Wenn ich noch irgend etwas tun kann, sage es mir – und sei es noch so ungewöhnlich.»

Shrivers kam in Alans Büro. Alan und Rowland standen vor der Wand mit den Notizzetteln.

«Was macht Ihr?»

«Sir. Wir überlegen. Die Frage ist doch, wie bekommt man eine entführte Frau nach Frankreich.»

«Genau. Zur Fähre nach Dover können sie nicht. Jefferson hat zwar einen falschen Ausweis. Aber, ist er überhaupt hier? Oder ist das alles im Auftrag geschehen? Wir haben über den Circus gebeten, dass in Dover alle Passagiere besonders kontrolliert werden. Jedenfalls können die Entführer nicht die Fähren benutzen. Davon können wir ausgehen. Sie würden Ashtons Tochter nie an Bord bekommen.»

«An Bord», stammelte Alan. Er hatte plötzlich einen Geistesblitz. Er wiederholte sich atemlos. «An Bord! Das ist es. Nach Frankreich müssen sie ein Schiff benutzen. Und dazu müssen sie Olivia an Bord bringen. Das geht auf keiner Fähre unbemerkt. Das geht nur auf einem Schiff. Irgendeinem Schiff. Auf dem sie heimlich eine entführte Person an Bord bringen können.»

«Hemmings, Sie haben Recht. Das geht nur mit einem Schiff.»

Rowland mischte sich ein. «Hat Nad nicht gesagt, der Wagen fuhr Richtung Docks?»

Alan hatte sich erhoben und starrte auf die Karte. «Die East Smithfield Road führt in Richtung der Häfen. Hier, seht! Der direkte Weg führt zu den West India Docks, dann zum Royal Victoria Dock, dahinter das Royal Albert Dock und weiter an der Themse zum Tilbury Dock.»

«Kann ich telefonieren?», fragte Shrivers.

«Nehmen Sie meinen Apparat!»

Alan hörte, was der Admiral ins Telefon

sprach. «Jim. Fahren Sie mit dem Team zum Office der Port of London Authority Police. Ich brauche von der Hafenbehörde alle bevorstehenden Schiffsankünfte im Hafen von London, bevorstehende Schiffsabfahrten von den Häfen, Schiffe, die in den letzten Tagen in den Docks angekommen sind und Schiffe, die derzeit in den Häfen von London liegen. Schnell. Rufen Sie mich unter der Nummer der Bank A&M an. Die Nummer liegt auf meinen Schreibtisch. Beeilt euch!»

Nad meldete sich und Alan sprach mit ihm.

An Rowland und den Admiral gewandt, sagte er nach dem Gespräch: «Nad hat sich von der Telefonzentrale der Port Authority gemeldet. Er glaubt, den Austin 7 bei den Lagerhallen der Transexpo Shipping Limited, vor dem Royal Albert Dock entdeckt zu haben. Der Wagen ist leer.»

Alle drei beugten sich über die Karte der Hafenanlagen.

«Das Royal Albert Dock ist das größte Hafenbecken», meinte Rowland. «Dort hin werden meistens Frachter unter ausländischer Flagge geleitet. Britische Schiffe, insbesondere die, mit Heimathafen London, sind zumeist im Royal Victoria Dock. Das Tilbury Dock ist für Frachter aus Südamerika,

Afrika und Fernost vorbehalten.»

«Und Indien», ergänzte der Admiral. «Die West-Indien Docks sind veraltet und werden kaum noch genutzt. Es liegt nahe, dass es ein europäisches Schiff im Royal Albert Dock sein muss.»

Es dauerte eine halbe Stunde, bis Shrivers den langersehnten Anruf bekam und fleißig mitschrieb. Dann las er vor: «Die Meldung von der Port of London Authority Police mit der Liste der ausländischen Schiffe in den inneren Docks.

AASA, Denmark, Royal Victoria Dock.

ALBATROS, Germany, Albert Dock.

BORRASCA, Argentina, Albert Dock.

ZAFFERANO, Italy, Albert Dock

MAPLE PIONEER, New Zealand, Albert Dock.

ISLA EDEN, Australia, Albert Dock.

GIORITA, Italy, Albert Dock.

KOSTERFARJAN, Sweden, Victoria Dock .

THUNDER BAY, USA, Albert Dock.

EMILIE, France, Albert Dock.

FINNOYFJORD, Norway, Albert Dock.

OXUS, France, Albert Dock.»

«Zwei Franzosen», rief Alan. «Was können wir über die erfahren?»

Admiral Shrivers griff wieder zum Telefon.

«Ich habe jemand bei der Port Authority Police.»

Während Schrivers telefonierte, sprach Alan zu Rowland: «Ich glaube, es wäre besser, ich fahre zum Albert Dock. Hier kann ich nicht viel tun.»

«Warte eben auf das, was Shrivers hört. Vielleicht bringt uns das weiter.»

«Die SS Emilie ist ein kleiner Frachter, der regelmäßig ausschließlich zwischen Calais und London hin und her pendelt. Aber das Dampfschiff SS Oxus war noch nie zuvor in London. Heimathafen ist Marseille.»

«Das ist es!», rief Alan erregt.

«Ja, das könnte es sein.» Schrivers las seine Notizen weiter vor: «Steamship Oxus, Nationalflagge Frankreich, 2200 Tons, Heimathafen Marseille. Es gehört der Trans-Algerie-Maritimes Reederei.»

Alan schaute auf seine Zettelwand. «Ich habs!», und zog einen Zettel ab. «Die Trans-Algerie-Maritimes Reederei in Marseille gehört Khalet. Das hast du, Rowland, mir von deinem Gespräch mit Claude berichtet. Wir müssen sofort hin.»

Shrivers kamen Bedenken. «Hemmings, Sie können nicht einfach das Schiff stürmen.

Es läuft unter ausländischer Flagge. Ohne eine Einwilligung des Kapitäns dürfen Sie nicht an Bord und es könnte diplomatische Verwicklungen geben.»

«Aber es liegt doch auf der Hand.»

Alan sehnte sich nicht nur danach, seinen Auftrag zu erfüllen, sondern seine Gedanken waren bei Olivia, die Furchtbares durchmachen musste.

«Ich verstehe Sie, Hemmings», beruhigte ihn Shrivers. «Wir müssen uns etwas überlegen. Aber Sie haben recht. Wir fahren hin. Hinterlassen Sie hier, dass, falls Nad anruft, er auf uns warten soll.»

«Sir. Haben wir jemand in Marseille?»

«Ja. Im Konsulat.» Shrivers ergriff Alans Telefon. «Guter Gedanke. Ich werde veranlassen, dass er aktiviert wird.»

Rowland wandte sich an Alan. «Ich gehe zur Sekretärin. Ich rufe Claude an. Er soll das Haus bei Nizza bewachen lassen. Er wird uns helfen. Die sind uns was schuldig.»

Alan nickte geistesabwesend. Seine Gedanken waren bei dem Schiff. Er zog seine Jacke an und kontrollierte seine Beretta. Die Operation würde schwierig werden. Es bestand nur eine kleine Chance, dass sie Jefferson verhaften und Olivia befreien konnten.

Erst kurz nach Eins waren sie bei der Port

Police angekommen. Sie trafen auf Nad und den Männern von Shrivers.

«Wir gehen alle ins Office und richten uns da ein», sagte der Admiral. «Es ist besser, wenn man nicht so viele Leute hier sieht.»

Schnell wurde den Beamten in der Hafenpolizei klar gemacht, wen sie vor sich hatten und sie wurden hinauf zum Büro des diensthabenden Leiters im ersten Stock geführt.

Während Admiral Shrivers die Sachlage erklärte, ergriff sich Alan ein Fernglas und ging an das Fenster.

«Welches Schiff ist die Oxus?»

«Das übernächste rechts», und der Beamte zeigte in die Richtung.

Alan blickte durch das Glas auf den in einiger Entfernung liegenden Frachter.

Es war ein übel heruntergekommenes Frachtschiff, besaß vorne und hinten jeweils einen Lademast, hatte einen schwarzen Rumpf, der an etlichen Stellen riesige Rostflächen zeigte und eine zwar weiße Kommandobrücke in der Mitte, die aber schon lange nicht mehr gepflegt war. Alan erschauderte bei dem Gedanken, dass Olivia auf diesem Schiff sein könnte. Er erkannte auch die blau weiße Flagge am Signalmast, den *Blauen Peter*, der anzeigte, dass das Schiff innerhalb der nächsten 24 Stunden auslaufen wollte.

«Was können Sie uns über die Oxus

sagen?», fragte der Admiral den Polizeioffizier, der sichtlich beeindruckt war, als er vernahm, dass der Admiral zum MI 6 gehörte.

«Sir. Sie kam aus Le Havre, Frankreich, vor drei Tagen. Hat Maschinenteile übernommen für Vigo in Spanien. Alle Papiere sind in Ordnung. Sie übernimmt in Vigo neue Fracht für Marseille und will morgen auslaufen. Die Schlepper sind für morgen früh fünf Uhr gebucht. Die Hafengebühren sind bezahlt.»

«Könnten Sie das Schiff aufhalten?»

«Admiral. Das ist schwierig. Offiziell nicht. Ich könnte höchstens erreichen, dass nur ein Schlepper kommt. Die Oxus braucht nämlich zwei, um durch die Schleuse zu kommen. Aber das bringt uns nur einen Aufschub von einem Tag.»

«Veranlassen Sie das in jedem Fall.»

«Jawohl, Admiral!»

Alan wandte sich an den diensthabenden Offizier: «Wie kann ich an Bord der Oxus kommen? Welche Möglichkeiten haben wir?»

Der Beamte schaute ihn entgeistert an und musterte ihn. Da Alan in seinem schicken Bankersanzug gekleidet war, fuhr er ihn an: «Wer sind Sie?»

Der Admiral mischte sich ein. «Das ist Commander Hemmings. Er gehört zu mir.»

Vollkommen überrascht murmelte der Beamte: «Verzeihung, Sir.»

In diesem Moment kam ein junger Mann des MI 6 hoch ins Büro, der vor dem Admiral salutierte. «Sir! Das gesamte Hafengebiet ist umstellt, ohne, dass man es vom Kai aus sehen kann. Wir haben in einiger Entfernung Straßensperren errichtet und kontrollieren alle Autos und Lieferwagen, die das Hafengebiet verlassen wollen.»

«Gut, Jim.» Shrivers wandte sich wieder allen anderen zu: «Also, die Frage lautet, wie kommen wir an Bord, ohne dass man bemerkt, wonach wir suchen?»

Der diensthabende Offizier, der jetzt erkannte, dass es sich um eine größere Operation handelte, räusperte sich. «Sir. Es gäbe eine Möglichkeit. Die Beamten der Gesundheitsbehörde, der London Port Health Authority, können Schiffe, die in britische Häfen einlaufen, in Quarantäne halten und kontrollieren, bis sie inspiziert und von Cholera, Pest, Gelbfieber oder anderen unter Quarantäne stehenden Infektionskrankheiten befreit worden sind.»

Shrivers packte sich ans Kinn. «Fabelhafte Idee. Wo sind die Beamten?»

«Das Office ist am unteren Lauf der Themse, am Tilbury Dock.»

«Das ist viel zu weit weg. Das würde ja Stunden dauern. Haben Sie Polizeiuniformen hier?»

«Ja, Sir», stotterte der Offizier. «Unten in einem Lagerraum.»

Alan, der wieder am Fenster stand und das Schiff beobachte, rief plötzlich aus. «Da verlässt ein Mann das Schiff. Sieht nach einem Besatzungsmitglied aus.»

Sofort schaltete der Admiral. «Jim, nimm zwei Mann mit! Schnell! Schnappt ihn euch und bring ihn unauffällig her.»

Jim strahlte, als er das Büro verließ.

*

Alan und Nad hatten eine Zeitlang gebraucht, um in den Schränken des Lagerraums passende Uniformen zu finden und grinsend betrachteten sie sich in den dunkelblauen Hosen und Jacken, mit den roten eingewebten Streifen. Mit aufgesetzter Polizei-Schirmmütze traten sie in den Vorraum, als Agent Jim und sein Kollege einen arabisch anmutenden kleinen Mann durch einen Nebeneingang hereinbrachten.

Shrivers sah den eingeschüchterten Mann an, der Worte in Französisch stammelte. Aber Shrivers antwortete nichts, sondern hob mit seiner Hand das Kinn des Mannes. «Klarer Fall von Tuberkulose.» Er wandte sich an den Diensthabenden. «Ist hier eine Zelle, wo

Sie ihn in Sicherheitsverwahrung nehmen können, bis ein Arzt da ist?»

«Ja, Sir. Hinten, neben dem Lager.»

«Bringt ihn dort hin. Jim, hatte er Papiere bei sich?»

«Ja, Sir. Einen französischen Ausweis auf den Namen Hadad Hassan, Marseille.»

«Was haben Sie vor, Sir?», fragte Alan.

«Wir gehen an Bord und sagen dem Kapitän, dass wir ein tuberkuloseverdächtiges Besatzungsmitglied entdeckt haben und das Schiff kontrollieren müssen.»

«Geniale Idee.»

Zu dem diensthabenden Beamten sagte Shrivers: «Kommen Sie mit. Sie haben den Kapitän schon mal gesprochen. Sie werden mich als Vertreter der obersten Hafenverwaltung vorstellen und den Commander und Leutnant Nad als einfache Beamte der Gesundheitspolizei.»

«Es gibt keine Gesundheitspolizei!»

«Ist mir egal. Jetzt sind wir das. Gehen wir los!»

Alan war überrascht, wie energisch der Admiral die Sache vorantrieb und versuchte sich auf den Besuch des Schiffes einzustellen. Man darf dem Gegner nicht das Handeln überlassen. Das war schon immer die Devise des Circus gewesen. Alan schaute auf seine Uhr. Es war nach zwei Uhr. Jetzt war es fast fünf Stunden her, dass Olivia entführt worden war.

Von einem Besatzungsmitglied wurden sie auf die Kommandobrücke geführt und der Kapitän und der Erste Offizier der Oxus begrüßten sie freundlich.

«Kapitän», begann der Polizeioffizier. «Das sind Admiral Shrivers von der obersten Port of London Authority und zwei Beamte der Port Health Authority. Wir müssen mit Ihnen sprechen.»

«Um was geht es denn?», fragte der Kapitän in gebrochenem Englisch und blickte beeindruckt auf die Uniform des Admirals.

«Käpt'n», sprach Shrivers. «Zu unserem Bedauern müssen wir Ihnen mitteilen, dass wir eines Ihrer Besatzungsmitglieder in ein Hospital, wegen des Verdachts auf Tuberkulose, bringen mussten.»

«Tuberkulose?»

«Ja. Tuberkulose. Er ist im Hospital. Daher ist es notwendig, dass wir alle Besatzungsmitglieder nochmals kontrollieren. Kontrolle. Gesundheitskontrolle, verstehen Sie?»

«Ja. Kontrolle.»

«Ihr Schiff ist unter Quarantäne gestellt und hissen Sie am Signalmast bitte die gelbe Quarantäne-Flagge.»

«Wirklich? Ist das wahr?», stammelte der Kapitän überrascht.

Shrivers zeigte ihm die Papiere des Besatzungsmitgliedes. «Hadad Hassan. Er gehört doch zu ihrer Besatzung, nicht wahr?»

Der Kapitän sah den Ausweis und reichte ihn an den ersten Offizier weiter. «Ja. Hadad Hassan gehört zu uns.»

«Käpt'n. Könnten wir ihre Crewliste einsehen?»

Der gab dem Ersten-Offizier ein Zeichen und Shrivers erhielt wenig später das Logbuch mit der Crewliste.

Der Admiral sah sich die Liste an und reichte sie an Alan weiter.

«22 Mann Besatzung? Alle Franzosen?»

«Ja. Admiral!»

Alan hatte die Liste studiert. Es waren alles arabisch klingende Namen. Nur ein Name fiel auf.

«Jules Pouy?», fragte Alan. «Wer ist das? Welche Funktion hat er an Bord?»

Ruhig antwortete der Kapitän. «Monsieur Pouy ist kein Besatzungsmitglied. Er ist in Le Havre eingestiegen, als zahlender Passagier, er wollte nach London und wieder zurück nach Le Havre, wenn wir morgen auslaufen.»

«Ist er an Bord?»

«Ja. Ich glaube. Er bewohnt die Eigner Suite.»

«Wo befinden sich die anderen Besatzungsmitglieder?»

«Da wir mit dem Laden fertig sind, hat die Besatzung Freiwache. Ein Teil ist im Maschinenraum, in der Kombüse, im Aufenthaltsraum oder in den Mannschaftskabinen.»

«Können wir sie kontrollieren. Leutnant Nad ist Sanitätsoffizier. Wie ich sehe, Kapitän, sind Sie und ihr Erster Offizier gesund. Ich denke, es wird schnell gehen.»

«Gut!», sagte Shrivers. «Beginnen Sie, Officer. Ich bleibe so lange bei dem Kapitän, wenn er einen guten Cognac hat.»

Das Gesicht des Kapitäns erhellte sich. «Qui, Monsieur. Isch abe eine extra ordinäre Cognac.»

«Danke, Käpt'n.»

Ein Deck unterhalb der Kommandobrücke klopfte der Erste-Offizier an die Tür, auf der das Messingschild *Cabine propriétaire* angebracht war.

«Gehen Sie mit Leutnant Nad zu der Besatzung», sagte Alan zu dem Ersten-Offizier. «Ich mache das hier. Das geht ganz schnell, dann komme ich hinterher», und er tat so, als wolle er anklopfen und hob den Arm.

Der Erste Offizier nickte und ging daraufhin eine Stahltreppe hinunter, gefolgt von Nad.

*

Alan klopfte nicht, sondern öffnete die Türe und trat ein. Die Eignerkabine war ein gemütlich eingerichteter Wohnraum mit einem Perserteppich auf dem Boden. Ein Sofa, ein Schreibtisch vor der Bordwand unter einem großen Bullauge mit Stuhl und Schränke daneben. Niemand war zu sehen. Alan sah sich um und entdeckte eine Zwischentüre aus Teakholz.

Er riss die Türe auf und in der gleichen Sekunde sah er in der schmalen Schlafkabine Olivia, gefesselt auf einem Bett liegend und Jefferson, der bei ihr saß.

Jefferson sprang auf, als er Alan erblickte und zog eine Pistole.

Im Bruchteil einer Sekunde schoss Alans Fuß hoch und in der Drehung schlug er Jefferson die Pistole aus der Hand. Alan hatte gar nicht erst nachgedacht, sondern instinktiv gehandelt, wie er es gelernt hatte.

Diese Selbstverteidigungs-Technik Wing

Tsun hatte er im Ausbildungslager vor dem Einsatz in Istanbul bis zum Erbrechen trainieren müssen, oft stundenlang und äußerst schmerzhaft. Sie mussten lernen eine innere Hemmschwelle zu überwinden. Hart, schnell und erbarmungslos, und zwar mit aller Brutalität. Immer wieder war ihnen eingebläut worden, der Gegner muss denken, du seist der Wahnsinnige, und nicht er. Ziel war es, den Gegner zu entwaffnen, den Kehlkopf einzuschlagen, Trommelfelle zerdeppern, Genitalbereich verletzen und Gelenke möglichst effektiv brechen.

Aber an all das dachte Alan in dem Moment überhaupt nicht, als er sich wie ein Wahnsinniger auf Jefferson stürzte und ihn mit einem Fausthieb mitten ins Gesicht zum Taumeln brachte, dass der zu Boden ging. Alan trat ihn danach in sein Geschlechtsteil, was ihn aufschrien ließ. Sofort danach rammte er seinen Fuß in den Bauch und schlug mit dem antrainierten Hieb auf Jeffersons Ohr, das sein Trommelfell platzen ließ.

Als aber die große Stein-Vase, die Jefferson in dem Moment ergreifen konnte, als er sich vor Schmerzen zur Seite krümmte, auf sein Gesicht traf und seine Augenbraue aufplatzen ließ, erkannte Alan, dass Jefferson ein unvermutet zäher Mann war.

Das Blut floss in sein rechtes Auge und

nur mit dem Linken sah er, dass Jefferson in Richtung der Pistole kroch, die auf dem Boden lag.

Alan spannte sich und pfeilschnell sprang er zu Jeffersons ausgestreckten linken Arm, der nach der Pistole greifen wollte, hob den Arm hoch und schlug ihn sofort mit aller Gewalt wieder herunter, sodass dessen Ellenbogen brach.

Jefferson schrie auf und in der rechten Hand hatte er plötzlich ein Messer, mit dem er auf Alan einstach. Alan hatte sich aber auf ihn geworfen, sodass Jefferson nicht traf. Erst als Alan seinen Arm um Jeffersons Hals legte, um sein Genick zu brechen, traf das Messer Alans Schulter und blieb stecken.

Jefferson rollte sich zur Seite und Alan nutzte diese Sekunde um seine Beretta zu ziehen. Er hatte sie noch nicht richtig in der Hand, da ertönte in diesem Moment ein Schuss.

Jeffersons Körper bebte kurz hoch, wurde zurückgeschleudert und brach zusammen.

Alan schaute auf. Mit der Hand versuchte er das Blut aus seinem rechten Auge zu wischen und drehte seinen Kopf. Unscharf erkannte er den 1. Offizier in der Kabinentüre stehend, der Jeffersons Pistole in der Hand hielt.

Sofort drehte sich Alan zu Jeffersons Körper herum und erkannte, dass er tot war. Die Zähne zusammenbeißend, aber zufrieden, zog er das Messer mit der kleinen Klinge aus seiner Schulter.

«Danke!», sagte Alan keuchend zu dem Offizier, erhob sich mühsam und stützte sich ab. Schwankend ging er zum Bett und setzte sich zu Olivia.

«Was ist das für eine Frau? Incroyable!», rief der Erste Offizier aus.

Alan berührte die bewegungslos liegende Olivia und schlug ihr leicht auf die Wange. «Olivia, Olivia. Sag was!» Er legte seine Hand auf ihre Halsschlagader und registriere, dass sie einen normalen Puls hatte.

Da es so aussah, als würde Olivia fest schlafen, befreite Alan sie als Erstes mit dem Messer aus den Fesseln und schüttelte sie wieder. Sie gab ein paar dumpfe Laute von sich. Alan war sich bewusst, dass Jefferson ihr ein Schlafmittel gegeben haben musste.

Nad, der Kapitän und Admiral Shrivers kamen in die Kabine.

«Oh. Quelle horreur!», rief der Kapitän aus.

Shrivers rief: «Hemmings, sind Sie in Ordnung?»

Alan stöhnte erschöpft: «Ja, Sir. Ich bin in

Ordnung. Olivia ist es wohl auch. Ich denke, Jefferson hat ihr ein Schlafmittel verabreicht.»

Shrivers wandte sich laut an den Kapitän. «Haben Sie gewusst, dass hier eine Frau gefangengehalten wird?»

«Non!», beteuerte der Kapitän und beeilte sich zu sagen: «Non. Das haben wir nicht gewusst. Wir waren nie in dieser Kabine. Gestern war der Monsieur in der Stadt gewesen und auch heute Morgen. Er war ein sehr ruhiger Passagier.»

Nad trat hervor und holte aus seinem Sanitätskoffer, den er aus dem Office der Hafenpolizei mitgenommen hatte, einen Mullverband, setzte ein dickes Mullstück auf Alans Auge und verband seinen Kopf. Er schaute sich auch Alans Schulterverletzung an, aber Alan schob ihn beiseite. «Das ist nur ein kleiner Stich. Der macht nichts.»

Admiral Shrivers sagte zu Nad: «Gehen Sie von Bord und holen Sie einen Wagen.»

Dann befahl er dem Kapitän: «Käpt'n, Kommen Sie mit mir in das Office der Hafenpolizei. Ich habe ein paar Fragen. Ich werde dafür sorgen, dass die Leiche abgeholt wird.»

Alan stand auf und ging in das Wohnzimmer.

«Hemmings! Wollen Sie sich nicht um Miss Ashton kümmern?»

«Doch, Admiral. Sofort. Aber ich möchte

eben kurz etwas nachsehen», antwortete er und ging in den Wohnzimmerteil.

Nach einiger Zeit hatte er Olivias und Jeffersons Pässe gefunden und einen Aktenkoffer, der im Schrank versteckt gewesen war, mit mehreren tausend Pfund. Er gab Shrivers den Koffer und den Pass von Jefferson und ging zurück zu Olivia.

Der Hafenbeamte und der 1. Offizier halfen Alan, sie hochzuheben und gemeinsam trugen sie Olivia hinaus.

Unten an der Gangway wartete Nad mit einem Wagen und half, Olivia auf die hintere Sitzbank zu legen.

«Wir fahren nach Richmond, zum Ashton House», befahl Alan und setzte sich auf den Beifahrersitz.

«Sir, Ihre Wunde muss behandelt werden», meinte Nad, als er losfuhr.

«Ich werde bei Ashton einen Arzt rufen. Der kann es nähen. Es geht schon.»

Alan blickte zurück auf Olivia und lächelte zufrieden.

*

Elisabeth und Gates kamen die Treppe am Eingang heruntergestürmt. «Was ist passiert?», schrie Elisabeth entsetzt.

«Ist alles gut», antwortete Alan. «Wir

bringen Olivia in ihr Zimmer. Sie muss sich ausschlafen. Danach brauche ich einen Arzt. Gates kennen Sie einen? Meine Augenbraue muss genäht werden.»

«Sir. Ich werde sofort einen rufen. Er wohnt nicht weit von hier. Er ist der Hausarzt.»

Nachdem sie Olivia in ihrem Zimmer aufs Bett gelegt hatten, blieb Elisabeth bei ihr und Alan traf in der Eingangshalle auf John.

«Alan! Ich habe alles von James gehört. Du hast Olivia gerettet. Alan, ich weiß gar nicht, was ich sagen soll. Danke. Wo ist sie?»

«Sie ist in ihrem Zimmer, John. Olivia ist soweit in Ordnung. Sie hat vermutlich ein Schlafmittel bekommen. Sie hat keine äußern Verletzungen. Das wird wieder. Es ist überstanden. Elisabeth ist bei ihr.»

«Und Jefferson? Habt ihr ihn?»

«Jefferson ist tot!»

«Gott sei Dank. Dieser Verbrecher!»

«Ich brauche einen Scotch. James soll einen bringen. Ich gehe nicht in die Bibliothek. Ich blute zu sehr. Es tropft schon wieder.»

«Der Arzt kommt gleich. Er ist informiert.»

Alan nahm den von James gereichten Scotch, riss seinen Verband am Auge hoch, schüttelte etwas Scotch in seine Hand und legte sie auf seine Augenbraue. Ein Schrei entfuhr ihm, aber laut stöhnend sagte er: «Das tut gut.» Danach drückte er das Mullstück fest aufs Auge und trank den Rest Scotch in seinem Glas mit einem Zug leer.

*

Alan war vom Arzt genäht worden und lief die Treppe hinauf, um nach Olivia zu sehen. Elisabeth saß an ihrem Bett und hatte sie mit einen Laken zudeckt.

«Sie schläft. Eben hat sie etwas gesagt, aber ich habe es nicht verstanden. Alan, wie habt ihr sie befreien können? Wo habt ihr sie gefunden?»

«Elisabeth. Bleibe du noch bei ihr. Ich erzähle dir später alles. Admiral Shrivers ist gekommen. Er ist bei John.»

«Natürlich bleibe ich. Ich bleibe die Nacht und auch morgen.»

«Danke, Elisabeth.»

Alan kam in die Bibliothek und fand John vor, der mit Admiral Shrivers und Nad zusammen saß.

«Wie geht es Miss Ashton», fragte Shrivers.

«Soweit, so gut. Sie hat wohl ein Schlafmittel bekommen. Jefferson muss tatsächlich versucht haben, sie nach Frankreich zu bringen.»

«Kann ich zu ihr?», fragte John.

«Lass sie noch schlafen. Euer Hausarzt hat ihr ein Stärkungsmittel verabreicht.»

Alan schenkte sich einen Scotch ein. «Möchten Sie auch einen, Sir? Oder lieben Sie jetzt Cognac?»

Shrivers und Alan lachten.

«Ich habe mich so bemühen müssen, um das Lachen zu verkneifen, als Sie das dem Kapitän gesagt haben.»

«Ich habe ihn wunderbar ablenken können», schmunzelte Shrivers. «Wir hatten uns die ganze Zeit über Frankreich unterhalten – bis der Schuss fiel.»

«Was hat er jetzt noch gesagt?»

«Er schien entsetzt zu sein, dass so etwas auf seinem Schiff passiert ist. Er hat glaubhaft beteuert, dass er Jefferson zuvor nie gesehen hat und nicht wusste, dass der Name Jules Pouy und der Pass gefälscht seien. Der Mann habe über eine Agentur gebucht und hätte sich sehr wenig gezeigt und hätte auch nie viel gesagt. Rowland hat vom MI 5 den Auftrag bekommen, sich den Kahn noch einmal genau anzusehen und die Besatzung zu befragen. Die Auslauf-Papiere sind zwar in Ordnung, aber wir haben sie dem Kapitän abgenommen. Vorerst kann er nicht auslaufen. Es ist gut, wenn man sie ein wenig in Angst versetzt. Ich habe den Kapitän auch wissen lassen, dass wir genau wussten, dass dieser Jefferson an Bord mit einer entführten Frau war. Da hat er immer wieder gefragt, woher wir das denn gewusst hätten.»

Nad stand auf und räusperte sich. «Darf ich etwas sagen? Sir?»

«Schießen Sie los, Nad.»

«Sir. Dieser Erste Offizier. Ich bin mir sicher, je mehr ich darüber nachdenke und das Bild vor Augen habe. Dieser Erste Offizier saß im Entführungswagen. Hinten. Er hat aus dem hinteren Fenster herausgeschaut, als ich auf die Reifen schießen wollte. Ich bin mir ganz sicher.»

*

Alan zog tief die Luft tief ein, setzte sich und blickte zu Shrivers.

Aber auch Shrivers saß da mit offenen Mund und konnte nichts sagen.

Irgendwann sagte Alan: «Bist du sicher, Nad?»

Energisch kam es von Nad. «Ja. Ich bin mir sicher. Das Gesicht habe ich gesehen.»

«Hemmings», sagte Shrivers. «Dann wird mir klar, warum er Jefferson so hilfreich erschossen hat. Er muss erkannt haben, dass die Sache fehlschlägt und um zu verhindern, dass Jefferson ausplaudert, was er über das Schiff und die Entführung weiß, hat er ihn erschossen. Er hat ihn erschossen, damit es keinen Zeugen für eine Verbindung zu Khalet gibt und nicht um Sie zu retten.»

Alan nickte stumm. Er war geschockt.

Dann sagte Shrivers: «Rowland soll ihn sich morgen schnappen und von seinen Verhörspezialisten auseinandernehmen lassen. Auch wenn nichts dabei herauskommt, denn er wird abstreiten irgendwas zu wissen, und wir können ihm persönlich nichts beweisen. Es ist aber trotzdem gut, sie spüren zu lassen, dass wir ihnen auf der Spur sind. Er soll ihm auch sagen, dass wir von dem Haus in Südfrankreich wissen. Das wird er sicher an Khaled weitergeben und der wird sich wundern, woher wir das wissen.»

«Ein entscheidender Fehler», warf Alan nachdenklich ein. «Mit dem Hausverkauf lässt sich eine Verbindung von Klaled, als Inhaber der Reederei, zu Jefferson herstellen.»

«Damit kann ihn vielleicht das *Deuxième Bureau* festnageln», stellte Shrivers fest. «Aber wir können immerhin Klaled auf eine Fahndungsliste setzen. Das wird ihm und besonders den Hintermännern nicht gefallen. England wird für sie wie eine heiße Herdplatte sein, an der sie sich die Finger verbrannt haben.»

«Sir. Alle Achtung. Ihr Einfall mit der Gesundheitsbehörde und das jetzt, ist einfach genial.»

«Ach, Hemmings, wir können froh sein, dass es so ausgegangen ist. Sie nur leicht verletzt und die Tochter befreit. Wir haben alle gut zusammengearbeitet.»

Noch lange saßen Alan und John zusammen und John ließ sich von Alan erklären, wie sie auf die Spur des Schiffes gekommen sind.

«Du hast geahnt, dass sie auf einem Schiff ist.»

«Ja, John. Das war die einzige logische Schlussfolgerung. Wenn wir Olivia auf dem Schiff nicht gefunden hätten, dann hätte ich persönlich alle Lagerhallen am Hafen durchsucht. Das Entführer-Fahrzeug stand ja nicht weit weg, hinter einer Lagerhalle.»

«Ja. Aber das wäre schlimm geworden, wenn ihr sie dort auch nicht gefunden hättet.»

«Dann wäre ich morgen nach Frankreich gefahren und hätte Jeffersons Haus gestürmt. Meine andere Sorge war, dass er Olivia an die Südküste bringt und sie von einem bezahlten

Fischer, den er angeheuert hat nach Frankreich bringen lässt.»

«Gott sei Dank ist es nicht soweit gekommen. Dass sich Jefferson so etwas Schreckliches hat einfallen lassen. Unbegreiflich. Ein Mensch ohne Gewissen. Ich mag gar nicht daran denken, was er Olivia hätte antun können.»

Auflösung

Die ganze Nacht hatten sich Elisabeth und Alan abgewechselt, um bei Olivia zu wachen.

Morgens rief Elisabeth Alan, dass Olivia wach sei. Er ging in ihr Zimmer und sah, dass sie aufrecht in ihrem Bett, angelehnt an der Rückwand, saß. Sie sah stark übermüdet aus und lächelte Alan an.

Alan setzt sich zu ihr, beugte sich vor und gab ihr einen kurzen Kuss. «Wie geht es dir, mein Schatz?»

«Besser, weil du da bist! Was ist passiert?», stöhnte sie.

«Sie haben dich entführt.»

«Ich habe nur mitbekommen, dass sie mich gewaltsam in den Wagen gezerrt haben, mich zwangen, was zu trinken und ein Tuch vor die Nase hielten, das furchtbar stank. Danach weiß ich nichts mehr. Erst hier, als ihr mich hoch getragen habt, habe ich wahrgenommen, dass ich zu Hause bin und war furchtbar erleichtert. Bin aber wohl sofort wieder eingeschlafen.»

«Ich bin so froh, dass du wieder da bist. Mein Schatz. Ich liebe dich.»

«Ich liebe dich auch. Du bist verletzt! Ist es schlimm?»

«Nein. Nur ein Schnitt. Nichts Schlimmes. Möchtest du mit frühstücken oder soll ich dir etwas kommen lassen.»

«Nein. Ist Dad unten?»

«Ja. Er fährt später nur für ein paar Stunden zur Bank.»

Olivia flog ihrem Vater in die Arme und hielt ihn ganz fest. John nahm Olivias Hand. «Ich bin so froh, dass du wieder hier bist. Ich kann es noch gar nicht beschreiben. Alan hat dich gerettet. Gut, dass der Verbrecher tot ist.»

«Er ist tot?», fragte Olivia und schaute Alan fragend an.

«Ja, er ist tot. Damit ist alles vorbei. Lasst uns nicht mehr darüber reden und endlich frühstücken.»

Am späten Vormittag schlug Alan Olivia vor, zum Ufer der Themse zu gehen und einen Spaziergang zu machen. Die Wolkendecke war für eine kurze Zeit aufgelockert und Alan fand, man müsse dieses Wetter nutzen.

Hand in Hand liefen sie durch den Park zum Ufer.

«Du hast heute Morgen schon zwei Antworten bekommen für unsere Verlobungsfeier. Das habe ich gesehen.»

«Ja. Von Freundinnen. Am Montag hatten schon drei andere angerufen und zugesagt. Wir machen ein schönes Fest, nicht wahr?»

«Das verspreche ich dir.»

«Deine Wunde wird bestimmt kaum noch zu sehen sein.»

«Den Verband werde ich ganz sicher nicht mehr tragen», lachte Alan. «Da sehe ich ja aus, wie ein Pirat.»

«Du bist ein Pirat», himmelte ihn Olivia an. «Elisabeth hat mir eben erzählt, wie du mich von einem Schiff befreit hast und dass du einen Kampf mit Jefferson gehabt hattest.»

«Ja. Ein Offizier hat mir geholfen und ihn getötet.»

«Du hast um mich gekämpft? So richtig, Mann gegen Mann?»

Alan schmunzelte. «Ich war wütend. Wütend darüber, dass dir jemand etwas antat. Er hat es zu spüren bekommen.»

«Aber du bist auch verletzt, mein Liebster. Ist es schlimm?»

«Nein. Er hat sich erstaunlicherweise gewehrt und mein Auge getroffen.»

«War es ein langer Kampf?»

«Nein, mein Schatz», entgegnete Alan beruhigend. «Ich hatte ihn so weit, da wollte er mit einem Messer auf mich einstechen.»

«Wie schrecklich!»

«Aber ich hatte vorher seine Pistole weit

weggeschleudert und der Offizier hat sie genommen und ihn erschossen.»

«Er hatte eine Pistole? Mein Gott. Wollte er dich erschießen?»

«Das hab ich nicht zugelassen», grinste Alan über das ganze Gesicht. «Mach dir keine Gedanken darüber, mein Liebling. Vergiss es einfach.»

Olivia umschlang ihn mit ihren Armen und küsste ihn. «Oh, Alan. Du hast auf Leben und Tod um mich gekämpft. Das werde ich nie vergessen. Ich gehöre dir!»

Alan küsste sie und Olivia schmolz dahin. Der kräftige Griff um ihre Taille, erzeugte in ihr wieder die gleiche Erregung, wie in Brighton.

«Warum hat Jefferson das getan? Wollte er Lösegeld?»

«Ich weiß es nicht. Olivia, vergiss alles, was passiert ist. Es ist vorbei. Endgültig. Jefferson wird dir nie mehr etwas antun können.»

«Ich bin noch so aufgeregt. Jetzt erst recht, wo ich das alles höre. Ich verspreche, ich gehe auch nicht mehr allein zum Bäcker. Nur noch mit dir!»

Alan lachte. «Ja, so soll es sein. Du warst sehr ungehorsam.»

Olivia schaute ihn schuldbewusst an. «Ja,

das stimmt. Ich hätte auf dich hören müssen.»

«Du bist ein Mädchen, dass einfach nicht hören will. Nicht wahr?»

«Doch, Alan. Bitte, glaub mir. Ich habe nur in dem Moment nicht daran gedacht.»

«Ich glaube, ich muss strenger zu meiner Verlobten sein, damit sie Gehorsam lernt.»

«Verzeih mir! Verzeihst du mir? Bitte, bitte.» Olivia schaute ihn an und fragte keck: «Muss ich bestraft werden?»

Kurz und knapp antwortete Alan: «Ja!»

«Oh!»

«Am Samstagabend, nach der Verlobungsfeier, wirst du in mein Zimmer kommen und mich um eine Bestrafung bitten!»

Glücklich fiel sie ihm um den Hals. «Ja. Commander. Ich werde gehorsam kommen!»

*

Freitag war Alan mit Olivia zur Bank gefahren. Unten in der Schalterhalle blieb Olivia bei den Kollegen und Kolleginnen ihrer Abteilung und versprach Alan artig, nicht mehr selbst zum Bäcker zu gehen, sondern eine Kollegin zu schicken.

Alan wollte gerade zu John, als Gates ihm zurief, das Mr. Chapman gekommen sei.

«Hallo Alan», rief Rowland schon von Ferne. «Alles in Ordnung?»

Die beiden begrüßten sich mit einer Umarmung, wie alte Freunde.

«Danke, Rowland. Danke, für alles, was du für mich getan hast.»

«Na, hör mal. Das war doch selbstverständlich. Können wir kurz reden?»

«Ja, komm mit hoch in mein Büro.»

«Was ist beim Kapitän und dem 1. Offizier herausgekommen?»

«Beide haben ausgesagt, sie hätten von einer Agentur Bescheid bekommen, dass ein Passagier in Le Havre zusteigt, nach London möchte und zurück. In Le Havre sei Jefferson an Bord gekommen, hätte sich mit dem Ausweis Jules Pouy ausgewiesen und sei so in die Crewliste eingetragen worden. Er hätte die Passage bar bezahlt. Während der Überfahrt sei er immer unter Deck gewesen und am Montag und Dienstag Vormittag nur kurz von Bord gegangen. Beide erklärten, sie hätten ihn nicht zurück an Bord kommen sehen und auch nicht, dass er eine Frau an Bord geschmuggelt hat. Der 1. Offizier brüstete sich mehrmals damit, dass er dir das Leben gerettet hätte.»

«Nun ja. Jefferson hatte mir zwar dieses Taschenmesser in die Schulter gerammt, aber die Pistole hätte er nie erreicht. Ich hätte ihn mir vorher gepackt und dann wäre er fällig gewesen.»

«Wir haben das Schiff durchsucht, aber nichts Verdächtiges gefunden. Wir hatten die Crewliste an Claude weitergegeben. Aber allen Crewmitgliedern ist nichts nachzuweisen. Die Schiffspapiere waren in Ordnung und wir mussten sie laufen lassen. Die Oxus ist heute ausgelaufen.»

«Schade. Da kann man nichts machen.»

«Aber Claude hat weiter berichtet. Sie hatten Khaled in Marseille wegen der Vorfälle auf seinem Schiff verhaftet, aber sie mussten ihn wieder laufen lassen, weil er beweisen konnte, dass der Kapitän eigenmächtig einen zahlenden Passagier aufgenommen hatte, wie dieser uns gegenüber bestätigt hat. Khaled hat zugegeben, einem Jefferson eines seiner Häuser bei Nizza verkauft zu haben. Er habe ihn nur bei der Vertragsunterzeichnung gesehen und hätte das Geld bar bekommen - und einen Jules Pouy hätte er nie gekannt oder getroffen. Dass Claudes Leute, das mit dem Haus wussten, muss ihn sehr erstaunt haben.»

«Dafür brauchte Jefferson das Bargeld.»

«Claude berichtete ferner, dass seine Leute das Haus auf den Kopf gestellt hätten, aber nichts Verdächtiges finden konnten. Sie hätten aber Khaled richtig genervt mit ihrer Fragerei, ob er in Monte Carlo einen Leon Mantaschew kennen würde. Worauf er zugab, dass er ihn irgendwann Mal im Spielcasino getroffen hätte, aber keinen Kontakt zu ihm hätte.»

«Jefferson muss akribisch an der Planung gearbeitet haben.»

«Ja. Das hätte auch schiefgehen können. Deine plötzliche Eingabe, mit einer geplanten Erbschaft zu rechnen, war wohl der wichtigste Vorteil für uns.»

«Ich hätte Olivia persönlich in der Bank bewachen sollen.»

«Du konntest nicht überall sein. Brauchst dir keine Vorwürfe zu machen. Ach ja. Jeffersons Haus hier am Kensington Park haben wir auch durchsucht. Sein Wandtresor war vollkommen leer.»

«Den hatte ich ausgeräumt.»

«Uih. Du warst das? Da warst du aber schnell.»

«Schon am zweiten Tag. Ich hatte die Schlüssel zur Wohnung und zum Tresor in seinem Büro gefunden. Waren nur Bankunterlagen drin gewesen, aber auch die Karte von dieser afrikanischen Mine.»

«Ansonsten haben wir auch nichts gefunden. Keinen Hinweis, dass und wie er das alles geplant hat. Na ja. Das war's, was ich dir sagen wollte.»

«Ich danke dir. Du kommst morgen?»

«Danke, für die Einladung. Ich komme gerne. Ein großer Tag für dich. Ich muss gehen, ich habe nämlich noch einen Termin bei unserem Chef.»

«Viel Erfolg – und nochmals, Danke.»

Nachdem Alan seine Post durchgearbeitet und mit Sobernheim gesprochen hatte, führte Gates Admiral Shrivers in sein Büro.

«Hallo, Hemmings. Wieder gut eingelebt?»

«Ja, soweit möglich. Ich muss einiges nachholen.»

«Sie fühlen sich hier wohl, oder?»

Alan schaute ihn an. «Ist mein Auftrag beendet?»

«Fühlten Sie sich denn immer noch im Dienst?

«Nun ja. Wie man es nimmt. Ich denke, mit Jeffersons Tod hat sich einiges an der Situation zufriedenstellend geändert.»

«Das ist richtig. Hemmings, das haben Sie gut gemacht. Ich weiß ja nicht, wie Lord Ashton Ihre weitere Stellung hier in dieser Bank sieht. Bei uns wären Sie wieder willkommen.»

«Oh, danke, für das Vertrauen.» Etliche Gedanken schossen durch Alans Kopf. In seinem neuen Umfeld in dieser Londoner Bank hatte er sich schneller eingelebt als gedacht. Die tägliche Arbeit machte ihm auch ausgesprochen viel Freude. Natürlich war er Commander und würde es im Wesen auch immer bleiben. Den Dienst im Circus mochte er genauso. Aber nach kurzem Überlegen, wusste er, wo er hingehörte.

«Jedenfalls soll ich Ihnen Grüße von C bestellen», sagte Shrivers. «Er möchte Sie aber trotzdem nächste Woche noch einmal sehen.»

„Danke, Sir. Ich werde kommen. Möchten Sie einen Tee?"

«Wäre nicht schlecht. Ich habe Ihnen einiges zu erzählen.»

Shrivers lobte den Tee und lehnte sich entspannt in dem Besuchersessel zurück. «Ich fange mal an mit dem Kerl, der auf Ashton geschossen und auch Daniel Williams getötet hat. Ein übler Bursche, ein bezahlter Killer aus einer Birmingham Gang. Der Fluchtwagenfahrer, ein ganz junger Kerl, hat schnell ausgesagt und uns auf die Spur gebracht. Der Killer, sein Name war Sergei, sei sein Chef gewesen, jedenfalls hat er ihn immer so genannt. Er meinte, ein Unbekannter hätte ihn angeworben.

Er hätte ihn einmal gesehen zusammen mit seinem Chef. Kein Engländer, also nicht Jefferson und auch kein Araber, also auch nicht der 1. Offizier der Oxus. Sie hätten in einer fremdem Sprache gesprochen. Es hätte sich slawisch oder russisch angehört. Mehr wusste der Junge nicht. Sie sollten die Frau in ein Lagerhaus in der Nähe der West India Docks bringen und auf weitere Anweisungen warten. Er hat uns zu dem Lagerhaus hingeführt. Kleiner Lagerraum mit separatem Eingang. Vom Killer angemietet, wie das Verhör des Gebäudeverwalters ergab und für zwei Monate im Voraus bar bezahlt. Mehr war aus dem Jungen nicht rauszuholen. Er wurde bewusst unwissend gelassen. Er sollte 100 Pfund bekommen.»

«Gut geplant.»

«Ja, kann man sagen. Muss alles eine Menge Vorbereitung gekostet haben.»

«Aufgrund des Hinweises auf eine slawische Sprache hatte sich unser Mann in Birmingham umgehört und von einem Sergei, dem Balten gehört. Ein Mann, den man für alles anheuern könnte, aber teuer sei. Unser Agent hatte es geschafft, die Adresse zu bekommen und wir haben die Wohnung gestürmt. Leer, aber die Fingerabdrücke in der Wohnung sind identisch mit denen des Killers hier. In der Wohnung war nicht viel zu finden, außer ein paar russische Bücher.»

«Ein Russe?»

«Vielleicht. Er war seit dem Krieg Engländer, hatte gedient, war in Frankreich eingesetzt, mit Wohnsitz dort in Birmingham, aber geboren in Jelgava, Lettland. Bis zur russischen Revolution gehörte Lettland zum russischen Zarenreich. Er arbeitete als Schläfer für den russischen Geheimdienst und war vor einem halben Jahr in der russischen Botschaft in London.»

«Aha.»

«Aber mehr ergab sich auch nicht. Keine Verbindung zu Jefferson. Aufgrund des russischen Hintergrundes, haben wir die Akten durcharbeiten lassen. Das was du herausgefunden hattest, ein Treffen Jeffersons mit Z und M in Monte Carlo hatte tatsächlich stattgefunden. War bei uns untergegangen. Wir haben sogar einen genauen Bericht, dass Zacharoff den Mantaschew, mit dem er eng befreundet ist, im Restaurant des Spielcasinos in Monte Carlo Jefferson vorgestellt hat. Z ist danach nie mehr mit Jefferson zusammengekommen, aber Mantaschew war danach mehrmals mit Jefferson zusammen.»

«Oh. Steckt also mehr dahinter.»

«Genau. Von Zacharoff kam die Idee, die A&M Bank zu übernehmen. Das bestätigt auch unsere Quelle, die wir in Russland haben. Wir wussten anfangs nur nicht, welche Bank sie meinten. Mantaschew wurde der Handlanger für Zacharoff und muss Jefferson überzeugt haben, mit ihm zusammenzuarbeiten. Er wird ihm den Weg aufgezeigt haben, wie er die Bank übernehmen kann. Alles, die Morde, die Entführung, das Schiff, das hat Mantaschew mit Hilfe russischer Agenten vorbereiten können.»

«Unglaublich.»

«Hemmings, das bleibt alles unter uns. Top Secret. Wir haben nach genauer Analyse unserer Erkenntnisse, Grund zu der Annahme, das erstens, Zacharoff im Auftrag des russischen OGPU eine britische Partnerbank zur Übernahme durch die Kamarow Bank vorbereiten sollte. Zweitens, dass Jefferson nichts direkt mit dem Mord an Williams zu tun hatte. Vielleicht hat Jefferson entgegen Weisung gehandelt und Williams mit reingezogen und man hat das bemerkt. Drittens, Jefferson hat sehr wahrscheinlich noch nicht einmal von der geplanten Verschleppung der Mrs. Griffiths gewusst. Die anderen wollten sie wegen der Koffergeschichte, die schiefgegangen war, loswerden. Viertens, Jefferson ist versprochen worden, dass Lord Ashton ohne sein Zutun oder eine Verbindung zu ihm, sterben wird, man ihm die Tochter liefern wird, er sie heiratet und dann deren Unfalltod inszeniert wird. Ohne Risiko für ihn. Das muss der große Plan gewesen sein.»

«Und was wäre dann gewesen?»

«Hätte Jefferson die Bank geerbt, wäre Mantaschew und weitere Mittelmänner von Zacharoff in den Aufsichtsrat gekommen, sie hätten ihm ein neues junges Mädchen zugeführt und hätten irgendwann Jefferson abgesetzt und ihn in den wohlverdienten Ruhestand versetzt - oder nach althergebrachter Art eliminiert.»

«Mein Gott, was für ein mörderischer Plan.»

«Die Kausalität dieser Annahmen ist darin begründet, dass Jefferson erkennbar aus allen negativen Ereignissen herausgehalten werden sollte. Hemmings. Wenn wir Sie nicht gehabt hätten, wären wir nie darauf gekommen und das wäre geschehen. Das OGPU hätte auf niemanden Rücksicht genommen. »

Alan saß eine Zeitlang in Gedanken versunken in seinem Sessel.

«Aber welche Rolle spielt denn dieser amerikanische Investor mit seiner Kauforder für die Aktien?»

Shrivers lachte. «Das können wir uns auch nicht ganz erklären. Vermutlich ist dieser Frank H. Finucane, aus Providence, Rhode Island nur ein gerissener Finanzjongleur und hat etwas von Mantaschew aufgeschnappt. Er ist ja oft in Monte Carlo. Unsere Cousins haben ihn sich vorgeknöpft. Er hat keine

Kontakte zu Zacharoff. Er kennt nur Mantaschew aus Monte Carlo. Unsere Cousins haben ihm auf die Finger geklopft und ihn wissen lassen, dass das aus Sicht der nationalen Sicherheit ein ganz schlechter Umgang sei. Daraufhin hat er sofort alle Kauforder bei der National Chase storniert.»

«Herrlich. Das hätte auch nicht zu den russischen Ambitionen gepasst.»

«Sehr richtig.»

«Und wie sollen wir uns vor weiteren Angriffen schützen? Wie kann ich Ashton und seine Tochter beschützen?"

Shrivers schmunzelte. «Hemmings, seien Sie beruhigt. Wir haben uns etwas Besonderes erlaubt. Etwas, was wir selten tun. Wir haben eine Warnung herausgegeben. Eine Warnung, die es in sich hat und die wie eine Bombe einschlagen wird. Das MI 6 hat die russische Botschaft offiziell davon unterrichtet, dass Sergei Zoltan aus Birmingham, geboren in Jelgava Lettland, bei einem Einbruchsversuch im Haus des Bankdirektors der A&M Bank London von Sicherheitskräften erschossen worden ist. Wir haben ein Foto beigefügt, das wir gemacht hatten, als er die russische Botschaft verließ. Das wird bis in die höchsten Kreise des OGPU durchgereicht werden und sie werden erkennen, dass das MI 6 ein wachsames Auge auf die A&M hat.

C war es eine besondere Genugtuung, eine solch ungewöhnliche Mitteilung auszusprechen. Sie werden euch nicht mehr belästigen, vielleicht werden sie sich, wenn überhaupt, eine kleinere Bank und das auch außerhalb Londons, als neues Ziel aussuchen. Aber sie werden jetzt wissen, dass wir wachsam sind und sie beobachten. Ähnliches haben wir mit diesem Khaled und Mantaschew gemacht. Unsere Botschaft in Paris hat der Reederei von Khaled mitgeteilt, dass wegen einer versuchten Entführung, seine Schiffe in Zukunft London nicht mehr anlaufen dürfen. Mantaschew, der auch Honorarkonsul der Georgischen SSR ist, haben sie ein offizielles Schreiben der Botschaft an seine Adresse in Monte Carlo zugestellt, in dem steht, dass er zur *Persona non grata* für Großbritannien erklärt worden ist. Das wird den beiden zu denken geben und sie werden sich von England fernhalten. Khaled wird sich überlegen, ob er Mantaschew nochmal bei irgendeiner Sache gegen England hilft und Mantaschew wird Zacharoff sagen, dass es wohl besser ist, wenn er für ihn in nächster Zeit nichts gegen England unternimmt. Jemanden erkennen zu lassen, dass er entdeckt wurde, ist die beste Abwehr. Das wissen Sie, Hemmings."

„Ich bin ganz erfasst. Ja, das ist das wirksamste Mittel. Die Abwehr ist unsere Aufgabe. Ich bin Ihnen und Ihren Leuten sehr dankbar.

«Hemmings. Ihre Arbeit ist beispielhaft für die vielen couragierten Männer, die für die Sicherheit in unserem Land Leib und Leben riskieren, wofür sie oft weder Lob noch Anerkennung bekommen. Meine Anerkennung haben Sie.»

«Sir. Es war mir eine Ehre mit Ihnen zu arbeiten.»

«Kommen Sie nächste Woche in den Circus. Sagen Sie mir vorher Bescheid.»

«Danke, Admiral.»

Er schaute Shrivers an: «Sir. Es hat sich etwas ergeben, das ich Ihnen sagen muss."

„Dass Sie morgen Ihre Verlobung mit Miss Ashton feiern wollen?"

„Oh. Sir. Sie wissen davon?

„Wir wissen immer alles. Nicht wahr? Es freut mich für Sie. Ich gratuliere."

*

Es wurde eine grandiose Verlobungsfeier mit fast einhundert geladenen Gästen. Das Ashton House war voll von Leben, so wie es sich Olivia und ihr Vater gewünscht hatten. Es wurde getanzt, gegessen und gefeiert.

Olivia wurde von ihrem Vater zur Direktorin befördert.

Lord Ashton hielt eine Laudatio auf Alan und gab vor der versammelten Gesellschaft die Verlobung seine Tochter Olivia mit Alan Hemmings bekannt.

John Ashton begrüßte Lord Gillford als neues Aufsichtsratsmitglied der A&M Bank.

Daraufhin gaben Lord Gillford und Elisabeth ihre Hochzeitspläne bekannt.

Rowland, der auch eingeladen war, feierte mit Alan seine Beförderung zum *Major of the British Army.*

Olivia wurde mit einem French 75 von Alan bei ihren Freundinnen erwischt und von ihm höflich darauf hingewiesen, dass sie auf ihr Kleid aufpassen soll.

The End

Die Gadolinium Verschwörung

Ein Hong Kong Thriller

Hendrik Blomberg

Der turbulente Thriller spielt mitten im Milieu des internationalen Investmentbankings in der aufregenden Stadt Hong Kong. Der risikobereite und talentierte Banker Thomas erhält ein lukratives Jobangebot einer kleinen Privatbank in Hong Kong.

Der junge chinesische Broker Patrick hat sich in die Netze der kolumbianischen Drogenmafia und dem Geschäft der Bitcoin-Hysterie verfangen – und will sich aus dem mörderischen Netz befreien.

Dr. Betty Nam, die mächtige Grande Dame einer international operierenden Investment-Bank in Hong Kong, hilft Thomas in der Welt der Jagd nach begehrten *Seltenen Erden* zu überleben.

Die ehrgeizige wie undurchschaubare Studentin Nancy verkörpert eine weibliche Anti-Heldin, die sich und die Leser damit überrascht, wie weit sie für das Gelingen eines Milliardenprojekts ihres Freundes Thomas, aus Liebe zu gehen bereit ist.

Spannend erzählt, genau recherchiert und hochaktuell, eine einzigartige Mischung aus hochbrisanten Fakten, topaktuellen Begebenheiten, intimer Kenntnis der Region und beklemmend realistischer Fiktion.

ISBN Buch: 978-3-86332-048-5 Preis 17,90 €
ISBN E-PUB: 978-3-86332-177-2 Preis: 9,99 €